率道而行　端然正己

——先秦诸子论为政之德

成复旺　著

中国方正出版社

图书在版编目（CIP）数据

率道而行　端然正己：先秦诸子论为政之德／成复旺著．—北京：中国方正出版社，2016.8

ISBN 978－7－5174－0339－5

Ⅰ．①率…　Ⅱ．①成…　Ⅲ．①干部－道德修养－研究－中国－古代　Ⅳ．①D691.42

中国版本图书馆 CIP 数据核字（2016）第 189011 号

率道而行　端然正己

——先秦诸子论为政之德

成复旺　著

责任编辑： 刘彦彩

责任印制： 李　华

出版发行： 中国方正出版社

（北京市西城区广安门南街甲 2 号　邮编：100053）

编辑部：（010）59594611　发行部：（010）66560513

出版部：（010）59594625　门市部：（010）66562755

邮购部：（010）66560933

网　址：www.lianzheng.com.cn

经　　销： 新华书店

印　　刷： 北京新华印刷有限公司

开　　本： 787 毫米×1092 毫米　1/16

印　　张： 20.5

字　　数： 210 千字

版　　次： 2016 年 9 月第 1 版　2016 年 9 月北京第 1 次印刷

ISBN 978－7－5174－0339－5　　定价：49.00 元

引　言

对中国传统文化略有了解的人，大概都会想到：伦理道德是中国传统文化的强项，其中必然包含不少涉及为政之德的内容。但即使是怀着这样的预料，当你稍微认真一点地翻阅先秦诸子的著作的时候，仍然会惊异地发现：其中论述为政之德的内容要比事先预料的丰富得多，而且很多内容还具有很强的现实性。

例如孔子的这句话："不义而富且贵，于我如浮云。"（《论语·述而》）这可以说一语划开了清廉之士与贪腐之徒的界限。如果为政诸公记得这句话，心里确有这样一条界限，在面对那些非正道而来的不义之财的时候，还会那样心旌摇荡而不能自持，乃至深陷其中而不能自拔吗？

或以为这是因为儒家主张以德治国，所以对从政者也有很高的道德要求。其实不仅是儒家，道、墨、法等各家亦无不如此。老子就曾反复告诫人们，"知足不辱"（《老子·四十四章》），"祸莫大于不知足"（同上《四十六章》）。而有些人就是永"不知足"。已经当到省部级的大官了，工资待遇够高的了，却还要贪哪、贪哪，一直贪到身败名裂，跌入奇耻大辱的深渊。若早些"知足"，何至于如此！

还有，墨子在谈选官任人的时候说到，有的人就喜欢听自己的话的人，以为"令之俯则俯，令之仰则仰，处则静，呼则应"，也就是叫他做什么他就做什么，叫他说什么他就说什么，这才是"忠臣"。墨子回应说："令之俯则俯，

令之仰则仰”，那不过是你的影子；“处则静，呼则应”，那不过是你的回声；“君将何得于景（影子）与响（回声）哉?”（《墨子·鲁问》）你能从你的影子和回声里得到什么呢？这里所说的情况，今天好像也并不陌生。因此墨子所作的回应，似乎也很值得某些领导者一读。那样，我们的干部队伍里或许会多一些真正的贤能之士，少一些“影子”和“回声”。

韩非子在论官员的管理的时候，提出应“不恃人之自善”，而“用其不得为非”（《韩非子·显学》）。就是不能靠官员们的自我约束，而要用严格的法制使他们不敢为非。他讲了这样的道理：箭杆要直，车轮要圆，但天然的“自直之箭、自圜之木”很少；故“良工”之制器，不恃“自直之箭、自圜之木”，而是靠“隐栝”之具，即矫揉弯曲之木、使之直圆成形的工具。想来，今天的人们也曾在相当大的程度上寄希望于官员们的“自善”，发现了问题还要他们“自查”。而有的官员就是在人们这样的希望之中一路升迁，一路贪腐；又一路贪腐，一路升迁，直至当到某大城市的市长。其“自善”何在?而不断发现的那些一窝又一窝的“窝案”，更令人感到“自善”之不足“恃”。于是才真正清醒地认识到：不能光靠思想教育使官员们“不想腐”，还必须靠严格的法律制度使他们“不能腐”“不敢腐”。这不就是“不恃人之自善”，而“用其不得为非”吗？

以上不过是几个比较简单的例子，由此可见一斑。

本书就是对先秦诸子论为政之德的一个简略的综合概述。取材范围，包括先秦时期四个学派的七位学者，即儒家的孔子、孟子、荀子，墨家的墨子，道家的老子、庄子，法家的韩非子。全书共九章，约可分为下述三个部分。

第一部分是从政的基本原则，也可以说是为政之德的总纲。含第一、二、三三章。第一章“从政之志”讲从政的目的，即从政是为了“天下”、还是为了自己，是为了“行道”、还是为了“富贵”。第二章“执政之心”讲执政的指导思想，儒家提倡“亲亲而仁民”，墨家提倡“兼爱天下之百姓”，道家提倡“以百姓心为心”，总之都是要求执政者必须有一颗善良的爱民之心。第三章“施政之为”讲施政行为的决策依据，强调按客观规律办事，“顺物自然而无容私”，以避免胡作为和乱作为，即所谓“不知常，妄作凶”；这主要是道家思想。

第二部分进入具体的政务领域，是执行政务的道德规范。含第四、五、六三章，分别涉及政务工作的三个主要方面，即民生、执法和任人。第四章“关切民生”介绍了儒家“先富后教”“与民同乐”和墨家“必使饥者得食，寒者得衣”的思想，反映了他们对民生问题的高度重视。第五章“严正执法”阐述了法家依法治国、依法治官的主张，尤其是“刑过不避大臣，赏善不遗匹夫”“不辟亲贵，法及所爱”等在法律面前人人平等的思想，并对儒、法两家在德治与法治问题上的分歧作了简要的评述。第六章“任人唯贤”综合了儒、墨、法各家在选官任人上的精辟见解，如墨家的“官无常贵，民无终贱”，法家的“内不避亲，外不避仇”等等。

第三部分则属于公务人员的个人道德，当然是指作为公务人员、在公务岗位上的个人道德。含第七、八、九三章。这三章具有一定的递进关系。第七章“戒奢、戒贪、戒争”主要是阐发道家所提倡的“知足”和“不争”的人生态度，以远离贪污腐化，这是狭义的廉政问题。第八章“职场伦理”主要是讲述儒家在行己、待人与处事几方面的伦理观念，以端正品行作风。第九章“走向崇高”主要是围绕道家的“无己”与儒家的“弘毅”来展示他们所向往的理想人格，以提高精神境界，从而成为民族复兴的伟大使命的担当者。

上述这些，可以说是中国古代的廉政文化。而现在，我们正面临着建设中国当代的廉政文化的任务。对于完成这项任务来说，上述这些无疑都是宝贵的资源，尤其是它们所具有的那种很强的现实性，更增加了我们在这方面的期待。

文化建设问题，从根本上说是个实践问题。一种文化思想、文化观念，只

有符合现实社会的需要，在解决现实问题的实践中发挥了积极作用，显示了它的客观的有效性，才能真正融入现实生活，成为当代文化的有机成分。但实践又是一种主观见之于客观的行为，要使某种文化思想、文化观念融入现实生活，也还有赖于人的自觉的运用。在人们普遍认识到廉政建设的必要性乃至迫切性的今天，如果我们从解决现实问题的需要出发，自觉地发掘和运用古代的廉政文化资源，那么当代廉政文化的建设与传统廉政文化的弘扬，就会结合为一个统一的实践过程，相互促进，同步向前。

也不只是廉政文化。至少在人文文化领域，如果都能从现实社会的需要出发，自觉地发掘和利用古代的文化资源，用以解决实际存在的问题，我们的社会文明的提高也会与传统文化的弘扬同步前进。这是当代文化的建设过程，同时也是传统文化的传承过程。那样，中华民族的复兴，同时也就是中华文化的复兴。世界将会看到一个既高度现代化、又高度民族化的中国，一个既恢恢乎壮哉、又郁郁乎文哉的中国。这样的前景，不能不令人向往。

“中国”，不应该只是一个地理概念、主权概念，而应该同时也是一个历史概念、文化概念。“中国文化”，也不应该理解为中国境内的文化，而应该理解为纵贯古今的中华民族的民族文化。“中国当代文化”，则应该是源远流长的整个中国文化的一个历史阶段，应该是与中国传统文化一气贯注、血脉相通的中华民族的当代文化。

所以，建设中国当代文化与弘扬中国传统文化，从根本上说是一件事。

本书就是对这件事的关心和瞩望。

目录 CONTENTS

第一章　为道而仕——从政之志 / 1

第一节　儒家：以道事君，不可则止 / 1

第二节　道家：无所用天下为 / 14

第三节　墨家与法家 / 29

第二章　以仁存心——执政之心 / 34

第一节　儒家：亲亲而仁民 / 34

第二节　墨家：兼爱天下之百姓 / 54

第三节　道家：以百姓心为心 / 61

第三章　无为而无不为——施政之为 / 72

第一节　有为与无为 / 72

第二节　天下神器，不可为也 / 79

第三节　不知常，妄作凶 / 91

第四节　无为而无不为 / 101

第四章　必使饥者得食，寒者得衣——关切民生 / 107

第一节　儒家：先富后教 / 107

第二节　孟子：与民同乐 / 115

第三节 墨家：必使饥者得食，寒者得衣 / 123
第五章 法不阿贵，绳不挠曲——严正执法 / 133
第一节 厉行法制，富国强兵 / 133
第二节 依法治官，不恃自善 / 148
第三节 法与德 公与私 / 167
第六章 举贤授能，不避亲疏——任人唯贤 / 184
第一节 举贤授能 / 184
第二节 选官任人的误区 / 196
第三节 举官任人的原则 / 207
第七章 知足不辱——戒奢、戒贪、戒争 / 221
第一节 俭节则昌，淫佚则亡 / 221
第二节 祸莫大于不知足，咎莫大于欲得 / 231
第三节 善利万物而不争 / 244
第八章 居处恭 执事敬 与人忠——职场伦理 / 252
第一节 居处恭 / 253
第二节 与人忠 / 269
第三节 执事敬与事君 / 286
第九章 浩然之气——走向崇高 / 297
第一节 道德表率 / 297
第二节 超越自我 / 301
第三节 担当天下 / 308

第一章　为道而仕

——从政之志

一个人，官当得怎么样，当然要看他当官以后的表现。但从根本上说，官当得怎么样取决于他为什么要当官，他是抱着什么样的目的去当官的。简言之，就是如何当官取决于为何当官。所以，为政之德的话题，需要提到为政之前，从一个人的从政之志谈起。

第一节　儒家：以道事君，不可则止

一

《论语·微子》记载了这样一件事：有两位隐士长沮和桀溺，在一条河边耕地。正巧，孔子一行周游列国经过这里，孔子派子路前去打听渡口在哪儿。子路走过去问路，叫长沮的问道："那个驾车的人是谁?"子路回答："是孔丘。"长沮又问："是那个鲁国的孔丘吗?"子路回答说："是。"长沮听了以后，说："这样的话，他应该知道渡口在哪儿才对啊。"意思是，孔子长年奔走列国，游说诸侯，怎么会不知道渡口在哪儿。子路没得到答案，又转问桀溺。桀溺反问："你是谁?"子路告诉了自己的名字。桀溺又问："是那个鲁国孔丘的弟子吗?"子路回答"是。"桀溺接下来对子路说了这样一番话：

滔滔者天下皆是也，而谁以易之？且而与其从辟人之士也，岂若从辟世之士哉？

所谓“辟人之士”，是指不得不一次又一次离开那些无道诸侯的孔子，而“辟世之士”则指避开整个乱世而躬耕田野的隐士。这位桀溺的意思是，天下之混乱，犹如洪水泛滥，谁能改变得了？你与其跟着孔子栖栖惶惶地到处奔走又到处碰壁，还不如跟着我们在这里种地呢。长沮、桀溺一边说着话一边干活，连头也没抬。问路无果，子路只好回来如实地告诉孔子。孔子听了，不禁怅然若失——

夫子怃然曰：“鸟兽不可与同群，吾非斯人之徒与而谁与？天下有道，丘不与易也。”

“斯人之徒”即指世间众人。孔子的意思是，我不能像长沮、桀溺那样，避开乱世，隐居山林，与鸟兽为伍；我一心挂念的，就是人世的治乱兴衰。正因为天下无道，世间一片混乱，我才奔走于列国，求仕于诸侯，力图挽狂澜于既倒。从这里，不难看到孔子那一颗救世的苦心。他之所以出仕从政，只有一个目的，就是行“道”。

为“道”而仕，这是儒家在出仕从政问题上的基本原则。但是做官与实现个人价值及政治主张之间还有许许多多的障碍，什么世道应该出仕，什么时候应该归隐，怎么做官而不失气节，这关乎出仕的终极目的，关乎荣辱。他说：

宪问耻。子曰：“邦有道，谷；邦无道，谷，耻也。”（《论语·宪问》）

子曰：“鄙夫可与事君也与哉？其未得之也，患不得之；既得之，患失之。苟患失之，无所不至矣。”（《论语·阳货》）

显然，在孔子心中，做官的进退，事关道德。他说：国家有道，可以当官，可以想当然地享受国家的俸禄；但是，国家无道，国君昏庸，世道混乱的时候，还照样当官，拿取俸禄，那一定是非贪即腐，这才是真正的耻辱。耻辱之事本有多种，可是孔子偏偏选择这个话题，给出这样的回答，显然是要警示他的弟子：如果就任职位不能为百姓服务，不如不做官。对于为富贵而仕的人，孔子给予了强烈的鄙视。他说，志在富贵的人去做官，必然会患得患失：未得官位之前，百计求之，唯恐不得；既得官位之后，又百计守之，唯恐失去。孔子说：难道能够同这样的人一起在朝共事吗？他们为了保住自己的爵禄，是什么事都做得出来的啊！数不清的事例证明，一旦做官的出发点出现了偏差，那么做官之路的终点一定是悬崖末路。

与升官发财为目标的人完全不同，孔子选择坚信人间之善道，并孜孜不倦地探究，至死不渝地恪守，即“死守善道”。孔子提出：

> 笃信好学，守死善道。危邦不入，乱邦不居。天下有道则见，无道则隐。邦有道，贫且贱焉，耻也；邦无道，富且贵焉，耻也。（《论语·泰伯》）

“守死善道”，是说天下有道之时，即当如沐春风，以积极行道而现身；天下无道之时，自应安然隐退，以避免与浊世同流合污。那么，如此“守死善道”，岂不会葬送了自己的富贵功名？的确，会的。但是，“邦有道”而“贫且贱”，说明你无德无能，“耻也”；“邦无道”而“富且贵”，则只能说明你已经背叛了“善道”，或者本来就是奸佞谄谀之辈，亦“耻也”，乃至更“耻也”。

能够于乱世中“死守善道”，毫不退让，才是最可贵的。他说：

> 子曰：“直哉史鱼！邦有道，如矢；邦无道，如矢。……”（《论语·卫灵公》）

> 柳下惠为士师，三黜。人曰：“子未可以去乎？”曰：“直道而事人，焉往而不三黜？枉道而事人，何必去父母之邦。”（《论语·微子》）

史鱼是春秋时卫国人。孔子称赞他无论朝政是否清明，处境如何险恶，他都能像射出去的箭一样，直道而行，毫无畏惧，毫不退缩。这岂不就是“守死善道”？柳下惠是春秋时鲁国的贤者，其职业是“士师”，就是掌管刑狱的官。柳下惠在鲁国当狱官，坚持原则，秉公执法，得罪了不少权贵，三次遭到罢免。有人劝他：“你不能离开鲁国，到别的诸侯国去吗？”他说：“如果我坚持原则，直道而行，到哪儿都难免遭到贬黜；如果我放弃原则，八面逢迎，在这儿不是也可以官运亨通吗？”就是说，他很清楚，“三黜”是“直道而事人”的必然命运，而他只能“直道而事人”、不能“枉道而事人”，因此也只能安于这样的命运。显然，柳下惠虽然屡遭排挤，仕途蹭蹬，但是仍然可以做到“守死善道”，并直面代价。在孔子眼里，清楚处境，明了得失，却又果断取舍并能坚守底线的品德，才是最值得赞颂的。

孟子具有与孔子相同的志向，一生奔走列国，推行“仁政”理想，百折而不回。最后来到齐国，虽被齐宣王任为卿相，却屡次进言而遭拒。孟子说过：“有官守者，不得其职（不能尽职）则去；有言责者，不得其言（进言不被采纳）则去。”（《孟子·公孙丑下》）说这话的时候他已年过七旬，却毅然辞职还乡。临行，齐宣王提出，要在都城给孟子安排一套房子，并赏赐万钟粟米以养活他的弟子，使齐国臣民有学习的榜样。孟子回绝道：

> 如使予欲富，辞十万而受万，是为欲富乎？季孙曰：“异哉子叔疑！使己为政，不用，则亦已矣，又使其子弟为卿。人亦孰不欲富贵？而独于富贵之中，有私龙断焉。”（《孟子·公孙丑下》）

大意是说，如果我贪图财富的话，何以辞去卿相的十万钟俸禄而接受一万钟的赏赐？记得季孙曾嘲笑子叔疑：自己要做官，人家不用，也就算了，却又打发自己的子弟去做卿；哪个人不想富贵，而他却似乎要把富贵垄断起来。孟子表明，他绝不是个贪图富贵的人，绝不会为财而仕，而且极端鄙视那种留恋俸禄、死活不肯放手的人。至今常用的“垄断”一词，似即从上面这段话引来。

在去齐还乡的路上，随行人员见孟子闷闷不乐，因而问道：“夫子若有不豫（愉快）色然。”孟子叹道：

> 五百年必有王者兴，其间必有名世者。由周而来，七百有余岁矣。以其数则过矣，以其时考之则可矣。夫天未欲平治天下也，如欲平治天下，当今之世，舍我其谁也？吾何为不豫哉？（《孟子·公孙丑下》）

“五百年必有王者兴”的说法或属无稽，但这段话主要反映了孟子此时的心情。到孟子生活的时代，周朝这个儒家竭力想要恢复的理想盛世，已然经历七百多年。按年数计算，已经超过五百年；从时势考虑，也该有王者出世了。但是，看来天还没有让天下太平的意思。孟子游说列国，虽然在各处都受到礼遇，却没有一个诸侯真正接受他的政治主张。如今，他已年过七旬，谁知未来还有多少时日？想到这里，他的心情不能不是失望而沉重的，如何能够不面带“不豫”之色？但是，他不甘罢休，不愿消沉，依然激励着自已那股“平治天下”“舍我其谁”的壮志豪情。“吾何为不豫”者，虽然“不豫”、却不肯“不豫”也。从这些话里，可以听到孔子的“天下有道，吾不与易也”那样的心声。

二

与为道而仕相联系，儒家还强调由道而仕。既然出仕是为了行道，那么出仕就应该走正道，而不能走歪门邪道。这是从政的目的与从政的途径的统一。

孔子有一段相当著名的话，说：“富与贵是人之所欲也，不以其道得之，不处也；贫与贱是人之所恶也，不以其道得之，不去也。”（《论语·里仁》）这里有两句“不以其道得之”，学界多以为后一句应是“不以其道去之”，否则文意不通。这段话虽未言出仕当官，但“富与贵是人之所欲也，不以其道得之，不处也”，显然包括出仕当官，甚至主要就是指出仕当官。因为儒家除了当官之外，并没有其他的富贵之路。所以，这段话就成了强调必须由“道”而仕的理论依据。

孟子有一段话，则明确而充分地阐述了这个问题。他是从“君子”需要出仕甚至急于出仕谈起的。人问：古代的君子“仕”吗？他说：

> 仕。传曰：“孔子三月无君，则皇皇如也，出疆必载质。”公明仪曰：“古之人三月无君则吊。”

传，即文献。“出疆必载质”意思是出国游说时，必须带上给君王的见面礼。“公明仪”不详何人，所言“三月无君则吊”是说三个月没有被君王任用，就需要安慰。人又问：“三月无君则吊”，这不是太着急了吗？他说：“士之失位也，犹诸侯之失国也。”又问：为什么“出疆必载质”？他说：“士之仕也，犹农夫之耕也。农夫岂为出疆舍其耒耜哉？”人再问：既然出仕如此之急，君子为什么又不肯轻易出仕呢？他回答：

> 丈夫生而愿为之有室，女子生而愿为之有家。父母之心，人皆有之。不待父母之命、媒妁之言，钻穴隙相窥，逾墙相从，则父母国人皆贱之。古之人未尝不欲仕也，又恶不由道。不由其道而往者，与钻穴隙之类也。（《孟子·滕文公下》）

这就是说，君子之出仕为官，如同男大当婚、女大当嫁一样，是自然而又必然的诉求；但婚嫁必须经由“父母之命、媒妁之言”，若“钻穴隙相窥，逾墙相从”，就会受到世人的耻笑；同理，出仕为官也必须光明正大，“由道”而仕，否则，就成了“钻穴隙相窥，逾墙相从”那样的下贱之事。这段话观点突出，旗帜鲜明，可以视为儒家主张由道而仕的宣言。

孟子是这个宣言的提出者，也是这个宣言的捍卫者。此前有不少关于某个非常之人经由非常之路而出仕的传说，孟子一一作了辩驳。

有云，商朝的名臣伊尹，是通过给商汤当厨师而取得执掌国政的大权的，即所谓“以割烹要汤”。“要”通“邀”，求取。人问：有这回事吗？孟子曰：

> 否，不然。伊尹耕于有莘之野，而乐尧舜之道焉。非其义也，非其道也，禄之以天下，弗顾也；系马千驷，弗视也。非其义也，非其道也，一介不以与人，一介不以取诸人。汤使人以币聘之，嚣嚣然曰：“我何以汤

之聘币为哉？我岂若处畎亩之中，由是以乐尧舜之道哉？”汤三使往聘之，既而幡然改曰：“与我处畎亩之中，由是以乐尧舜之道，吾岂若使是君为尧舜之君哉？吾岂若使是民为尧舜之民哉？吾岂若于吾身亲见之哉？”……思天下之民匹夫匹妇有不被尧舜之泽者，若己推而内之沟中。其自任以天下之重如此，故就汤而说之以伐夏救民。吾未闻枉己而正人者也，况辱己以正天下者乎？圣人之行不同也，或远或近，或去或不去，归洁其身而已矣。吾闻其以尧舜之道要汤，未闻以割烹也。（《孟子·万章上》）

孟子断然否定有这么回事。依他说，伊尹是个高洁、坚定的守道之士。处夏末之乱世，他躬耕于畎亩之中，心沉醉于尧舜之道，“禄之以天下，弗顾也”，“系马千驷，弗视也”。商汤派人带重礼来聘，他高傲地回绝：“我要汤的聘礼干什么？”汤三次派人诚聘，他才幡然改变想法：我与其在畎亩之中独自心仪尧舜之道，何不前去辅佐此君，使他成为尧舜之君，使民成为尧舜之民，也使我亲见尧舜之道呢？于是，他以天下为己任，“匹夫匹妇有不被尧舜之泽者，若己推而内之沟中”，说服商汤，伐夏救民，使尧舜之道重见于世。由此得出的结论是：“吾闻其以尧舜之道要汤，未闻以割烹也。”

这段话不仅批驳了以往的传说，而且强化了为道而仕的原则，即所谓“非其义也，非其道也，禄之以天下，弗顾也；系马千驷，弗视也”。并在这个原则下阐明了“为道而仕”与“由道而仕”的内在联系：出仕而不由道，先已“枉己”“辱己”；“枉己”岂能“正人”？“辱己”岂能“正天下”？

有云，孔子周游列国时，到卫国是住在宦官痈疽家里，到齐国又住在宦官瘠环家里。人问：有这样的事吗？孟子曰：

否，不然也。好事者为之也。于卫主颜雠由。弥子之妻与子路之妻，兄弟也。弥子谓子路曰：“孔子主我，卫卿可得也。”子路以告。孔子曰：“有命。”孔子进以礼，退以义，得之不得曰“有命”。而主痈疽与侍人瘠

环，是无义无命也。……若孔子主痈疽与侍人瘠环，何以为孔子？（《孟子·万章上》）

孟子说，没这回事，这是好事之徒编造的。孔子在卫国，是住在贤大夫颜雠由家里。卫灵公的宠臣弥子的妻子与子路的妻子是姐妹，弥子对子路说："如果孔子住在我家，他就可以成为卫国的卿相。"子路把这话告诉孔子，孔子的回答是富贵有命。孔子进与退皆守礼义，得与失皆曰"有命"。如果他住在痈疽、瘠环家里，还谈得到什么礼义和天命？孔子说："吾闻观近臣，以其所为主；观远臣，以其所主。"意思是，我听说，观察在朝之臣，看他所招待的客人；观察外来之臣，看他所居停的主人。如果孔子以痈疽、瘠环为居停主人，还怎么能成为孔子？

有云，百里奚以五张羊皮的价钱，把自己卖给秦国一个养牲口的人，为之喂牛，以求仕于秦穆公。人问：这是真的吗？孟子曰：

否，不然。好事者为之也。百里奚，虞人也。……知虞公之不可谏而去，之秦，年已七十矣，曾不知以食牛干秦穆公之为污也，可谓智乎？不可谏而不谏，可谓不智乎？知虞公之将亡而先去之，不可谓不智也。时举于秦，知穆公之可与有行也而相之，可谓不智乎？相秦而显其君于天下，可传于后世，不贤而能之乎？自鬻以成其君，乡党自好者不为，而谓贤者为之乎？（《孟子·万章上》）

孟子说，没有的事。百里奚辅佐秦穆公成就霸业，是春秋时期的著名人物。关于他的事，史传多有记载。或谓其闻秦穆公贤，愿往而无行资，遂以五张羊皮自鬻于秦客；后为穆公所知，举之牛口之下，加之百官之上，人称"五羖（羖，黑色公羊）大夫"。或谓其原被楚人执之为奴，秦穆公闻其贤，以五张羊皮赎出，授以国政，人称"五羖大夫"。这些记载，虽具体说法有所不同，但都谈到百里奚与五张羊皮的关系，且都称之为"五羖大夫"，看来此事并非纯属"好事者为之"。故孟子亦并未正面论证此事之无，而是先举他事以证明百里奚之智、之贤，然后再以百里奚之智、之贤以证明此事之不可能有。这种论证未必能够成立，而孟子就是要否定所有诸如此类的传说，以维护、强调他的由道而仕的主张。其实，此事即或确有，亦属特殊情况下的特殊办法，虽逸出常规，却并非“钻穴隙之类”，不可以下贱视之也。孟子未免太拘泥于“君子”的身份了。

三

虽然如此强调为“道”而仕和由“道”而仕，但在出仕当官的问题上，儒家也为自己开启了适度的方便之门。换个说法，就是保留了一定的灵活性。

例如，除了为“道”而仕，还可以为“义”而仕。一次，子路随孔子出行掉了队，遇到一位务农的老人，上前问道：“子见夫子乎？”老人不作正面回答，却语带讥讽地反问：“四体不勤，五谷不分，孰谓夫子？”见子路仍恭敬地拱手而立，老人遂留宿子路于家，“杀鸡为黍”以款待，还引见了他的两个儿子。次日，子路赶上孔子，告诉了他这件事。孔子曰“隐者也”，让子路返回去再看看这位老人，但老人已经出门。就此，子路发了这样一套议论：

> 子路曰：“不仕无义。长幼之节，不可废也；君臣之义，如之何其废之？欲洁其身，而乱大伦。君子之仕也，行其义也。道之不行，已知之矣。”（《论语·微子》）

明知“道之不行”，还要以“君臣之义，不可废也”为由，力主出仕。这就把所谓“君臣之义”放在了“道”之上，把为“道”而仕变成了为“义”而仕。原子路之意，大概是强调即使明知“道之不行”，也应积极进谏，以尽到君子处世的责任，而不应避世隐居。但这种说法无疑也为无论有道无道、不管其君何君、唯以当官为念的人，提供了堂皇的借口。后世即不乏其例。或许正是这个原因，宋儒很想把这段话变成孔子的话。《论语》明明记载，这段话是“子路曰”。而朱熹《论语集注》却偏说“子路述夫子之意如此”，还说“福州有国初时写本，‘路’下有‘反’、‘子’二字，以此为子路反而夫子之言也”。“路”下加“反”“子”二字，“子路曰”就变成了“子路反（返回）。子曰”了。

除了为“道”而仕、为“义”而仕，还可以为“贫”而仕。《论语·为政》就有关于“学干禄”的一段话：

子张学干禄。子曰：“多闻阙疑，慎言其余，则寡尤；多见阙殆，慎行其余，则寡悔。言寡尤，行寡悔，禄在其中矣。”

“干”者求也，“禄”者俸禄、薪水也。“学干禄”就是请教谋官职、吃官饭的方法。孔子教他两条：一是没把握的问题要多听而不说，有把握的问题也要出言谨慎；二是没把握的事情要多看而不做，有把握的事情也要小心从事。总之，就是要谨言慎行，避免犯错误。这里就既不涉及“道”、也不涉及“义”，而是把当官仅仅作为一种谋生手段来谈论的。如果只是想平平安安地在官场上混日子，孔子所言自不失为中肯的劝告，故亦为后世儒者乐于传承。明朝的焦竑状元及第之后，他的老师耿定向嘱咐于他的，就是这几句话。

《论语》只讲到“干禄”，到了孟子，便明确提出“为贫而仕”亦无不可了：

仕非为贫也，而有时乎为贫；娶妻非为养（指侍奉父母）也，而有时乎为养。为贫者，辞尊居卑，辞富居贫。辞尊居卑，辞富居贫，恶乎宜乎？抱关击柝。孔子尝为委吏矣，曰：“会计当而已矣。”尝为乘田矣，曰“牛羊茁壮，长而已矣。”位卑而言高，罪也；立乎人之本朝，而道不行，耻也。（《孟子·万章下》）

“抱关击柝”即守门打更。“委吏”指会计一类的小官，“乘田”是牧场管理员。孟子的意思是说，如果只是为了脱贫而出仕，就只能做负责具体事务的小官而不可做大官，只能领低薪而不可领高薪；像当年孔子那样，做会计只求不要算错账，管牧场只求让牛羊好好长，这就够了；做此类小官而议论朝政大事是有罪的，“道”之行与不行，那是立身当朝的大官的责任。把“行道”的责任推给了大官，小官自然就可以心安理得地“为贫而仕”了。

为“义”而仕、为“贫”而仕都是从政之志方面的灵活性，《论语》中记载的“子见南子”就涉及出仕之途的灵活性问题了：

> 子见南子，子路不说。夫子矢（通誓）之曰：“予所否者，天厌之！天厌之！”（《论语·雍也》）

南子是卫灵公的夫人，长得很漂亮，据说有作风方面的问题，故名声不大好，而且喜欢干预朝政。孔子游说诸侯到了卫国，欲见卫灵公。南子使人传话给孔子：凡是想见卫君的人，都必须先拜见她。于是有了“子见南子”这件事。严格说来，这不大符合由道而仕的规则，故而“子路不悦”。孔子向子路解释，说这纯粹是出于礼貌，是不得已而为之的。子路依然不悦，急得孔子连声指天发誓：“如果我有什么非礼的举动，就让老天抛弃我吧！就让老天抛弃我吧！”孔子与子路的这个分歧，就是在某种特殊情况下，可不可以有一定的灵活性的分歧。子路的脑筋太死板。

孔子的誓言是可信的；也就是说，儒家的灵活性是有底线的。

孔子的弟子冉求为季氏宰，即在鲁国的卿季康子那里做大管家。他帮助季氏提高田赋以敛财，使季氏的财富超过了鲁国的诸侯周公。孔子知道了，非常气愤。即下文所载：

> 季氏富于周公，而求也为之聚敛而附益之。子曰：“非吾徒也，小子鸣鼓而攻之，可也。”（《论语·先进》）

冉求的行为等于助纣为虐，这不行。

有人问孔子：子路、冉求可以称之为大臣吗？孔子说，他们还够不上“以道事君，不可则止”的大臣，只能算是能办事的臣，即所谓“具臣”。人又问：那么他们对季氏要言听计从吗？孔子作了明确的、否定性的回答。即下文所载：

> 季子然问：“仲由、冉求可谓大臣与？”子曰：“……所谓大臣者：以

道事君，不可则止。今由与求也，可谓具臣矣。”曰：“然则从之者与？”子曰：“弑父与君，亦不从也。”（《论语·先进》）

如果对上级言听计从，连“弑父与君”也要从，那就成了从君作恶，当然也不行。

佛肸（音 bì xī）本为晋国的卿赵简子的家臣，任中牟宰，后据中牟叛赵，继而召孔子前往任职。孔子久无从政行道的机会，因此也想去试一试。这又引起了子路的不满，两人有如下一段对话：

子路曰：“昔者由也闻诸夫子曰：‘亲于其身为不善者，君子不入也，’佛肸以中牟畔，子之往也，如之何！”

子曰：“然。有是言也。不曰坚乎，磨而不磷；不曰白乎，涅而不缁。吾岂匏瓜也哉？焉能系而不食？”（《论语·阳货》）

“亲于其身为不善”，就是亲自做坏事。“不曰坚乎，磨而不磷；不曰白乎，涅而不缁”，意思是：难道你没听说过，真正坚硬的东西怎么磨也磨不薄、真正洁白的东西怎么染也染不黑吗？“吾岂匏瓜也哉？焉能系而不食？”意思是：我难道是只老葫芦吗？怎么能总挂在那里而不食用呢？这里的逻辑很清楚：“亲于其身为不善者，君子不入也”，孔子承认说过这样的话，这是由道而仕的原则；但是，如果已经许久没有遇到出仕行道机会的话，也不妨破例一试，这是特定情况下的灵活性；但是必须保证能够洁身自好，入污泥而不染，而不能同流合污，这是底线。

助纣为虐不行，从君作恶不行，同流合污也不行，等等。总之，在某些特定的具体情况下，不行道、不由道犹之可也，而悖道、叛道则绝对不行。如荀子所谓“士君子不为贫穷怠乎道。”（《荀子·修身》）“怠”者，轻忽也。

从为道而仕到由道而仕，再到为贫而仕之类的灵活性，再限之以不可同流合污之类的底线，这就是儒家在出仕当官问题上的主张。若问儒家为什么会提出这样一套主张，那就需要返回儒学本身了。

儒学的对象，主要是“士”、或称“君子”，而不是“民”、或称“小人”。而“士”“君子”是“劳心者”“治人者”，是不参加劳动的。作为不参加劳动的人，在古代的社会条件下，如果不“仕”无“禄”，靠什么维持生活？除非自有家财，但那毕竟是少数。所以孔子说：“君子谋道不谋食”，“学也，禄在其中矣。”（《论语·卫灵公》）孟子说得更直白：“士之仕也，犹农夫之耕也。”

儒学的目的，主要是治国安民，就是孔子所说的“天下有道，吾不与易也”以及孟子所说的“如欲平治天下”，“舍我其谁”。显然，要实现这样的目的，就必须从政当官。一个平头百姓，如何能够担当治国安民的重任？虽曰“不得志独行其道”（《孟子·滕文公下》），但那不过是“独善其身”（《孟子·尽心上》）而已，与国、与民无关。

就以上两点而论，可以说儒学就是从政之学、治世之学。因此，儒家需要具有足够的灵活性，以便获得尽可能多的从政机会，否则治世就会沦为空谈；又必须有明确的原则性，以保证行道治世的方向，否则从政就会蜕化为仅仅是当官。正是这两方面形成的张力结构，使儒家的从政之路变得切实可行。历史上，诸多文人学者就是遵循这套主张踏入仕途的。即使到了今天，儒家这套主张对于志在从政的人士亦不失为有益的参考；而其中那种以天下为己任的担当精神，更是中国传统政治文化的永放光芒的精华。

第二节 道家：无所用天下为

一

在出仕为官的问题上，道家似乎与儒家很不相同。如果说儒家主要是讲为什么而当官的话，那么道家则主要是讲为什么而不当官。《庄子》里就有许多拒绝当官、嘲讽当官的故事。

故事一：据说，尧要把天下让给许由。对许由说："日月出来了，烛火就应该熄灭；时雨已经降了，挑水灌溉就不需要了。只要先生就位，天下便会大治。我还占着这个位置干什么？现在交给你吧。"许由不接。回答尧曰：

> 子治天下，天下既已治也。而我犹代子，吾将为名乎？名者，实之宾也。吾将为宾乎？鹪鹩（一种小鸟）巢于深林，不过一枝；偃鼠（田鼠）饮河，不过满腹。归休乎君，予无所用天下为！……(《庄子·逍遥游》)

许由说，天下已治，而自己上台，这岂不是图名吗？名是依存于实的，我要这个有名无实的虚名做什么？且小鸟在树林里筑巢，一根树枝就够；田鼠在河里饮水，最多不过装满肚子。人的基本生活所需也是很有限的，我用不着天下。您请回吧！这就是许由拒绝王位的理由。身为国君有名，有大名；掌管天下有利，有大利。但是为名利而仕，许由断然不为也。

这里提出"予无所用天下为"。从上文读下来，这句话的意思显然是说：我不需要用天下为自己树名，也不需要用天下为自己谋利，所以天下对于我毫无用处。话中的"天下"二字，实际上是指掌管天下的官职和权力。有了这样的官职和权力，才能、也可以说便能拥有天下、享用天下。因此，提出"予无所用天下为"，就是拒绝用掌管天下的官职和权力谋取私利。简言之，就是拒绝以权谋私。

故事二：楚国有个以屠羊为业的人，名说，人称屠羊说。楚国败于吴国之时，楚昭王出逃，屠羊说也曾跟随。后来昭王返国，奖赏随从人员，屠羊说也在其中。而屠羊说不受，回说：“大王失去国家，我也失去了屠羊的工作；大王回国复位，我也回来继续屠羊。这等于已经恢复了我的爵禄，还有什么可奖赏的呢！”楚昭王坚持要奖赏他，他再次拒绝，并说：

> 大王失国，非臣之罪，故不敢伏其诛；大王反国，非臣之功，故不敢当其赏。

就是说，无罪不当受罚，无功也不应受赏。屠羊说两次拒赏，楚昭王不免有些诧异。因而传旨：“让他前来晋见！”不料，屠羊说对此亦严词回绝：

> 楚国之法，必有重赏大功而后得见，今臣之知不足以存国而勇不足以死寇。吴军入郢，说畏难而避寇，非故随大王也。今大王欲废法毁约而见说，此非臣之所以闻于天下也。

既坦言自己只是“畏难而避寇”，而并非“故随大王”，实乃无智、无勇、无功；又以“楚国之法”为据，说明不仅无功不应受赏，且无功亦不当晋见。此番陈辞，无论于己于国，都可谓诚实之至。昭王闻之，益加钦佩，遂嘱令秉政大臣曰：“屠羊说居处卑贱而陈义甚高，子其为我延之以三旌之位。”“延之以三旌之位”就是迎请他位列三公。周代之“三公”，一说为司马、司徒、司空，一说为太师、太傅、太保，反正是君王之下最高的职位。因为有特殊的车服仪仗，以旌别于其余百官，故又称“三旌”。这么荣耀的官职，应该很有诱惑力了吧？但屠羊说毫不动心——

> 屠羊说曰：“夫三旌之位，吾知其贵于屠羊之肆也；万钟之禄，吾知其富于屠羊之利也；然岂可以贪爵禄而使吾君有妄施之名乎！说不敢当，愿复反吾屠羊之肆。”遂不受也。（《庄子·让王》）

“三旌之位”与“屠羊之肆”，地位之贵贱有何等悬殊？“万钟之禄”与“屠羊之利”，收入之多寡更何堪比拟？均可谓天壤之别！但屠羊说的原则是：绝不能“贪爵禄”而为官；那样做，不仅自己有妄求之罪，“吾君”也会有妄施之名。因而义无反顾地回到了他的“屠羊之肆”。

故事三：原宪住在鲁国，家徒四壁，茅草为顶，蓬蒿做门，烂衣塞窗。且屋中上漏而下湿，原宪却端坐而弦歌。这时，他的老同学子贡，乘肥马，衣轻裘，喝道而来。因为车马高大，以致小巷难容。原宪戴着破帽子，穿着破草鞋，拄着破木棍，临门迎见。子贡看见原宪这副模样，叹问：“先生得了什么病?”原宪应之曰：

宪闻之，无财谓之贫，学而不能行谓之病。今宪，贫也，非病也。

无财只能说是贫，“学而而不能行”才是病。那么，究竟是谁有病？这几句话一下子戳进了子贡的心窝，他有些局促不安，而且面带愧色了。原宪又笑着说：

夫希世而行，比周而友，学以为人，教以为己，仁义之慝，舆马之饰，宪不忍为也。(《庄子·让王》)

“希世”指趋世、媚世。“教以为已”的“教”指身教，即行。原宪的意思是：如果追随世俗而行，结交朋党为友，所学只为炫耀于人，所行但求显扬自已，托仁义之名以谋私，盛车马之饰以矜贵，这些都是我原宪所不忍于为的。相形之下，本来趾高气扬的子贡岂非无地自容！原宪与子贡都是孔子的弟子，原宪以守贫处约著称，而子贡随孔子周游列国后，回到鲁国任外交官，富贵荣华，声名赫赫。所以这个故事拿他们俩说事。值得注意的是，这里以“学而不能行”、但求荣华富贵而被嘲笑当官的子贡，强调的也是为“道”而仕。

故事四：“宋人有曹商者，为宋王使秦。其往也，得车数乘。”“宋王”指宋王偃，此人骄横残暴，对外四处侵凌，对内草菅人命，朝臣有敢进谏者，辄被射杀，人称“桀宋”。曹商效忠此人，奉命使秦，自然受到青睐，故出发时，“得车数乘”。入秦之后，又讨得秦王欢心，大获赏赐：“秦王说之，益车百乘。”拥车马百余乘浩荡归来，曹商十分得意。于是返宋后，见庄子曰：

夫处穷闾厄巷，困窘织屦，槁项黄馘者，商之所短也；一悟万乘之主而从车百乘者，商之所长也。

意思是：像有些人那样，住在穷街陋巷里，困窘得靠打草鞋过日子，饿得面黄肌瘦，我可受不了；而几句话就能说动万乘之主，获得百乘车马的赏赐，这才是我的特长。庄子听了，冷冷地回应道：

> 秦王有病召医，破痈溃痤者得车一乘，舐痔者得车五乘，所治愈下，得车愈多。子岂治其痔邪，何得车之多也？子行矣！（《庄子·列御寇》）

庄子先以陈述的口气，说秦王有病召医，能为他破溃毒疮的，赏车马一乘，肯为他舔吮痔疮的，赏车马五乘，所医之病越卑污，所得之车马就越多。旋而转向曹商，逼问："你是不是去给秦王舔痔疮了？要不怎么得到这么多的车马呢？"最后鄙夷、厌恶地赶他道："你快走开吧！"

的确，有的人只要可以当官、发财，无论多么下贱、无耻的事都可以做，不知羞耻为何物，毫无人格之可言。对于这种人，庄子不惜以"舐痔"斥之，可见其憎恶之深。此后，"舐痔"一词就成了这种无耻行为的千古定名。

显而易见，这些拒官、嘲官的故事，所拒、所嘲者并不是官本身，而是名利、爵禄、地位、财富等等与官俱来的权益。这些故事表明，在反对为富贵而仕的态度上，道家既与儒家一致，又远比儒家更为坚决。

而且，道家可以像常人那样，过自食其力的生活，因此也不需要开启"为贫而仕"之类的方便之门。庄子曰"彼民有常性，织而衣，耕而食，是谓同德"（《庄子·马蹄》）。"同德"者，人皆如此，我亦如此也。看下面这个故事：

> 舜以天下让善卷，善卷曰："余立于宇宙之中，冬日衣皮毛，夏日衣葛絺；春耕种，形足以劳动；秋收敛，身足以休食；日出而作，日入而息，逍遥于天地之间而心意自得。吾何以天下为哉！悲夫，子之不知余也！"遂不受。于是去而入深山，莫知其处。（《庄子·让王》）

善卷之所言，纯粹是我国先民那种自食其力、自给自足的农耕生活，只是稍稍有点理想化而已。这种生活不企望衣食之外的多余的物质财富，更不需要既不能吃，也不能穿的名声和地位。那么，当官干什么？要天下干什么？所以善卷提出："吾何以天下为哉！"或以为善卷此言意在漠视天下，即只想自己逍遥，而不愿为天下出力。其实，这句话承上文"春耕种，形足以劳动"等语迤逦说来，显然是说我可以自食其力、自给自足，因而用不着天下。这与前述尧让天下于许由的故事中，许由所说的"予无所用天下为"完全是一个意思。要说漠视的话，他所漠视的不是天下，而是掌管天下、享用天下，是掌管天下、享用天下的权势、地位与财富。简言之，就是漠视当官。

再看下面这个故事：

> 孔子谓颜回曰："回，来！家贫居卑，胡不仕乎？"颜回对曰："不愿仕。回有郭外之田五十亩，足以给飦（zhān，同馆。厚粥）粥；郭内之田十亩，足以为丝麻；鼓琴足以自娱，所学夫子之道者足以自乐也。回不愿仕。"（《庄子·让王》）

耕种自家田地，已"足以给飦粥"，"足以为丝麻"。既无衣食之忧，又可自娱自乐，何必一定要"仕"？至于家业之贫富，地位之高低，则本不在计虑之中也。当然，这已经是道家化的颜回了。

严格说来，为富贵而仕与为贫而仕都是为自己而仕，都是"用天下"。所以提出"无所用天下为"的道家均有所不屑。

二

那么，道家为什么"无所用天下为"？因为他们"贵身"、"重生"，更珍爱生命。

老子提出过这样的问题：

> 名与身孰亲？身与货孰多？得与亡孰病？（《老子·四十四章》）

"身"就是指自身生命。"货"就是指物质财富。"多"在这里是珍视、看重的意思。名声与自身生命哪个更亲近？自身生命与物质财富哪个更珍贵？名利之得失与生命之存亡哪个更重要？答案不言自明，当然是自身生命更亲近、更珍贵，生命不存在了，名利再多亦复何用！

一般人如此，掌管国家天下的侯王君主亦何尝不是如此？故老子又说：

> 虽有荣观，燕处超然。如何万乘之主，以身轻天下？（《老子·二十六章》）

“荣观”即华丽的亭台楼观。“以身轻天下”即以身轻于天下。这是正反对举的一段话。前两句是正，意思是：虽然有华丽的亭台楼观以供享用，亦应超然物外，安居静处。后两句是反，意思是：为什么“万乘之主”却不惜伤身害性而纵情享乐，自毁于物欲之中？有学者根据“奈何万乘之主，而以身轻天下”之语，认为老子“贵身而轻天下”，即重视自身生命而轻视担当天下。“贵身”，是也；而以“天下”为担当天下则欠妥。这两句话乃紧承前两句而言，“以身轻天下”的“天下”显然是指“荣观”之类“万乘之主”所占有的天下财富，而不是指担当天下的重任。因此，所谓“以身轻天下”，就是指以自身生命轻于天下财富，亦即重“货”而轻“身”。

庄子也在下面这段对话里，讲到“生”与“利”，即生命与福利的关系：

> 中山公子牟谓瞻子曰：“身在江海之上，心居乎魏阙之下，奈何？”
>
> 瞻子曰：“重生。重生则利轻。”（《庄子·让王》）

中山牟是魏国公子，早年锦衣玉食，名高位重。后来虽隐居江湖，心里却仍念念不忘在魏国宫廷时的富贵荣华。他问：这个问题怎样才能解决？道家人物瞻子告诉他：“重生。重生则轻利。”说得何等简洁明快！

公子还不是国家、天下的直接占有者；那些直接占有国家、天下的君王，就更有这个问题了。庄子针对他们说道：

> 夫有土者，有大物也。有大物者，不可以物；物而不物，故能物物。（《庄子·在宥》）

“土”即指国家、天下。国家、天下当然是个“大物”。“有大物者，不可以物”，意思是占有国家、天下这个“大物”的人，必须超越这个“大物”，而不被这个“大物”所支配。“物而不物，故能物物”，意思是如果能不被这个“大物”所支配，就可以反过来支配这个“大物”了。同样的意思，庄子还有个更为简捷的说法，即所谓“物物而不物于物”（《庄子·山木》）。“物物”就是支配物，“物于物”就是被物所支配。人的生命被身外之物所支配，庄子叫作“丧己于物”（《庄子·缮性》）。显然，老子所说的“以身轻天下”，就是“丧己于物”。

庄子还讲了许多“重生”而不被“天下”这个“大物”所诱惑的故事。例如：

> 舜让天下于子州支伯。子州支伯曰：“予适有幽忧之病，方且治之，未暇治天下也。”故天下大器也，而不以易生，此有道者之所以异乎俗者也。（《庄子·让王》）

舜要把天下让给子州支伯，子州支伯回答：“我恰好身体不舒服，正在治病，所以没工夫治天下。”一幅全然不屑的样子。庄子评论说：即使是“天下”这样的“大器”，也不能用它来交换生命，这正是“有道者”迥然不同于世俗之辈的地方。“大器”就是“大物”。

又如：

> 越人三世弑其君，王子搜患之，逃乎丹穴（洞窟名）。而越国无君，求王子搜不得，从之丹穴。王子搜不肯出，越人薰之以艾。乘以王舆。王子搜援绥（车绳）登车，仰天而呼曰：“君乎君乎！独不可以舍我乎！”王子搜非恶为君也，恶为君之患也。若王子搜者，可谓不以国伤生矣，此固越人之所欲得为君也。（《庄子·让王》）

越国人因为争夺王位，三代国君皆被杀害。王子搜觉得这太可怕了，于是逃到了名叫丹穴的山洞里。越国人四处找他，终于找到了丹穴。王子搜不肯出洞，越人用艾草把他熏出来，逼着他上君王的车。王子搜被迫拉着车绳上车的时候，仰天叹道："君王啊！君王啊！就是不肯放过我吗？"意思是国君这个头衔为什么一定要加在我身上啊！庄子说，王子搜并不是厌恶做国君，而是厌恶为了争做国君而相互杀戮的祸患。因而评论道：像王子搜这样的人，可以说是不为当国君而伤害生命了，而这正是越人一定要请他为君的原因。"不以国伤生"就是不为当国君而伤生，不为当国君而伤生就不会有争权弑君之事，不再有争权弑君之事越国也就从此太平了，所以越人一定要请他出任国君。

再如：

> 尧以天下让……子州支父，子州支父曰："以我为天子，犹之可也。虽然，我适有幽忧之病，方且治之，未暇治天下也。"夫天下至重也，而不以害其生，又况他物乎！唯无以天下为者，可以托天下也。(《庄子·让王》)

故事内容与上面的"舜让天下于子州支伯"差不多，主要是庄子的评论有些变化。"天下至重也"并不是指担当天下的重任，而是指掌管天下的大权。有学者把"天下至重也，而不以害其生"两句译为："天下大位是最贵重的，而他不以大位妨害自己的生命。"（陈鼓应《庄子今注今译》）可谓允当。所以后面落脚于"无以天下为"，即"无所用天下为"。

至此，道家的"贵身""重生"之旨，可谓发挥得淋漓尽致。道家之所谓"贵身""重生"，以及类似的"爱身""尊生""养生"等，不是锦衣玉食，不是纵情享受，不是尽天下之物、竭天下之利以奉养此身；恰恰相反，乃是清心寡欲，超然物外，拒绝一切功名利禄、富贵荣华、权势地位的诱惑，以维护自身的自然生命。而且，在上面这些故事里，庄子以"天下大器也，而不以易生""天下至重也，而不以害其生"，以及"不以国伤生"等极其鲜明的语言，突出强调了人的生命的宝贵。在道家的心目中，天地之间，人的生命是最宝贵的，比天下的一切都宝贵。用一句现代话来说，就是"生命大于世界"。

至此，"贵身""重生"与"无所用天下为"的关系，也就显而易见了。

简单地说："贵身"则"贱物"，"重生"则"轻利"；"贱物""轻利"，自然也就会"无所用天下为"。"贵身""重生"是"无所用天下为"的原因，"无所用天下为"是"贵身""重生"的表现，它们不可分割地结合在一起，是似二而实一的思想观念。所以，"尧以天下让子州支父"的故事，在"天下至重也，而不以害其生"之后，即引出了"无以天下为"之说。而且，"天下大器也，而不以易生""天下至重也，而不以害其生""不以国伤生"云云，实际上不就是声言"贵身""重生"者"无所用天下为"吗？

更值得注意的是，上面的故事已经表明：只有"贵身""重生"而"无所用天下为"的人，才能担当天下。"越人三弑其君，王子搜患之"的故事，说王子搜"不以国伤生矣，此固越人之所欲得为君也"，就是说只有像王子搜这样的人，才最适合于做国君。"尧以天下让子州支父"的故事，更明确提出"唯无以天下为者，可以托天下也。"而这种观点的正式表述，应当是老子的下面这段话：

> 故贵身于天下，若可托天下；爱以身为天下者，若可寄天下。(《老子·十三章》)

"若"即"乃"或"才"。这段话意思是：以珍贵自身的态度对待天下，才可以把天下寄委给他；以爱惜自身的态度对待天下，才可以把天下托付给他。简化为一句话，就是只有"贵身""爱身"的人，才可以担当天下。这种说法与"唯无以天下为者，可以托天下也"的说法看似很不相同，但在明白了"贵身""重生"与"无所用天下为"的似二而实一的关系之后，也就明白了这两种不同的说法实际上是一回事。所以，提出"唯无以天下为者，可以托天下也"的庄子，也把老子这段话当作先哲之箴言，作了完整的引述："故贵以身于为天下，则可以托天下；爱以身于为天下，则可以寄天下。"(《庄子·在宥》)

总之一句话，只有"贵身""重生"而"无所用天下为"的人，才可以担当天下。这就是道家在从政为官问题上的基本宗旨。

三

接下来，可以看看这些“贵身”“重生”而“无所用天下为”的人，究竟是怎样从政为官的了。庄子就讲到过一些这样的官，下面略举几位。

一位是神农氏：

> 昔者神农之有天下也，时祀尽敬而不祈喜（即不祈福）；其于人也，忠信尽治而无求焉。乐与政为政，乐与治为治，不以人之坏自成也，不以人之卑自高也，不以遭时自利也。（《庄子·让王》）

四时祭祀十分恭敬，但并不为自己祈福。对于世人，忠实尽责而无所要求，乐于从政的就让他从政，乐于管事的就让他管事。不以他人的失败来标榜自己的成功，不因他人的谦卑而显示自己的高贵，不用可乘之机遇谋取自己的利益。这可以说是一个“有天下”而绝不“用天下”的范例。

一位是大王亶父：

> 大王亶父居邠，狄人攻之；事之（奉之）以皮帛而不受，事之以犬马而不受，事之以珠玉而不受，狄人之所求者土地也。大王亶父曰：“与人之兄居而杀其弟，与人之父居而杀其子，吾不忍也。子皆勉居矣！为吾臣与为狄人臣奚以异！且吾闻之，不以所用养害所养。”因杖筴而去之。民相连而从之，遂成国于岐山之下。（《庄子·让王》）

大王亶父亦称古公亶父，是周文王的祖父，时为邠（同豳）国的君主。狄人来犯，他先后奉上皮帛、犬马、珠玉，但是都不行，狄人就是要土地，即邠国的地盘。面对这种情势，大王亶父想的是：如果拒绝让出自己的地盘，肯定就要打仗，那将会使邠人的子弟遭受重大的伤亡。他心中不忍。于是对百姓说：“与人的哥哥居住而让他的弟弟去送死，与人的父亲居住而让他的儿子去送死，我于心不忍。你们大家努力好好生活吧，做我的臣民与做狄人的臣民并没有多大区别。而且我听人说，不能为了用以养人的土地而伤害所养的人。”随即拄着拐杖离开了邠国。与其让自己的百姓蒙受战争的灾难，宁可主动放弃自己的王位；百姓即使沦为狄人的臣民，也总比流血牺牲要好些。无论这是不是最佳的选择，其心之所系却全是百姓的生命，而不是自己作为国君的财富、权势和地位。也正因为如此，“民相连而从之”，重新建国于岐山之下。庄子评论说，大王亶父就是个“能尊生”的人：

> 夫大王亶父，可谓能尊生矣。能尊生者，虽贵富不以养伤身，虽贫贱不以利累形。今世之人居高官尊爵者，皆重失之（看重失去利），见利轻亡其身，岂不惑哉！（《庄子·让王》）

一个“能尊生者”，虽富贵亦不以美食厚养而伤身，虽贫贱亦不为争名逐利而累身；而“今世之人居高官尊爵者”，皆重利而轻身，见利而忘身，乃至为利而亡身，“岂不惑哉”！这是对“贵身”“尊生”的阐发，而这种阐发又恰是对“无所用天下为”的描述，于此益可见二者的浑然一体。大王亶父就是这样一个“能尊生”因而也“无所用天下为”的君王。

关于“不以所用养害所养”一句，前人疏曰：“用养，土地也。所养，百姓也。本用地以养人，今杀人以存地，故不可也。”（成玄英《庄子注疏》）这是执政者应该如何对待土地与百姓、如何处理两者关系的问题。国家天下，土地与百姓当然缺一不可。但说到底，所谓国家天下，最重要的是国家天下之人、国家天下的百姓，而不是国家天下之土、国家天下的地盘。有了人、有了百姓，不愁没有土地；没有人、没有百姓，有土地也会丧失。儒家每每高调宣扬“得人心者得天下”，这位大王亶父的行为即深合此道，只是道家笔下的他并无“得人心”之意，不过珍惜生命，“无所用天下为”罢了。

更重要的是，这个大王亶父的故事清楚地表明，道家之“贵身”“重生”绝无只顾自己不管他人的自私利己之义，乃是贵自己之身因而也贵天下之身，重自己之生因而也重天下之生，推己及人，略无隔碍。这是一种普遍的生命之爱。

一位是孙叔敖：

肩吾问于孙叔敖曰："子三为令尹而不荣华，三去之而无忧色。吾始也疑子，今视子之鼻间栩栩然，子之用心独奈何？"孙叔敖曰："吾何以过人哉！吾以其来不可却也，其去不可止也，吾以为得失之非我也，而无忧色而已矣。我何以过人哉！且不知其在彼乎，其在我乎？其在彼邪？亡乎我；在我邪？亡乎彼。方将踌躇，方将四顾，何暇至乎人贵人贱哉！"（《庄子·田子方》）

肩吾是一位隐者。孙叔敖是楚国的贤人。"令尹"是春秋时楚国的最高官职，相当于后世的宰相。"鼻间"指呼吸，"栩栩然"状平和舒畅的样子。孙叔敖任楚令尹，辅佐楚庄王大败晋军，兴修水利，政绩卓著，但却起落无常，曾三用三黜。而他"三为令尹而不荣华，三去之而无忧色"。三黜之后，肩吾来问："我开始对你是否真能做到这样还有点怀疑，今天看到你的呼吸如此平和舒畅，知道这是真的，那么你心里是怎么想的？"孙叔敖回答："我有什么过人的呢？我只是觉得爵禄这种事，来去、得失都不是由我决定的，所以我也用不着为这种事忧虑。这有什么过人的哪！而且，我不知道所谓荣华是在令尹的官职上呢？还是在我自己身上呢？如果是在令尹的官职上，那就与我无关；如果是在我自己身上，那就与令尹的官职无关。我正在踌躇自得地四顾遐想，哪儿有闲工夫考虑什么高低贵贱呢！"

这是把官职及依附于官职的荣华富贵同自己明确分开，也就是把官职及依附于官职的荣华富贵置之身外，因而得之不以为喜，失之不以为忧，一律泰然处之。本来，人是人，官是官，二者只是在某个时段、某种场合相会而已，何可混为一谈！而有的人就是不明白这点道理，以为自己就是自己当的官，自己当的官就是自己，所以一旦当上官就趾高气扬，不可一世，一旦丢了官便失魂落魄，惶惶不可终日。此等人者，略闻孙叔敖之风、之言，或可稍清醒也矣！

孙叔敖"三为令尹而不荣华，三去之而无忧色"，与孔子所称赞的"柳下惠为士师，三黜”很相似。但孔子强调的是“直道而事人”，这里庄子所强调的是超然于得失之外。即此可见，儒、道两家各有不同的侧重。然欲“直道而事人”，岂能不超然于得失之外？而能超然于得失之外者，何难“直道而事人”？即此亦可见，儒、道两家虽有不同的侧重，却恰可彼此互补、相辅相成。

还有一位是百里奚：

> 百里奚爵禄不入于心，故饭牛而牛肥，使秦穆公忘其贱，与之政也。（《庄子·田子方》）

百里奚就是那个被秦穆公任为大夫，辅佐秦国称霸诸侯的人，前面已经提到。这段话，前人注释曰：“百里奚，秦之贤人也。……初未遭用，贫贱饭牛。安于饭牛，身甚肥悦。忘于富贵，故爵禄不入于心。后穆公知其贤，委以国事，都不猜疑，故云‘忘其贱’也。”（见郭庆藩《庄子集释》）前已述及，孟子也曾讲到百里奚，但主要是否定其以五张羊皮自鬻而与人“饭牛”之事。这里则肯定其“饭牛”之事，而着眼于“爵禄不入于心”。苟能“爵禄不入于心”，则无私心杂念；无私心杂念，则安于职守、一心奉事；安于职守、一心奉事，则“饭牛而牛肥”，治国则国治。道理就这么简单。

如上几位，或尽力做好自己应做的一切而自己一无所求，或以百姓之生命重于泰山而视自己之王位轻于鸿毛，或将官职地位完全置之度外而宠辱皆忘、得丧若一，或仅知忠于职守而“爵禄不入于心”。要概括他们共同的基本特征的话，就只能是“贵身”“重生”而“无所用天下为”了。

最后似不能不问：这种“贵身”“重生”而“无所用天下为”的思想是从哪里来的？道家为什么要坚持这种思想？只能回答，这种思想来源于天，这就是道家的“道”。

道家崇尚自然之道，或曰天道。老子云：“人法地，地法天，天法道，道法自然。”（《老子·二十五章》）大意就是人当效法天地自然之道。而所谓天地自然之道，就是天地生养万物的道。如老子所说：

> 大道氾，其可左右。万物恃之以生而不辞，成功不名有。爱养万物不为主，可名于大。是以圣人终不为大，故能成其大。(《老子·三十四章》)

大道浩荡流行，遍及天下，可左可右，无所不在。万物皆依赖它生长而它毫不推辞，成就了繁衍万物的大业而它绝不居功。养育万物而不做主宰，可称之为“小”；不做主宰而万物归依，又可称之为“大”。由于它从不自以为大，所以才成就了它的大。简单地说，除了自然而然地生养万物之外，它一无所取，亦一无所求。这就是道家之道，这就是道家之道与天地万物的关系、道家之道对天地万物的态度。不难发现：这其实就是“贵身”“重生”而“无所用天下为”。

自然之道如此，法自然之道的人当然也应如此。所以老子又说：

> 是以圣人处无为之事，行不言之教。万物作而不辞，生而不有，为而不恃，成功不居。夫唯不居，是以不去。(《老子·二章》)

让万物得以兴起而不为创始，让万物得以生长而不去占有，繁育万物而不自恃有为，成就万物而不自居有功。正因为他不居有功，所以他的功绩不会泯灭。这里，圣人是完全按照天道行事的，是人格化了的天道。由天道而圣人，只是由“它”而“他”。

后来，庄子又详尽地发挥了老子的这种思想。且选一段比较简短的话：

> 圣人并包天地，泽及天下，而不知其谁氏。是故生无爵，死无谥，实不聚，名不立，此之谓大人。……夫大备矣，莫若天地；然奚求焉，而大备矣。(《庄子·徐无鬼》)

圣人“并包天地，泽及天下”而不求为人所知。生前没有爵位，死后没有谥号，财货没有积蓄，声名也不彰显。这里一系列的“不”或“无”，就是一系列的放弃，放弃世俗之辈所孜孜以求的一切。放弃所有这一切，才能成为真正的“大人”，像天地那样一无所求而无所不备的“大人”。的确，“大莫若天地”；但天地有什么索求吗？没有；没有任何索求，才成为无所不备的大。

庄子在这方面还有一段很著名的话，就是：

> 道之真以治身，其绪余以为国家，其土苴（zhǎ）以治天下。由此观之，帝王之功，圣人之余事也，非所以完身养生也。今世俗之君子，多危身弃生以殉物，岂不悲哉！（《庄子·让王》）

“绪余”就是剩余，“土苴”就是残渣。说“道之真以治身，其绪余以为国家，其土苴以治天下”，似乎把治国平天下贬得太低了。其实，这几句话是从“道”的高度讲“治身”与“治国”“治天下”的关系。道家的自然之道本是生命之道，其真谛即在于养护生命，故用于“治身”最为直接、最为亲切；而治国平天下也就是养护国家天下之人的生命，因此也必须遵循此道，而并非另有他途；故得此道者于“治身”之余即可完成治国平天下。后面几句，“帝王之功”即指治国平天下，“完身养生”亦即“贵身”“重生”。所谓“帝王之功，圣人之余事也，非所以完身养生也”，意思是说只应以“完身养生”之道来成就“帝王之功”，而不应倒过来，以“帝王之功”来“完身养生”。以“帝王之功”来“完身养生”，就是以帝王的名利权势等身外之物来奉养此身，这实际上乃是“危身弃生以殉物”。所以最后感慨道：“今世俗之君子，多危身弃生以殉物，岂不悲哉!”所以，这段话恰好说明，“贵身”“重生”而“无所用天下为”是道家的自然之道在从政为官方面的体现。

只有“贵身”“重生”而“无所用天下为”才可以从政为官；反过来说，从政为官就应该“贵身”“重生”而“无所用天下为”。这样的官，养护众生，泽及万民，却毫无做官意识。他们当官而不居官，当官而不像官，甚至可以说当官而不是官。他们不占有，不主宰，不仗势，不求功，不图名，不要利，总之不享用世俗之官所拥有的一切权益。试想：天底下有比这更好的官吗?

第三节　墨家与法家

一

墨家也怀有以天下为己任的抱负，在这一点上与儒家略同。墨子每云："圣人以治天下为事者也。"（《墨子·兼爱上》）"仁人之事者，必务求兴天下之利，除天下之害。"（《墨子·兼爱下》）他也曾像孔子那样，广授生徒，游说列国，以推行其治国之道。然而与儒家不同的是，墨家于远古圣王之中，不像儒家那样主要宗法尧、舜，而是特别尊崇大禹，特别赞赏大禹治水的那种艰苦卓绝的实干精神，《墨子》书中多有提及。《庄子·天下》篇对墨家有这样一段评述：

> 墨子称道曰："昔禹之湮（防堵）洪水，决江河而通四夷九州也，名山（大山）三百，支川三千，小者无数。禹亲自操橐（tuó 土筐）耜（sì 锄）而九杂（集聚）天下之川；腓无胈，胫无毛，沐甚雨，栉疾风，置万国。禹大圣也而形（身体）劳天下也如此。"使后世之墨者，多以裘褐为衣，以跂（同屐）蹻（jué 草鞋）为服，日夜不休，以自苦为极，曰："不能如此，非禹之道也，不足谓墨。"

墨子称赞说，"大禹治理天下洪水之时，亲自拿着土筐、锄头参加劳动，累得腿肚子上没有了肉，小腿上没有了毛，沐着暴雨，栉着狂风，安置了许多的邦国。以大圣人的身份，而为天下劳苦若此。"因此，后来的墨者多以羊皮、粗布为衣，以木屐、草鞋为履，日夜不休地劳作，以吃苦为自己的本职。他们说：不这样就不是禹之道，不够墨家的资格。可见，墨家之道就是为天下兴利除害、劳苦不休的大禹之道。还有记载，称赞墨家弟子云："墨子服役者百八十人，皆可使赴火蹈刃，死不旋踵。"（《淮南子·泰族训》）这已经是一些以自己的生命担当天下的勇士了。可以说，墨家主要不是以言词，而是以实际行动宣示了他们以天下为己任的从政之志。

孟子也讲到过墨子，说“墨子兼爱，摩顶放踵利天下，为之。”（《孟子·尽心上》）意思就是墨子遍爱天下，即使自己从头顶到脚跟都被损伤，只要有利于天下，也在所不辞。孟子这句话并不是表扬，而是批评；他认为这与“杨子（杨朱）取为我，拔一毛而利天下，不为也。”（《孟子·尽心上》）同样偏颇，未能“执中”。但这恰恰说明，在以天下为己任方面，墨家比儒家有过之而无不及。

二

先秦诸子之中，在一定意义上说，法家人士的处境大概是最险恶的，他们的命运也往往是最悲惨的。原因在于，他们必须直接面对自己的“天敌”——当朝权贵。韩非子对此有深切的体会。《韩非子·孤愤》篇写道：

> 智术之士，必远见而明察，不明察不能烛私；能法之士，必强毅而劲直，不劲直不能矫奸。人臣循令而从事，案法而治官，非谓重人也。重人也者，无令而擅为，亏法以利私，耗国以便家，力能得其君，此所为重人也。智术之士，明察听用，且烛重人之阴情；能法之士，劲直听用，且矫重人之奸行。故智术能法之士用，则贵重之臣必在绳之外矣。是智法之士与当涂之人不可两存之仇也。

这里说的“重人”“贵重之臣”“当涂之人”，就是指当朝的权贵。权贵的特点，恰如韩非子所说，就是无视法令而胡作非为，践踏法律以捞取私利，损害国家以方便自己；而他们的势力又足以挟持国君，左右朝政。而明智之士、秉法之士的本职所在，就是“烛私”和“矫奸”。如果明智之士、秉法之士得以任用，这些权贵必被绳之以法。如此，明智之士、秉法之士与当朝权贵，就成了势不两立的仇敌。即所谓“智法之士与当涂之人，不可两存之仇也”。然而，在这“不可两存”的对峙之中，“智法之士”几乎处于绝对的劣势。韩非子总结为“五不胜”：

权贵多为君王之亲信，关系十分密切，而“智法之士”只是一般工作关系，“以疏远与近爱信争”，此一不胜也，

权贵多与君王有老交情，相互甚为熟稔，而“智法之士”乃新来乍到，“以新旅与习故争”，此二不胜也。

权贵善于迎合君王之好恶，而“智法之士”则要“以法术之言矫人主阿辟之心，是与人主相反也”，“以反主意与同好恶争”，此三不胜也。

权贵之为权贵，就在于官高位重，而“智法之士”不过仅一官半职而已，“处势卑贱”，“以轻贱与贵重争”，此四不胜也。

权贵久据朝廷，广结朋党，几可令全国要人与之随声附和，而“智法之士”则势单力薄，“无党孤特”，“以一口与一国争”，此五不胜也。（《韩非子·孤愤》）

势力相差如此悬殊，法术之士的命运也就可想而知了。接下来，韩非子说：“法术之士操五不胜之势”，“当涂之人乘五胜之资”，“故资必不胜而势不两存，法术之士焉得不危！其可以罪过诬者，以公法而诛之；其不可被以罪过者，以私剑而穷之（使人暗杀）。”（《韩非子·孤愤》）这不是推理，而是历史事实。吴起和商鞅就是显例。吴起相楚悼王，明法审令，整顿朝纲，使楚国迅速崛起，开疆拓土，威震中原；而楚之宗室大臣尽欲害之，悼王一死，便群起作乱，将其射杀。商鞅相秦孝公，力排众议，严行法制，未及十年，秦即民富国强，称霸诸侯；然宗室贵戚多怨恨者，秦孝公死，即诬告其谋反，惨遭车裂。

那么，作为吴起、商鞅的后继者，韩非子是否还要沿着这条死亡之路继续前行？在《韩非子·问田》篇，有这样一段对话：

堂谿公谓韩子曰：“臣闻服礼辞让，全之术也；修行退智，遂之道也。今先生立法术，设度数，臣窃以为危于身而殆于躯。何以效之？所闻先生术曰：‘楚不用吴起而削乱，秦行商君而富强。二子之言已当矣，然

而吴起支解而商君车裂者，不逢世遇主之患也。’逢遇不可必也，患祸不可斥也。夫舍乎全遂之道而肆乎危殆之行，窃为先生无取焉。”

这是堂谿公规劝韩非子的话。大意是：讲究辞让、退避，才能平安、顺利。而今你却张扬法制，触怒众人，到头来肯定会危害自身。吴起、商鞅就是前车。你说他们的不幸是未逢明主良时，然则明主不可期，良时不可必，而灾难却不可免。抛弃平顺之道而选择危险之途，我以为不可取也。韩子曰：

臣明先生之言矣。夫治天下之柄（本），齐民萌（民众。萌通氓）之度（法），甚未易处（行）也。然所以废先王之教，而行贱臣之所取者，窃以为立法术，设度数，所以利民萌，便众庶之道也。故不惮乱主闇上（昏昧之君）之患祸，而必思以齐民萌之资利（利益）者，仁智之行也。惮乱主闇上之患祸，而避乎死亡之害，知明夫身而不见民萌之资利者，贪鄙之为也。臣不忍嚮（向）贪鄙之为，不敢伤仁智之行，先王有幸臣（爱臣）之意，然有大伤臣之实。”（《韩非子·问田》）

实行法制以为天下立本，为民众确立统一的行为准则，的确十分艰难，但这是不可或缺的利民、便民之道。所以，不怕遭遇昏君乱主、招致杀身之祸，而一心要统一国人的行为规则以维护民众的利益，这是“仁智之行”。如果顾虑遭遇昏君乱主，逃避杀身之祸，只求自身平安而不顾民众利益，那是“贪鄙之为”。我不忍转向贪鄙之为，不敢妨害仁智之行。先生之言虽出于关爱我的好意，却完全违背了我从政的初衷。这就是韩非子的回答。

“利民萌、便众庶”、维护“民萌之资利”，这是韩非子法治思想的出发点，也是他的从政志向。明知这是一条险恶的死亡之路，却仍矢志不渝，宁为“仁智之行”而死，不取“贪鄙之为”而生。非常清醒，又非常坚定。后来果然遭人陷害，被逼自杀，以死结束了他自己选择的“仁智之行”，可谓以身殉道者也。

儒、道、墨、法各家，对从政的态度有所不同，儒家最为热衷，其次是墨、法，而道家最不积极。但各家从政的目的，却都在于行道。说到行道，当然各家有各家的道，如儒家标举“仁义”，道家崇尚“自然”，墨家主张“兼爱”，而法家提倡“法术”。这里还没有来得及阐述各家之道的具体内容，只是说各行其道而已。但是，虽然各行其道，落脚点却都在于天下、蒸民。儒家云“平治天下”，道家曰“泽及天下”，墨家则谓“兴天下之利，除天下之害”，法家亦称“利民萌、便众庶”。因此，各家都明确反对为自己的名利、富贵而仕。儒家严申“非其道也，禄之以天下弗顾也”。道家倡言“不利货财，不近贵富”，鄙视一切“用天下”以谋私的行为。墨家更以“自苦”为本，不惜“摩顶放踵”以“利天下”。法家亦斥责只求自身平安而不顾民众利益的行为是“贪鄙之为”。

可见，从政之志的问题其实是个非常简单的问题。那就是：从政是为了天下，还是为了自己？是为了行道，还是为了富贵？无须讳言，从政当官总是同富贵利达联系在一起的，后者甚至是与前者相伴而来的。否则，世上就不会有那么多的“官迷”了：哭着喊着要官，打破头地争官，拍马屁求官，拉关系蹭官，花钱买官，造假骗官，总之非当官不可。但是，如果一个人从政当官的目的就是富贵利达，为了以权谋私，那么以后他会怎样当官也就可想而知了。所以，这个简单的问题，实在值得每个意欲从政的人扪心自问。而可以预先判定的是：那些以不正当手段争着当官的“官迷”，绝对不能当官！

第二章　以仁存心

——执政之心

上一章谈的是从政之志。如果从政之志在于“行道”、而不是“富贵”的话，那么接下来的问题便是：从政者应该以什么样的态度，或者说以什么样的思想情感，对待自己的执政对象和执政工作？这就是执政之心。在这个问题上，儒家主张“亲亲而仁民”，墨家提出“兼爱天下之百姓”，道家则干脆呼吁“以百姓心为心”。这里姑且用孟子的一句话作为代表，叫作“以仁存心”。

执政之心的问题，实质上就是执政者应该是个什么样的人的问题。

第一节　儒家：亲亲而仁民

一

“仁”是儒学的核心范畴，是儒家思想的精髓。简单地说，儒家之道就是“仁”道。孔子曰：“志于道，据于德，依于仁，游于艺。”且不谈“游于艺”，这里“道”与“德”的内容实际上都是“仁”。“仁”体现于“德”，就是“仁心”；体现于“道”，就是“仁政”。所以孟子说：“孔子曰：‘道二：仁与不仁而已矣。’”（《孟子·离娄上》）

作为儒学的核心范畴，“仁”函摄着儒家的全部道德观念，内涵极其纷

繁。所以孔子在回答“问仁”时，也往往根据各种具体情况随机指点，而并无定义。但纷繁之中，还是有一个最基本、最简单的义项，一个共同的生发点，隐含其间。这个最基本、最简单的义项，就是“爱人”：

樊迟问仁。子曰：“爱人。”（《论语·颜渊》）

这是孔子对“问仁”的一次最简单的回答。其他许多回答，虽未言“爱人”，也无不与“爱人”相关，隐含着“爱人”之意。例如：

仲弓问仁。子曰：“出门如见大宾，使民如承大祭。己所不欲，勿施于人。在邦无怨，在家无怨。”（《论语·颜渊》）

樊迟问仁。子曰：“居处恭，执事敬，与人忠。虽之夷狄，不可弃也。”（《论语·子路》）

子张问仁于孔子。孔子曰：“能行五者于天下，为仁矣。”请问之。曰：“恭、宽、信、敏、惠。恭则不侮，宽则得众，信则人任焉，敏则有功，惠则足以使人。”（《论语·阳货》）

出门会人要像接待贵宾那样谦敬，使民做事要像承办重大祭典那样谨慎，自己不喜欢的事情绝不强加于别人，无论在邦国还是在家族里都不怨天尤人。试想：如果不是出于一颗关爱他人之心，这一切何从提起？又如何能够做到？至如平居恭谨有礼、做事认真敬业、待人忠实守信，以及宽厚、勤勉、恩惠等，亦无不是善良的爱心在为人处事中的具体表现。孔子还有一些话，虽未明言论“仁”，却同样体现着“仁”者“爱人”的精神。例如：

子曰：“以不教民战，是谓弃之。”（《论语·子路》）

子曰：“不教而杀谓之虐；不戒视成谓之暴；慢令致期谓之贼；犹之与人也，出纳之吝，谓之有司。”（《论语·尧曰》）

让没有经过训练的民众去打仗，就等于抛弃他们。不加教育而犯罪便杀就是“虐”，不先告诫而责令其成功就是“暴”，指令随意而限期紧迫就是“贼”（即害），给人财物而出手吝啬就是小气。“有司”原指办具体事的官吏，这种人往往过于计较，在这里代指小气。后面四条孔子称之为“四恶”。显然，所有这些，都是叫人以爱心待人。

但“爱”有不同的表现，“仁”也有不同的境界。而“爱”的最高表现、“仁”的最高境界，是“博施于民而能济众”。《论语》中有这样一章：

> 子贡曰：“如有博施于民而能济众，何如？可谓仁乎？”子曰：“何事于仁，必也圣乎！尧舜其犹病诸！夫仁者，己欲立而立人，己欲达而达人。能近取譬，可谓仁之方也已。”（《论语·雍也》）

“何事于仁”即何止于仁。“如有博施于民而能济众”已经超越了“仁”，达到了“圣”的境界，就连尧舜都会感到尚有不足。一般之所谓“仁”，就是“己欲立而立人，己欲达而达人”，自己想做成的事也帮助别人做成，自己想达到的目的也帮助别人达到。能从自己的切身感受出发推己及人，正是修养“仁”德的方法。这里明确地把“博施于民而能济众”放在了“圣”的境界，即道德的最高境界。

而上面这一章还可以同下面这一章参看：

> 子路问君子。子曰：“修己以敬。”曰：“如斯而已乎？”曰：“修己以安人。”曰：“如斯而已乎？”曰：“修己以安百姓。修己以安百姓，尧舜其犹病诸！”（《论语·宪问》）

这是讲君子的道德修养，君子的道德修养当然也就是“仁”的修养。这里把这种修养分成了三个层次。第一个层次是“修己以敬”，即修养自身，恭敬谨慎地对待自己的一言一行。这可以说是自爱。第二个层次是“修己以安人”，即由自爱扩展到爱人，使身边的家人、朋友得到安乐。第三个层次是“修己以安百姓”，即由爱身边的人扩展到爱广大民众，使他们都能过上安乐的生活。显然，这里的“修己以安百姓”，就是上面那一章所说的“博施于民而能济众”，所以这句话后边，重申了上面那一章所说的“尧舜其犹病诸”。有学者指出，道德修养的这三个层次，恰好对应于道德品位上的三种人格，即君子、仁人、圣人。的确，第一个层次的“修己以敬”就是对“问君子”的直接回答，第三个层次的“修己以安百姓”则已明言“尧舜其犹病诸”，第二个层次的“修己以安人”，也与上面那一章的“仁者，已欲立而立人，已欲达而达人”完全同义。不过，这三个层次的道德修养实质上都是“爱”的修养、“仁”的修养，所以这三种人格都可以纳入“仁”的范畴，而“圣”则是“仁”的最高境界。

二

把“博施于民而能济众”、“修己以安百姓”，视之为“尧舜其犹病诸”的“圣”的境界，视之为“仁”的最高境界，这是孔子“仁”论的突出内容。注意到这一点，也就可以顺理成章地理解孔子对管仲的评价了。

管仲出身贫贱，少为商贾，自称“不羞小节而耻功名不显于世”。后以鲍叔牙荐，任齐桓公卿。鉴于齐国僻居海滨，发展滞后，遂倡言“仓廪实而知礼节，衣食足而知荣辱”，采取一系列“通货积财，富国强兵”的改革措施，使齐国国力大振。时北方犬戎族南下犯周，周平王庸碌无能，管仲佐齐桓公举起“尊王攘夷”的旗帜，联合中原诸侯打退犬戎，挽救了周朝，平息了战乱。桓公以此“九合诸侯，一匡天下”，成了春秋时期的首位霸主。而管仲亦因之“富拟于公室”（均《史记·管晏列传》）。可知，管仲绝不是儒家所欣赏的那种道德君子。孔子对他亦多有批评：

> 子曰：“管仲之器小哉！”或曰：“管仲俭乎？”曰：“管氏有三归，官事不摄，焉得俭？”“然则管仲知礼乎？”曰：“邦君树塞门，管氏亦树塞门；邦君为两君之好，有反坫，管氏亦有反坫。管氏而知礼，孰不知礼？”（《论语·八佾》）

这里的批评共有三条，一是“器小”。管仲辅佐齐桓公成就霸业，当属“大器”，孔子何言其“器小”？或因管仲、桓公之举，虽有功于天下，毕竟是以力胜人的“霸道”，而非儒家所崇尚的以德服人的“王道”。孔子说过：“子为政，焉用杀？子欲善而民善矣。”（《论语·颜渊》）故朱熹《论语集注》释云：“言其不知圣贤大学之道，故局量偏浅，规模卑狭，不能正身修德以致主于王道。”二是“不俭”。当时市租十分取三，归之于公，称“三归”；桓公既霸，以赏管仲，即所谓“管氏有三归”。另外，当时官员多一人数职，而管仲手下一人一职，不为兼摄，即所谓“官事不摄”。如此奢侈，怎么能叫作“俭”？三是“不知礼”。国君宫殿门之前树有影壁，名曰“塞门”，而“管仲亦树塞门”；国君招待外国君王，堂前设有回放酒器的高台，称“反坫”；而“管仲亦有反坫”。如此僭越，怎么能叫作“知礼”？

但是，就是这样一个“器小”“不俭”且“不知礼”的管仲，孔子却毫不含糊地称其为“仁”：

> 子路曰：“桓公杀公子纠，召忽死之，管仲不死。”曰：“未仁乎？”子曰：“桓公九合诸侯，不以兵车，管仲之力也。如其仁！如其仁！”
>
> 子贡曰：“管仲非仁者与？桓公杀公子纠，不能死，又相之。”子曰：“管仲相桓公，霸诸侯，一匡天下，民到于今受其赐。微管仲，吾其被发左衽矣。岂若匹夫匹妇之为谅（诚信）也，自经（上吊）于沟渎（沟渠）而莫之知也。”（《论语·宪问》）

子路与子贡所举的是同一件事。管仲与召忽原来都是齐襄公的弟弟公子纠的家臣。后因襄公无道，齐国陷入动乱，管仲与召忽侍奉公子纠逃往鲁国。齐襄公的另一个弟弟公子小白，在其家臣鲍叔牙的侍奉下逃到了莒国。动乱之中襄公被杀，齐国一时无君。鲁庄公遂起兵伐齐，欲送公子纠回国即位。不料公子小白已先行回国，自立为君，是即齐桓公。桓公于是伐鲁，逼迫鲁国杀了公子纠。公子纠死，召忽自杀殉主，而管仲请降。后经鲍叔牙力荐，被桓公任以为卿。子路云“桓公杀公子纠，召忽死之，管仲不死”，子贡云“桓公杀公子纠，不能死，又相之”，即指此。事主不忠，临难苟免，依儒家道德，无疑是不仁不义的行为。有这种行为，还何得称“仁”？所以子路和子贡都以为管仲不仁。而孔子大不以为然。之所以大不以为然，就是着眼于管仲、桓公之霸业对于保境安民的伟大功绩。春秋时期各路诸侯会盟，若有征讨之事或者互不信任，则帅兵车前往，称之为“兵车之会”；若纯属和平友好交往，则礼服衣冠而赴，称之为“衣冠之会”或“衣裳之会”。故“九合诸侯，不以兵车”就是说结束了战争，给民众带来了长时期的和平生活。“被发左衽”是犬戎等夷狄的习俗。“微管仲，吾其被发左衽矣”，就是说若无管仲辅佐桓公击退犬戎的侵犯，华夏民族就会遭到异族的奴役。那么，既使民众过上了和平的生活，又使民族避免了异族的奴役，“民到于今受其赐”，如何不可称之为“仁”？孔子曰：“如其仁！如其仁！”就是向他的不明此理的弟子们反复强调：这就是他的仁！这就是他的仁！至于“桓公杀公子纠，不能死，又相之”，相比于上述之伟大功绩，只能算作小节。孔子反问说：难道管仲也应该像匹夫匹妇那样，为了一点小节小信而上吊自杀于荒郊野外，而不为人所知吗？

或许“民到于今受其赐”与“博施于民而能济众”之间尚有相当的距离，但称“民到于今受其赐”为“如其仁”，与称“博施于民而能济众”为“必也圣乎”，毫无疑问属于同一个思想。那就是把关爱广大民众、把切切实实地为广大民众谋福祉视为“仁”的崇高内涵。须知，孔子是极少以“仁”许人的。“微子去之，箕子为之奴，比干谏而死。孔子曰：‘殷有三仁焉。’”（《论语·微子》）这是《论语》中仅见的一段许人以“仁”的话，而微子等三人都是前朝的历史人物。至于春秋时期的人物，即或在某些方面确有突出的善举，孔子亦仅以相应的道德概念称之，而不肯许之以“仁”。如下面两段话：

子张问曰：“令尹子文三仕为令尹，无喜色；三已之，无愠色。旧令尹之政，必以告新尹。何如？”子曰：“忠矣。”曰：“仁矣乎？”曰：“未知，焉得仁？”

“崔子弑齐君，陈文子有马十乘，弃而违（离开）之。至于他邦，则曰：‘犹吾大夫崔子也。’违之。之一邦，则又曰：‘犹吾大夫崔子也。’

违之。何如?”子曰:“清矣。”曰:“仁矣乎?”曰:“未知,焉得仁?”(《论语·公冶长》)

“令尹”是楚国最高官职,握有军政大权。子文三次就任令尹而无喜色,三次被罢免而无怒色,且每次被罢免都认真负责地向新令尹交代工作。这岂不高尚?但这只是“忠”,而算不上“仁”。“有马十乘”指有十辆马车,古时一车四马称作“一乘”,“十乘”可以说相当富有了。陈文子见齐国大夫崔杼杀了齐君,毅然舍弃了“十乘”家财离开齐国;到另一国,见执政者仍然是崔杼一流人物,便再次离开;如此者多次,总之绝不与犯上弑君之人为伍。这也够高尚了。但这只是“清”,也还算不上“仁”。即此可见孔子以“仁”许人之慎。至于他的那些弟子,虽各有一定之德才,却似离“仁”更远:

孟武伯问:“子路仁乎?”子曰:“不知也。”又问。子曰:“由也,千乘之国,可使治其赋也,不知其仁也。”

“求也何如?”子曰:“求也,千室之邑,百乘之家,可使为之宰也,不知其仁也。”

“赤也何如?”子曰:“赤也,束带立于朝,可使与宾客言也,不知其仁也。”(《论语·公冶长》)

子路、冉求、公西赤,都是孔子的亲近弟子,而孔子曰“不知其仁”。曰“不知其仁”就是不肯许之以“仁”。即使是被孔子列在“德行”科的冉雍,孔子亦曰“不知其仁”(《论语·公冶长》)。最后,关于孔子本人,他明确宣布:“若圣与仁,则吾岂敢?”(《论语·述而》)所以,在春秋时期的人物中,被孔子许以为“仁”者,管仲可谓绝无仅有。这就更加突显了孔子对于关爱广大民众、切切实实为广大民众谋福祉的重视,也更加突显了“安百姓”这一点在他的“仁”论中的至关重要性。同这一点相比,其他都是小节。

以管仲为“仁”也表明,孔子虽然不赞成“霸道”,但他衡量“仁”与“不仁”的根本标准,并不在于行“王道”还是行“霸道”,而在于是否真正能够“安百姓”。但这一观点并没有为后世儒者忠实传承。孟子即是：

> 齐宣王问曰：“齐桓、晋文之事可得闻乎?”孟子对曰：“仲尼之徒无道桓、文之事者，是以后世无传焉。臣未之闻也。无以，则王乎?”（《孟子·梁惠王上》）

“仲尼之徒”有无“道桓文之事者”且不论，“仲尼”本人显然是有道“桓文之事”的。《论语》中，不仅有上述“管仲相桓公，一匡天下”等语，“子曰：‘晋文公谲诡谲而不正，齐桓公正而不谲。’”（《论语·宪问》）的话也赫然在目。孟子这样说，不过表明他自己是绝对地排斥“霸道”而仅尊“王道”罢了。“无以，则王乎?”今译就是：“要不然，我给你讲讲王道吧。”他还说过“五霸者，三王之罪人也”（《孟子·告子下》）如此，则不仅五霸之首的齐桓公是罪人，就连辅佐桓公称霸的管仲也成为罪人了，还谈得上什么“仁”!

三

不过，孟子又的确是孔子“仁”论的主要阐扬者。

孔子的“仁”论是启示性、浑融性的，意在要人完整地领悟“仁”的深度和广度。孟子的“仁”论是解说性、分析性的，意在要人具体地辨明“仁”的内容和要求。他的解析集中于两个要点：一是“仁心”，即所谓“以仁存心”；一是“仁政”，即所谓“发政施仁”。

先说他的“仁心”论。孟子曰：“君子所以异于人者，以其存心也。君子以仁存心，以礼存心。仁者爱人，有礼者敬人。爱人者人恒爱之，敬人者人恒敬之。”（《孟子·离娄下》）以“仁”存于心，心自然就成了“仁心”。那么，如何以“仁”存于心?什么是“仁心”?

孟子是从人的一种极其平常、平常得很少有人注意的心理现象说起的。他与齐宣王有这样一段对话。齐宣王问：“德何如则可以王矣?”意思是：要有怎样的道德才能使天下归服呢?这里的“王”是“王道”之王，是以德服人之“王”。孟子回答：“保民而王，莫之能御也。”意思是：若能让百姓过上安适、满意的生活，就可以使天下归服，谁也阻挡不了。宣王又问：“若寡人者，可以保民乎哉？”像我这样的人，可以让百姓过上满意的生活吗？孟子曰：“可。”宣王说：“何由知吾可也？”你怎么知道我可以呢？孟子提起一件事：

> 臣闻之胡龁曰，王坐于堂上，有牵牛而过堂下者，王见之，曰：“牛何之？”对曰：“将以衅钟。”王曰：“舍之！吾不忍其觳觫（hú sù），若无罪而就死地。”对曰：“然废衅钟与？”曰：“何可废也？以羊易之！”不识有诸？（《孟子·梁惠王上》）

“衅钟”即以牲血祭钟，钟是国家宝器。“觳觫”，恐惧地发抖。一头牛要被拉去宰杀以“衅钟”，全身恐惧地发抖。齐宣王见状，于心有所不忍，叫人“以羊易之”。这本是谁都会有的一点同情心，而孟子就从这里看到了齐宣王“保民而王”的希望，所以还郑重其事地问了一句：不知是否真有这回事？齐宣王曰：“有之。”孟子立即回应：“是心足以王矣。”但这件事传出去，被齐国百姓误解成了宣王吝啬惜财，故以小易大。孟子向宣王开导说：

> 无伤也，是乃仁术也，见牛未见羊也。君子之于禽兽也，见其生，不忍见其死；闻其声，不忍食其肉。是以君子远庖厨也。（《孟子·梁惠王上》）

被百姓误解没关系，这就是你的仁心，你不过是只见到临杀时的牛而没有见到羊罢了。“君子之于禽兽”都是这样，“见其生，不忍见其死；闻其声，不忍吃其肉”。几句话一下子说到了齐宣王心里，他高兴地说：“夫子言之，于我心有戚戚（心动貌）焉。”并紧接着问：“此心之所以合于王者，何也？”这种心思怎么合于王道呢？问题到了关键环节，孟子反而没有急着回答，却反问道：假如有人对你说，他“力足以举百钧，而不足以举一羽；明足以察秋毫之末，而不见舆薪”，你相信吗？宣王当然回答“否”。于是，孟子顺势转入了对齐宣王的批评：

> 今恩足以及禽兽，而功不至于百姓者，独何与？然则一羽之不举，为不用力焉；舆薪之不见，为不用明焉；百姓之不见保，为不用恩焉。故王之不王，不为也，非不能也。（《孟子·梁惠王上》）

“恩足以及禽兽”，而“百姓不见保”，岂非“不用恩”于民、能为而不肯为吗？接下来便是那段非常有名的话了：

> 老吾老，以及人之老；幼吾幼，以及人之幼。天下可运于掌。诗云：“刑（通型，示范）于寡妻（嫡妻），至于兄弟，以御于家邦。”言举斯心加诸彼而已。故推恩足以保四海，不推恩无以保妻子。古之人所以大过人者无他焉，善推其所为而已矣。（《孟子·梁惠王上》）

引诗见《诗经·大雅·思齐》，大意是先模范地施之于妻子，然后再推广到兄弟，然后再推广到整个邦国。孟子征引这几句诗，就是要强调：应该把对于牛的“不忍”之心，即及于禽兽的“恩”渐次推广，直到全国民众，这样就可以“保民而王”。他把这叫作“推恩”：“推恩足以保四海，不推恩无以保妻子。”

那种见牛之“觳觫”而有所“不忍”的心，就是“仁”的源头。由此扩充开来、发扬光大，就成为“仁心”。孟子说：“人皆有所不忍，达之于其所忍，仁也”。“达之于其所忍”就是扩展到原来未曾达到的所有类似的领域。他又说：“人能充无欲害人之心，而仁不可胜用也”（《孟子·尽心下》）。“无欲害人之心”就是关爱、同情之心。而这个观点的最具代表性的论述，是下面这段话：

> 孟子曰：“人皆有不忍人之心。先王有不忍人之心，斯有不忍人之政矣。以不忍人之心，行不忍人之政，治天下可运之掌上。所以谓人皆有不忍人之心者，今人乍见孺子将入于井，皆有怵惕恻隐之心。非所以内交于孺子之父母也，非所以要誉于乡党朋友也，非恶其声而然也。由是观之，无恻隐之心，

非人也；无羞恶之心，非人也；无辞让之心，非人也；无是非之心，非人也。恻隐之心，仁之端也；羞恶之心，义之端也；辞让之心，礼之端也；是非之心，智之端也。人之有是四端也，犹其有四体也。……凡有四端于我者，知皆扩而充之矣，若火之始然，泉之始达。苟能充之，足以保四海；苟不充之，不足以事父母。”（《孟子·公孙丑上》）

“不忍人之心”就是对于人的“不忍”之心。若有人忽然看见一个小孩快要掉到井里了，都会陡生惊骇、同情之心。这不是为了讨好孩子的父母，不是为了邀誉于乡里和朋友，也不是因为讨厌那个孩子的哭声，而是出于人的本性的自然而又必然的心理反应。它没有原因，没有目的，是一种无缘无故的爱。这种“人皆有之”的“恻隐之心”就是“仁”的端倪，“仁”就是这种“人皆有之”的“恻隐之心”的发展。由“恻隐之心”发展为“仁”，既是把对偶然遇到的个别事物的爱扩大为对天下民众的爱，也是把基于本性的自然的爱提升为基于理性的自觉的爱。

上面这段话主要是讲“恻隐之心”及与之相应的“仁”，但为了借此一并显示整个儒家道德体系的合理性，孟子还以一带三地加进了“羞恶之心”“辞让之心”“是非之心”，以便将仁、义、礼、智四项打包推出。这未免有搭车销售之嫌。但这不是本书这里的论题，也并不是很重要。重要的是，孟子以“不忍之心”“恻隐之心”为儒家的“仁”论奠定了人性的根基，从而也为儒家“仁”论的发展规划了正确的方向。

孟子言谈中的圣君、贤相，正是如上所述的“推恩”“以保四海”的榜样：

禹、稷当平世，三过其门而不入，孔子贤之。……禹思天下有溺者，由（通“犹”，下同）己溺之也；稷思天下有饥者，由己饥之也，是以如是其急也。（《孟子·离娄下》）

伊尹耕于有莘之野，而乐尧舜之道焉。……思天下之民匹夫匹妇有不被尧舜之泽者，若己推而内之沟中。其自任以天下之重如此，……（《孟

子·万章上》)

视人溺如己溺、人饥如己饥，乃至视任何一人不得其所“若己推而内之沟中”，这是何等博大、炽热的“仁心”，而这就是拓展、升华了的“恻隐之心”。有一颗这样的心，才能真正以天下为己任。

那么，欲以天下为己任者，就必须首先而且始终以修养这样的“仁心”为己任。故孟子又提出：

有天爵者，有人爵者。仁义忠信，乐善不倦，此天爵也；公卿大夫，此人爵也。古之人修其天爵，而人爵从之。今之人修其天爵，以要人爵；既得人爵，而弃其天爵，则惑之甚者也，终亦必亡而已矣。(《孟子·告子上》)

因为“仁心”根源于人的天性，所以孟子称之为“天爵”，即天赐的爵位。相对而言，“公卿大夫”之类是人给的爵位，只能称之为“人爵”。这里“古之人”与“今之人”的差别，就在于如何对待“仁义忠信”的“天爵”和“公卿大夫”的“人爵”，是以修养“仁”德为本而官职爵位则随其如何，还是以官职爵位为本而修养“仁”德不过当块“敲门砖”。值得玩味的是，孟子两千多年前所说的“今之人”，似乎也还是现在的“今之人”。为了争上或者考上个官，总还要学点什么、修点什么；一旦争上了或者考上了，原来的所学、所修就都不知道扔到哪儿去了。有人当上官还不到一年，贪污受贿却已相当可观，结果“天爵”扔了，“人爵”也丢了，恐怕还得坐牢。这也活该。孟子早就说了：“惑之甚者也，终亦必亡而已矣。”

四

再说孟子的“仁政”论。上面的引文已经提出：“有不忍人之心，斯有不忍人之政。”就是说，以“仁心”“爱心”施政，所施就是“仁政”。且看几段孟子正面论述“仁政”的话。

魏国国君梁惠王问孟子：我们国家以前很强大，但到了我这个时候，“东败于齐”，“西丧地于秦七百里”，“南辱于越”，我感到很羞耻，你说怎么办才好？孟子说：

地方百里而可以王。王如施仁政于民，省刑罚，薄税敛，深耕易耨。壮者以暇日修其孝悌忠信，入以事其父兄，出以事其长上，可使制梃（木棒）以挞（抗击）秦楚之坚甲利兵矣。（《孟子·梁惠王上》）

方圆百里的小国也可以称王，关键在于“施仁政于民”。少用刑罚，减轻赋税，让百姓能够安心生产，深耕细作。农闲时教导青年修养道德，在家侍奉父兄，在外尊敬官长。这样，即使他们手持木棒，也足以抗击秦、楚的“坚甲利兵”。接着，孟子又对比地讲到秦、楚等其他国家：

彼夺其民时，使不得耕耨以养其父母，父母冻饿，兄弟妻子离散。彼陷溺其民，王往而征之，夫谁与王敌？故曰“仁者无敌。”王请勿疑！（《孟子·梁惠王上》）

其他国家徭役繁重，不顾农时，致使耕稼荒废，民不聊生，妻离子散。他们已陷百姓于深渊之中，这时你“往而征之”，谁能抵挡？请你相信：“仁者无敌”！

齐宣王问孟子：“王政可得闻与？”孟子回答：

昔者文王之治岐也，耕者九一，仕者世禄，关市讥（察）而不征，泽梁无禁，罪人不孥。老而无妻曰鳏，老而无夫曰寡。老而无子曰独。幼而无父曰孤。此四者，天下之穷民而无告者。文王发政施仁，必先斯四者。（《孟子·梁惠王下》）

“王政”就是仁政，即下文所谓“发政施仁”。从前周文王治岐，农夫税率九分之一，官员世代享受俸禄，关市只稽查而不征税，江河可自由打鱼，罪犯不连累家人。鳏、寡、独、孤四种人无依无靠，故首先予以照顾。

齐国征讨并占领了燕国，各诸侯国谋议联合伐齐救燕。齐宣王问孟子：“诸侯多谋伐寡人者，何以待之？”孟子对曰：

> 今燕虐其民，王往而征之。民以为将拯己于水火之中也，箪食壶浆，以迎王师。若杀其父兄，系累其子弟，毁其宗庙，迁其重器，如之何其可也？天下固畏齐之强也。今又倍地（国土扩大了一倍）而不行仁政，是动天下之兵也。王速出令，反其旄倪（即耄儿，指老少），止其重器，谋于燕众，置君而后去之，则犹可及止也。(《孟子·梁惠王下》)

征燕本来是讨伐无道，救民于水火；获胜后却杀戮燕人之父兄，俘虏他们的子弟，毁坏燕国的宗庙，搬走人家的宝器。如此“不行仁政”，必然引起天下动兵。应赶紧下令，放回燕国的老少俘虏，停止搬运燕国的宝器，与燕民协商择立新君，随即离开，战祸犹可避免。

综合以上几段话所说，大致就是：尽量减轻百姓的负担，放宽对他们的管制，让他们得以安居乐业；对于他们的子弟，还要利用农闲给予道德教育；对于鳏、寡、独、孤等弱势群体，更应优先照顾；即使是讨伐无道，也必须充分尊重当地百姓的权益，而不能趁机牟取私利。归纳起来，包括两个方面：一是改善民众生活，二是开展道德教育。而贯穿其中的，正是对百姓的同情和关爱。这就是孟子和儒家的“仁政”。

“仁政”的对立面，就是虐政和暴政。高扬“仁政”的孟子，对此进行了严厉，甚至是愤怒的谴责。

邹、鲁两国发生冲突，邹穆公问孟子：“我的官吏在冲突中死了三十三人，而老百姓却没有一个肯赴难的。都杀了他们吧，不可胜杀；不杀他们吧，我又实在恨他们看着长官遇害而无动于衷。你说该怎么办?”孟子的回答是：

> 凶年饥岁，君之民老弱转乎沟壑，壮者散而之四方者，几千人矣，而君之仓廪实，府库充，有司莫以告，是上慢而残下也。曾子曰：“戒之戒之！出乎尔者，反乎尔者也。”夫民今而后得反之也。君无尤焉。君行仁政，斯民亲其上、死其长矣。(《孟子·梁惠王下》)

灾荒之年，你的百姓年老体弱的辗转饿死于山沟野地，年轻力壮的四处逃难，有上千人。而你的谷仓装满了粮食，库房装满了财宝，那些官吏谁也没有向你汇报。这是居上位而怠慢百姓、残害民众。曾子要人警惕：你怎样对待别人，别人就会怎样回报你。老百姓到今天终于得到报复你的机会了，你没有理由责备他们！只有施行“仁政”，老百姓才能亲近他们的上司，为他们的长官卖命。

梁惠王表示，要听听孟子的意见。孟子问：“以刀杀人同以政杀人有什么区别吗?”梁惠王说：“没什么区别。”于是孟子谴责道：

> 庖有肥肉，厩有肥马，民有饥色，野有饿莩，此率兽而食人也。兽相食，且人恶之。为民父母，行政不免于率兽而食人，恶在其为民父母也?仲尼曰：“始作俑者，其无后乎!”为其象人而用之也。如之何其使斯民饥而死也?(《孟子·梁惠王上》)

统治者“庖有肥肉，厩有肥马”，无论牛、羊、猪、马，都是用粮食喂养的；而老百姓却没有粮食吃，以致“民有饥色，野有饿莩”：这岂不等于“率兽而食人”?“兽相食”，人都会觉得残忍而厌恶；身为百姓的“父母官”、执政者，却“不免于率兽而食人”，这还有点人性吗?所引孔子的两句话，意思是说：“发明用土偶、木偶来殉葬的人，一定会绝后吧!”仅仅是用人形的土偶、木偶殉葬就受到这样的诅咒，那么使老百姓活活地饿死又该受到怎样的诅咒！真可谓义愤填膺。这段话，饱含了孟子对于那些只顾自己享受、不管民众死活的统治者的怒不可遏的激情。在这激情之中跳动着的，就是孟子的那颗仁者之心。我们没有理由怀疑这颗仁者之心的真实性，没有理由不被这颗仁者之心所感动。这段话应该视为对于一切只顾自己享受、不管民众死活的统治者的历史的审判，应该作为一切执政者的发聋振聩的警钟。

五

不过，儒家虽曰“仁者爱人”，但儒家并不是平等地爱天下人，而是有明确的亲疏厚薄之分的。此即所谓“爱有差等”。

孔子教育弟子，有曰“泛爱众而亲仁。”（《论语·学而》）“众”就是民众、百姓、普通人。“仁”就是“仁人”，即儒家所赞赏的道德楷模。“爱”固然是爱，“亲”显然比“爱”更爱。对普通人给予普通的爱，对仁人要像对待亲人那样爱：这就有了显著的差别。孔子的弟子有子还说过：“孝弟也者，其为仁之本与！”（《论语·学而》）“仁之本”可以理解为“仁”的本源，一般而言，人对人的爱，大都是从爱父母、爱兄长开始的。但“仁之本”无疑也包含了“仁”之根本的意思，如此，则爱父母、爱兄长也就成了“仁”的根本，亲情就被提到了至高无上的地位。联系下面一段话，可知这并不是有子的个人意见：

> 叶公语孔子曰：“吾党有直躬者，其父攘（偷窃）羊，而子证（告发）之。”孔子曰：“吾党之直者异于是。父为子隐，子为父隐，直在其中矣。”（《论语·子路》）

“直躬者”“直者”就是指正直的人。不论是非，只要涉及亲属，就要相互隐瞒，还说这就是正直。可以看到，爱有差等、亲情至上的思想，在《论语》中就存在了。

孟子则进一步强化了这种思想。他说：

> 君子之于物也，爱之而弗仁；于民也，仁之而弗亲。亲亲而仁民，仁民而爱物。（《孟子·尽心上》）

这里把爱分成了由低到高的三个层次：“爱”“仁”“亲”。以分别对应于由远而近的三种对象：“物”“民”“亲”。“物”指鸟兽草木，对鸟兽草木是“爱”，就是一般的爱护，如取之有时，用之有节。“民”即百姓大众，对百姓大众要施“仁”，就是给予推己及人的同情，如所谓“老吾老以及人之老，幼吾幼以及人之幼”。“亲”即父母兄弟，对父母兄弟就不是一般的爱护和推己及人的同情了，而是要视同自己，甚至超过自己的“亲”了。宋儒解释说：“其分（身份、职分）不同，故所施不能无差等。”“统而言之则皆仁，分而言之则有序。”（见朱熹《四书章句集注》）孟子又说：

> 知者无不知也，当务之为急；仁者无不爱也，急亲贤之为务。尧舜之知而不遍物，急先务也；尧舜之仁不遍爱人，急亲贤也。（《孟子·尽心上》）

智者自应无所不知，但须首选当务之急。仁者自应无所不爱，但须以爱亲、贤为先。即使是尧舜之“仁”，也不能“遍爱”天下之人，而只能以爱亲、贤为急。总之，“仁者”之“爱”也，首先是“亲”，稍次是“贤”，然后才是“民”或“众”，最后及于“物”。爱有差等，信然也。

在强调爱有差等的同时，孟子更突出地强调了亲情至上。《诗经·小雅·北山》有这样几句诗：“普天之下，莫非王土。率土之滨，莫非王臣。”意即普天之下没有一个人不是国王的臣子。有人因此提问：“舜既为天子矣，敢问瞽叟之非臣，如何？”瞽叟是舜之父，“非臣”即不做舜的臣民。孟子回答：“是诗也，非是之谓也。劳于王事而不得养父母也。曰‘此莫非王事，我独贤劳也。’”意思是说这几句诗只是抒发“劳于王事而不得养父母”的情绪，不是说天下每个人都是国王的臣民。这几句诗怎样理解并不重要，重要的是孟子接下来所说的几句话：

> 孝子之至，莫大乎尊亲；尊亲之至，莫大乎以天下养。为天子父，尊之至也；以天下养，养之至也。（《孟子·万章上》）

最大的孝，就是尊亲；最大的尊亲，就是以整个天下来养亲。瞽叟“为天子父”，地位至为尊贵；舜既为天子，就应以整个天下来奉养。言下之意当然是说，瞽叟怎么会成为舜的臣民哪！瞽叟算不算舜的臣民也不重要，重要的是“以天下养”：谁做了天子，谁就可以，而且应该用整个天下来养他爸爸。天下是天子的，更是天子他爸爸的。真是“家天下”！这岂不是亲情至上之至了吗？

孟子对陈仲子的评论也很有可议。陈仲子，人称其“立节抗行，不入污君之朝，不食乱世之食”（《淮南子·氾论训》），看来是个伯夷、叔齐一类不降其志、不辱其身的人物。他的哥哥在齐国做官，俸禄多至万石。他认为“不义”，携妻子隐居于於（wū）陵，过自食其力的生活，饥寒交迫而不渝。有人对孟子说：“陈仲子岂不诚廉士哉？”孟子不以为然：

仲子恶能廉？充仲子之操，则蚓而后可者也。夫蚓，上食槁壤，下饮黄泉。仲子所居之室，伯夷之所筑与？抑亦盗跖之所筑与？所食之粟，伯夷之所树与？抑亦盗跖之所树与？是未可知也。（《孟子·滕文公下》）

大意是：仲子怎么能叫作“廉”呢？按照他的意思，非得变成在地面上吃干土、在地面下喝泉水的蚯蚓才行。他隐居乡野以为高洁，但是谁知道他所住的房子是伯夷那样廉洁的人盖的呢，还是盗跖那样的盗贼盖的呢？他所吃的谷米是伯夷那样廉洁的人种的呢，还是盗跖那样的盗贼种的呢？这种说法显然不能服人，故对话者反驳道：

是何伤哉？彼身织屦，妻辟纑，以易之也。（《孟子·滕文公下》）

房子谁盖的、谷米谁种的这有什么关系呢？他自己编草鞋，他妻子练麻，以自己的劳作换取衣食，这还不算廉士吗？在理屈词穷之际，孟子终于说出了他对陈仲子的真实不满：

仲子，齐之世家也。兄戴，盖禄万钟。以兄之禄为不义之禄而不食也，以兄之室为不义之室而不居也，辟（避）兄离母，处于于陵。他日归，则有馈其兄生鹅者，己频颇曰：“恶用是鶃（yì）鶃（鹅叫声）者为哉？”他日，其母杀是鹅也，与之食之。其兄自外至，曰：“是鶃鶃之肉也。”出而哇之。以母则不食，以妻则食之；以兄之室则弗居，以於陵则居之。是尚为能充其类也乎？若仲子者，蚓而后充其操者也。（《孟子·滕文公下》）

中间说的是这样一件事：陈仲子有一天回家，见有行贿者送给他哥哥一只活鹅，他皱着眉头说：要这个呃呃叫的做什么！其后他母亲杀了这只鹅做给他吃，恰遇他哥哥从外面回来，告诉他说：这就是那个呃呃叫的东西。他听了之后，马上出去把吃进嘴里的鹅肉吐了出来。原来，孟子对陈仲子的不满，主要是嫌他得罪了母亲和哥哥。“辟兄离母”已经是不孝、不悌了，母亲做的鹅肉居然还给吐出来，就更属于大逆不道了。虽然陈仲子隐居以守其志的生活甚于颜渊的“居于陋巷，一箪食，一瓢饮”（《孟子·离娄下》），但因为是“辟兄离母”，就被讽刺为应该去当蚯蚓。还特别详细地讲了上面这件事，以指责陈仲子“以母则不食，以妻则食之”。至于陈仲子哥哥的高官厚禄是否“不义”，孟子则只字未提。看来，只要事关父母兄长，就没有什么是或非、义或不义的问题，只有一个原则：“孝悌”。所以，不能说这是在亲情面前丧失原则；按照儒家学说，孝悌就是最高的原则，在这个原则面前，其他任何原则都不算原则。孟子评论陈仲子的另一段话说的就是这个意思：

> 仲子，不义与之齐国而弗受，人皆信之，是舍箪食豆羹（一小筐饭、一小碗汤）之义也。人莫大焉亡（无）亲戚、君臣、上下。以其小者信其大者，奚可哉？（《孟子·尽心上》）

如果“不义”，即使把整个齐国送给陈仲子，他都不要。“非其义也，非其道也，禄之以天下，弗顾也”（《孟子·万章上》）：这本是孟子称赞大贤伊尹的话，但是到了陈仲子这里，“不义与之齐国而弗受”就变成不值一提的“舍箪食豆羹之义”了。原因就在于他不敬父母兄长，不讲尊卑上下。古人多称父母兄长为“亲戚”。在孟子看来，“不义与之齐国而弗受”，这是小节；“亡亲戚、君臣、上下”才是大节，“莫大”之节。

显而易见，孟子评论陈仲子的话，大多属于强词夺理。房子谁盖的、谷米谁种的，此与陈仲子是否可称廉士无关，问话者已作了有力的反驳。“以母则不食，以妻则食之”这句话尤为荒谬。陈仲子“不食”，是因为那是他人行贿的活鹅，与谁做的毫不相干，怎么能从“不食”这只鹅就直接推出“以母则不食，以妻则食之”呢？且又连带提出什么“以兄之室则弗居，以於陵则居之”，难道陈仲子之隐居于於陵，就是因为家里的房子是“兄之室”吗？诸如此类，大概只能说是为了辩护亲情至上而不得不牺牲逻辑了。人称《孟子》文风雄辩，诚然；但亦时见强辩、乃至诡辩也。

亲情无疑是人间最真诚、最深厚、最持久的宝贵情感。在日常生活中，首先关爱自己的父母以及兄弟姐妹，渐至亲戚朋友、街坊邻里、陌生路人等，亦属人之常情。但是，如果忽略了妥善处理“亲亲”与“爱人”之间的关系，而把爱有差等、亲情至上奉为最高的道德规范，那就不可避免地会导致公德意识的淡漠和其他道德规范的亏损。且以“其父攘羊”为例。“其子”也不一定要去“证之”，但他应该把其父“攘”来的羊还给原来的主人，还可以自己承担责任。这样既照顾了父亲的声誉，维护了父子的亲情，又补偿了原主的损失，改正了“攘羊”的错误。如果就是“父为子隐，子为父隐”，那么失主的利益该不该考虑？盗窃行为该不该制止？这合乎道德吗？

这还是仅就道德领域而言。如果把爱有差等、亲情至上的思想带到用人方面，那就成了任人唯亲；带到法制领域，那就成了徇私枉法。此是后话。

而正是在这个爱有差等的问题上，墨家另树一帜，并因而引发了一场儒墨之争。

第二节 墨家：兼爱天下之百姓

一

上一章言及，墨家的从政之志近于儒家，亦云“圣人以治天下为事”。“治天下”就是治天下之“乱”。那么天下之“乱”何由而起？墨子认为，“乱”即起于人皆“自爱”而“不相爱”。他说，“臣子之不孝君父”，就是因为：

> 子自爱不爱父，故亏父而自利；弟自爱不爱兄，故亏兄而自利；臣自爱不爱君，故亏君而自利。(《墨子·兼爱上》)

反过来说，君父之不慈臣子，也是因为：

> 父自爱也，不爱子，故亏子而自利；兄自爱也，不爱弟，故亏弟而自利；君自爱也，不爱臣，故亏臣而自利。(《墨子·兼爱上》)

不仅君臣、父子、兄弟之间如此，扩大到人与人之间、大夫与大夫之间，乃至诸侯与诸侯之间，也无不如此：

> 盗爱其室，不爱异室，故窃异室以利其室；贼爱其身，不爱人，故贼人以利其身。……大夫各爱其家，不爱异家，故乱异家以利其家；诸侯各爱其国，不爱异国，故攻异国以利其国。(《墨子·兼爱上》)

这里的“大夫”指当官者，如各诸侯国的卿。归结为一句话：“乱何自起？起不相爱。”(《墨子·兼爱上》)此外，墨家也声称“仁人之所以为事者，必兴天下之利，除天下之害”(《墨子·兼爱中》)。然则天下之“害”何由而生？墨子同样认为，“以不相爱生”：

> 今若国之与国之相攻，家之与家之相篡，人之与人之相贼，君臣不惠忠，父子不慈孝，兄弟不和调，则此天下之害也。然则崇此害亦何用生哉？……以不相爱生。今诸侯独知爱其国，不爱人之国，是以不惮举其国

以攻人之国；今家主独知爱其家，而不爱人之家，是以不惮举其家以篡人之家；今人独知爱其身，不爱人之身，是以不惮举其身以贼人之身。是故诸侯不相爱，则必野战；家主（即大夫）不相爱，则必相篡；人与人不相爱，则必相贼；君臣不相爱，则不惠忠；父子不相爱，则不慈孝；兄弟不相爱，则不和调。天下之人皆不相爱，强必执弱，众必劫寡，富必侮贫，贵必敖贱，诈必欺愚。凡天下祸篡怨恨，其所以起者，以不相爱生也，是以仁者非之。(《墨子·兼爱中》)

这里除了君臣、父子、兄弟、家主、诸侯之间的关系之外，还涉及强与弱、富与贫、贵与贱等更为广泛的社会关系。总之，“凡天下祸篡怨恨，其所以起者，以不相爱生也”。墨家之与儒家，不仅从政之志相似，皆希“仁”、希“圣”，以“治天下”和“兴天下之利，除天下之害”为己任，而且在对天下之“乱”、天下之“害”的指认上也大体一致，都是指“君臣不惠忠，父子不慈孝，兄弟不和调”以及家相篡、国相攻等种种纷争无序的社会现象。只是在天下之“乱”、之“害”产生的原因上，墨家没有从人心人性、伦理道德、社会制度等方面作更为深广的思考，而是比较直接、简单地归结为人与人“不相爱”。

既然天下之“乱”与“害”均产生于人皆“自爱”而“不相爱”，那么，治“乱”除“害”的对策，自然就是以“兼相爱”易之了：

既以非之，何以易之？子墨子言曰：以兼相爱、交相利之法易之。然则兼相爱、交相利之法将奈何哉？子墨子言：视人之国若视其国视人之家若视其家，视人之身若视其身。是故诸侯相爱，则不野战；家主相爱，则不相篡；人与人相爱，则不相贼；君臣相爱，则惠忠；父子相爱，则慈孝；兄弟相爱，则和调。天下之人皆相爱，强不执弱，众不劫寡，富不侮贫，贵不敖贱，诈不欺愚。凡天下祸篡怨恨可使毋起者，以相爱生也，是以仁者誉之。(《墨子·兼爱中》)

凡以“不相爱”生者，均可以“兼相爱”解之。若天下之人皆能“兼相爱、交相利”，则“凡天下祸篡怨恨”无不可迎刃而解，天下太平亦自不难而至。这是墨子反反复复一再强调的主张。下面这段话说得更为简明概括：“若使天下兼相爱，国与国不相攻，家与家不相乱，盗贼无有，君臣父子皆能孝慈，若此则天下治。”（《墨子·兼爱上》）

为了论证“兼爱”的正确性、提高“兼爱”的权威性，墨子也举出了古代“圣王”的榜样，说“昔之圣王兼爱天下之百姓”。首称大禹治水：在西边疏通了西河与黑水，在北边修整了防、原、泒三条水道，在东边排除了陆地上的积水，在南边疏通了长江、汉水、淮河及汝水，使四面八方的民众都得到好处，这就是大禹的“兼爱”。次及周文王治西土，“不为大国侮小国，不为众庶（指人多）侮鳏寡（人少），不为暴势夺穑人黍稷狗彘”等，这就是文王的“兼爱”。再及周武王祭泰山：祈祷拯救夏、商的百姓和四方的夷狄，承诺“万方有罪，维予一人”等，这就是武王的“兼爱”。（《墨子·兼爱中》）他还作了禹、汤、文、武等“圣王”同桀、纣、幽、厉等“暴王”的对比：

> 昔之圣王禹汤文武，兼爱天下之百姓，率以尊天事鬼，其利人多，故天福之，使立为天子，天下诸侯皆宾事之。暴王桀纣幽厉，兼恶天下之百姓，率以诟天侮鬼，其贼（害）人多，故天祸之，使遂失其国家，身死为僇（戮）于天下，后世子孙毁之，至今不息。（《墨子·法仪》）

结论是：“故为不善以得祸者，桀纣幽厉是也；爱人利人以得福者，禹汤文武是也。爱人利人以得福者有矣，恶人贼人以得祸者亦有矣。”（《墨子·法仪》）

而中国古代的最高权威是“天”，所以墨子还需要到天上去寻找“兼爱”的根据。当然这并不难找。他说：“天必欲人之相爱相利，而不欲人之相恶相贼也。奚以知天之欲人之相爱相利，而不欲人之相恶相贼也？以其兼而爱之、兼而利之也。奚以知天兼而爱之、兼而利之也？以其兼而有之、兼而食之也。今天下无小大国，皆天之邑也；人无幼长贵贱，皆天之臣也。”（《墨子·法

仪》)

这些就是墨家倡导“兼爱天下之百姓”的基本内容。

二

但说了半天“兼爱”,还没有交代“兼爱”的确切含义究竟是什么。下面谈这一点。所谓“兼爱”,关键在一个“兼”字。在《墨子》一书中,与“兼”相对的概念是“别”。书中屡以“兼”、“别”对举的方式阐发“兼爱”说。如:

> 姑尝本原若众害之所自生,此胡自生?……必曰从恶人、贼人生。分名乎天下恶人而贼人者,兼与?别与?即必曰别也。然即之交别者,果生天下之大害者与?是故别非也。
>
> 姑尝本原若众利之所自生,此胡自生?……必曰从爱人、利人生。分名乎天下爱人而利人者,别与?兼与?即必曰兼也。然即之交兼者,果生天下之大利者与?是故子墨子曰:兼是也。(《墨子·兼爱下》)

“本原”在这里是动词,义为推本溯源。“分”在这里读 fèn,义为料想、意想。两段话大意是说,推究众害从何发生,必定是从恨人、害人而生,料想名之为恨人、害人,必定是主张“别”的。推究众利从何发生,必定是从爱人、利人而生,料想名为爱人、利人,必定是主张“兼”的。书中还假设了“兼士”与“别士”两个人,以说明“兼”与“别”的对立:

> 设以为二士,使其一士者执别,使其一士者执兼。是故别士之言曰:“吾岂能为吾友之身若为吾身,为吾友之亲若为吾亲。”是故退睹其友,饥即不食(见友之饥而不予食。下有多句仿此),寒即不衣,疾病不侍养,死丧不葬埋。别士之言若此,行若此。兼士之言不然,行亦不然,曰:“吾闻为高士于天下者,必为其友之身若为其身,为其友之亲若为其亲,然后可以为高士于天下。”是故退睹其友,饥则食之,寒则衣之,疾病侍养之,死丧葬埋之。兼士之言若此,行若此。(《墨子·兼爱下》)

“兼士”视他人如同自己，故饥而与之食，寒而与之衣，等等；“别士”则认为他人与自己无关，故饥亦不管，寒亦不问：完全相反。据此可知，墨家是在与“别”相反的意义上，或者说作为“别”的反义词，来使用“兼”的概念的。故墨子概括自己的主张，即谓之“兼以易别”（《墨子·兼爱下》）。

那么，“别”的最基本的反义词是什么？毫无疑问，是“同”。因此，墨家之所谓“兼”，不是一般的“兼顾”或“遍及”，它的确切含义是“同”。不妨一试：《墨子》书中论述“兼爱”说的“兼”字，无不可以“同”字取代。

“兼”就是“同”，那么“兼爱”就是同样地爱、同等地爱。正因为如此，墨家的“兼爱”说才成了一面与儒家立异的旗帜，才成了儒家所不能接受的观点。如果“兼爱”就是兼顾对百姓的爱、遍及于所有人的爱，那与儒家还有什么分歧？孔子所说的“泛爱众”不就是这个意思吗？在兼顾、遍及的意义上，儒家也讲“兼爱”。《荀子·成相》篇即云：“尧让贤，以为民，泛利兼爱德施均。”儒家所不能接受的，不是“兼”，而是“同”。孟子指责墨家的“兼爱”说云：

> 杨氏为我，是无君也；墨氏兼爱，是无父也。无父无君，是禽兽也。（《孟子·滕文公下》）

且不论“杨氏为我”，“墨氏兼爱”怎么会是“无父”呢？墨子多次明确地批评“子自爱而不爱父，故亏父而自利”的现象，且提出“兼爱”说就是为了纠正此类现象，何可指责其“无父”？问题在于墨子还说过诸如此类的话：“必吾先从事乎爱利人之亲，然后人报我以爱利吾亲也。”（《墨子·兼爱下》）视他人如同自己，待他人之父如同自己之父，这完全符合墨家的“兼爱”说。但在孟子看来，这就是把自己的父亲等同于他人，他人之父当然也是他人，而这就是“无父”。

《孟子》中还记载了这样一件事。一位名叫夷之的墨家学者，想通过孟子的弟子徐辟见孟子，与徐辟说：

> 儒者之道，古之人“若保赤子”，此言何谓也？之（自称名）则以为爱无差等，施由亲始。

“若保赤子”是儒家经典《尚书·康诰》中的话，意谓爱护百姓如同爱护婴儿。夷之以为其中即包含兼爱天下百姓的意思，所以提出“爱无差等”，只是应从爱父母开始。徐子以告孟子。孟子曰：

> 夫夷子，信以为人之亲其兄之子为若亲其邻之赤子乎？彼有取尔也。赤子匍匐将入井，非赤子之罪也。且天之生物也，使之一本，而夷子二本故也。盖上世尝有不葬其亲者。……(《孟子·滕文公上》)

这段话语句简约而不连贯，各家注释亦颇费辞。撮其大意，当是：难道夷子真的以为，人们爱自己兄弟的婴儿同爱邻居家的婴儿一样吗？他以为根据这一点——人见无知婴儿将入于井，无论亲与不亲皆会伸出援手；而《尚书》又曰爱护百姓如同婴儿——即可证明“爱无差等”，其实《尚书》之言不过是个比喻。关键是，人之生只有一个本原，就是他的父母，而夷子却认为有两个本原——所以他才会提坚持“爱无差等”。“一本”、“二本”之说，当是针对上述墨子“必吾先从事乎爱利人之亲，然后人报我以爱利吾亲也”之语而发：人皆父母所生、而非他人所生，此即“一本”；若以为“爱无差等”，把爱父母等同于爱他人，就成了“二本”。这种说法其实很勉强，无论墨子之言是否正确，从中都得不出“二本”的结论。而这段话的下文，则大谈“上世尝有不葬其亲者”，后见其亲之遗体为狐狸食之、蚊蝇嘬之的惨状，如何痛心不已。实则，孟子听说夷子求见之始，就议论说：墨家主薄葬，贱厚葬，而夷子葬其亲却颇厚，“是以其贱事亲也”。墨家的确主张薄葬、反对厚葬，但薄葬并不等于“不葬”，且薄葬、厚葬与“爱”有无“差等”本不是一个问题，讨论“爱”有无“差等”而在之前和之后都大谈薄葬、厚葬的问题，这不能不说是混淆论题。孟子这段话，历来注家皆曲为辩护，实际上并没有多少道理，不过就是要维护爱有差等、亲情至上罢了。

简言之：墨家是主张“同”，反对“别”；儒家则是必须“别”，不能“同”！

而道家则不论“同”或“别”，对儒、墨两家交致不满，另外提出了一套主张。

第三节　道家：以百姓心为心

一

道家不赞成儒家的以“仁”存心。老子曰：

> 天地不仁，以万物为刍狗；圣人不仁，以百姓为刍狗。(《老子·五章》)

这段话，前人有较好的解释。如谓：“刍狗，缚草为狗之形，祷雨所用也。既祷则弃之，无复有顾惜之意。天地无心于爱物，而任其自生自成；圣人无心于爱民，而任其自作自息，故以刍狗为喻。”（吴澄《道德真经注》）又如：“天地任自然，无为无造，万物自相治理，故不仁也。仁者，必造立施化，有恩有为。”（王弼《老子微旨》）天地无心，其化育万物乃纯属自然，亦纯任自然，无所谓以“仁”存心或以“爱”存心。圣人以天地为法，对于百姓，当然也是如此。可知老子之言“不仁”，就是反对居心存仁、刻意为仁。

在道家看来，儒家的“仁者爱人”、墨家的“兼爱天下之百姓”均属多余，儒、墨之争也毫无意义。庄子指出：道本无所不在，无所不涵；道的这种无限性决定了对它的任何概念化、语词化的指认都不免是狭隘的、片面的；而任何狭隘的、片面的指认适足以成为对道的遮蔽。他说：

> 道恶乎隐而有真伪？言恶乎隐而有是非？道恶乎往而不存？言恶乎存而不可？道隐于小成，言隐于荣华。故有儒墨之是非，以是其所非而非其所是。欲是其所非而非其所是，则莫若以明。(《庄子·齐物论》)

与其各执一己之见争论不休，不如放弃一己之见虚心体物，以开放的心态面对无限的真实世界，这就叫作“以明”。庄子还假借孔子与老子的一段对话，来说明“仁义”“兼爱”“无私”之类的鼓噪，均属无益而有害。孔子提出：概括《六经》，“要在仁义”。老子问：“何谓仁义？”孔子曰：“中心物恺（正心和乐），兼爱无私，此仁义之情也。”老子急迫地呵道：

> 意（噫）！几乎后言！夫兼爱，不亦迂乎！无私焉，乃私也。夫子若欲使天下无失其牧乎？则天地固有常矣，日月固有明矣，星辰固有列矣，禽兽固有群矣，树木固有立矣。夫子亦放（依）德而行，循道而趋，已至矣；又何偈偈乎揭仁义，若击鼓而求亡子焉？意（噫）！夫子乱人之性也！”（《庄子·天道》）

“几乎”：危殆啊！“后言”即指“兼爱无私”这句话。“失其牧”，失去养护。提出诸如“仁义”“兼爱”“无私”之类的主张，立意都是想拯救世界。但是，世界固有其正常运行的客观规律，它不需要人为的拯救，它所需要的恰恰是人们放弃对它的干扰，因为任何人为的干扰都会妨害它的正常运行。面对这种情势，倡导什么“兼爱”，岂非迂陋可笑？倡导什么“无私”，岂非已先有一己之私？所以，只要依德而行、循道而进就够了，何必要声嘶力竭地倡导“仁义”，像敲锣打鼓地寻找走失的孩子似的？这恰恰是“乱人之性”啊！

老、庄对标举“仁”“爱”的拒斥，反映了道家与儒家迥然有别的道德观。《老子·五十一章》云：

> 道生之，德畜之，物形之，势成之。是以万物莫不尊道而贵德。道之尊，德之贵，夫莫之命而常自然。故道生之，德畜之，长之育之，成（安）之熟（通笃，定）之，养之覆（护）之。生而不有，为而不恃，长而不宰，是谓玄德。

道以创生，德以畜养，万物各有其形，环境促其成长。道之尊，德之贵，就在于它们并不标榜“仁”“爱”之类的名号，而一切任凭自然规律，即所谓“莫之命而常自然”。这句话中的“命”当是命名之意，“莫之命”就是无法命名，亦即不可归结为某个特定概念，与《老子·三十二章》“道常无名。朴虽小，天下不敢臣。”同义。道与德使万物得以生长发育，得到调理呵护，对万物生长的整个过程、每个环节都极尽关切，却从不占有，从不傲视，从不宰制。是之谓“玄德”，即最深微的德。这就是道家的道德观。

提出“莫之命而常自然”，就划清了道家之德与儒家之德的界限。同儒家比较，可以说这是一种无意识的道德，也是一种超道德的道德。它没有儒家那种以德救世的存心，因而也避免了以德自居的狭隘。它拒绝“仁”“义”之类特定的道德概念，因而也超越了特定的道德概念的局限。所以老子说：“上德不德，是以有德。下德不失德，是以无德。”（《老子·三十八章》）“不德”者，不存心为德也。“不失德”者，有意于守德也。显然，此所谓“上德”与“下德”，就是道家之德与儒家之德的区别。

从“道”与“德”的关系来看，儒家之“德”是“仁”，儒家之“道”也是“仁”，不过是指“仁”之“德”的贯彻落实。孟子曰：“仁也者，人也。合而言之，道也。”（《孟子·尽心下》）意思是：“仁”是人的本质，使人达之于“仁”、合之于“仁”就是“道”。显然，这是以“德”为体，以“道”为用，即以“德”定“道”，把“道”统一于“德”。而在道家思想中，“道”是万物之本，而“德”只是“道”的功能、“道”的体现。所以，“道”是自然之道，“德”也是自然之德。这是以“道”为体，以“德”为用，即以“道”定“德”，把“德”统一于“道”——与儒家正好相反。或者再简单地说，儒家是以“德”为“道”，道家则是以“道”为“德”。

二

既然不赞成以“仁”存心，那么道家于执政之心作何主张？老子的口号是“以百姓心为心”。见《老子·四十九章》：

> 圣人无心，以百姓心为心。善者吾善之，不善者吾亦善之，得善。信（守信）者吾信之，不信者吾亦信之，得信。圣人在天下，怵怵；为天下，浑其心。百姓皆注其耳目，圣人皆孩之。

这里的“圣人”就是指真正有道德的人。道家没有任何施善行仁的存心，也不株守任何有限的道德概念，故可谓之“无心”。但又不是真的无心，而只是没有特定的一己之心。没有特定的一己之心，那么以何为心？“以百姓心为心”，与民同心。没有特定的一己之心，也就没有标准，没有要求，因而也就没有偏爱，没有好恶，没有亲疏厚薄，可以一视同仁地对待世上所有的人。世人有善有不善，我皆善待之，即会使人人向善。世人有信有不信，我皆信任之，即会使人人趋信。这里“德善”“德信”的两个“德”都是“得”的假借字。下一句是说，真正有道德的人担任天下，将谦虚、谨慎地收敛自己，而专注于遵循、浑一天下人之心。“在天下”即任天下。“歙”本意为合、收；“歙歙焉”是形容收敛自己、谦虚谨慎的样子。“浑”，浑融，浑一。这段话的最后一句，是说百姓各按自己的所见所闻行事，而圣人皆如看护婴孩般地看护他们。无疑，这是“莫之命而常自然”的道德观在执政之心方面的体现。

因为“以百姓心为心”，所以道家对百姓不加干预。庄子于此，言之最详。如谓：

> 彼正正者，不失其性命之情。故合者不为骈，而枝者不为跂；长者不为有余，短者不为不足。是故凫胫虽短，续之则忧；鹤胫虽长，断之则悲。故性长非所断，性短非所续，无所去忧也。意（噫）仁义其非人情乎！彼仁人何其多忧也？（《庄子·骈拇》）

百姓各有性情，各有生计。若能各任其性，各遂其生，则“不失其性命之情”。而“不失其性命之情”，则各得其所，各无所忧。让百姓各得其所，各无所忧，这才是真正的“正”，即“至正”。如果另立统一标准，外加人为干预，则均不免削足适履，各失其性，自然亦各受其苦。“仁义”之类大概就是这种外加的干预吧，要不那些欲以“仁义”正人心的人为什么有那么多的烦忧呢？这段话以鸭之骈足与鸡之分趾、凫之短胫与鹤之长腿为喻，说明了另立标准、外加干预的荒谬。庄子又说：

> 且夫待钩绳规矩而正者，是削其性者也；待绳（粗绳）约胶漆而固者，是侵其德者也；屈折礼乐，呴（xǔ）俞仁义，以慰天下之心者，此

失其常然也。天下有常然。常然者，曲者不以钩，直者不以绳，圆者不以规，方者不以矩，附离不以胶漆，约束不以纆索。故天下诱然皆生而不知其所以生，同焉皆得而不知其所以得。故古今不二，不可亏也。则仁义又奚连连如胶漆纆索而游乎道德之间为哉，使天下惑也！（《庄子·骈姆》）

靠钩、绳、规、矩来修正，势必削损事物的本性。靠绳、索、胶、漆来加固，势必侵蚀事物的原质。同理，要人屈折俯仰以行礼乐，和悦温顺以从仁义，以此“安天下之心”，势必使人失去常态。常态即本然之态，曲、直、圆、方、离合、收束，皆属自然而然，非外力之干预、纠正所使然。若能如此，则天下百姓万物，皆可美好地生长而不知其由，皆能各得其所而不知其故。“诱然皆生”的“诱然”二字，乃称美之词，非诱导之意。这是古今不二之至理，不可违背。那么，又何必喋喋不休地鼓噪“仁义”、其实就是兜售“胶漆纆索”于道德领域呢？这是蛊惑天下呀！

这些话，对“仁义”的否定似乎过于简单，绝对地拒斥干预也未免欠妥。但有的西方学者说过，一个最美好的社会，并不在于有一套最完备的管理制度，而在于让每个人都能在其中自由地生活。这或许只是一种理想，但如果这种理想并非毫无可取的话，那么道家的不干预政策就不失为执政之心的一个维度了。而这是“以百姓心为心”的基本宗旨。

“以百姓心为心”，所以道家对百姓一视同仁。除了上文所引的“善者，吾善之；不善者，吾亦善之”等语之外，老子还说过：“圣人常善救人，而无弃人；常善救物，而无弃物。”如果胸襟足够宏阔，就会发现是人皆有其能，是物皆有其用；故而善待天下之人，使人尽其才；善待天下之物，使物尽其用。继而又说：“善人，不善人之师；不善人，善人之资。不贵其师，不爱其资，虽知大迷，此谓要妙。”（《老子·二十七章》）善人可以做不善之人的老师，不善之人可以做善人的借鉴，所以应当既“贵”善人，亦“爱”不善之人，否则就是自以为聪明，而其实糊涂。《庄子》中有这样一段对话：

商大宰荡问仁于庄子。庄子曰："虎狼，仁也。"

曰："何谓也?"

庄子曰："父子相亲，何为不仁?"

曰："请问至仁。"

庄子曰："至仁无亲。"(《庄子·天运》)

商即宋国，大宰是官号，荡即其人之字。如果说"父子相亲"就是"仁"的话，那么应该说虎狼也有"仁"。庄子所追求的不是这个层次上的"仁"，而是"至仁"，即最高的"仁"。最高的"仁"什么样?就是待人无亲疏，一视同仁。即所谓"至仁无亲"。

"以百姓心为心"，还需要"为天下浑其心"。百姓之心，共有其同，亦各有其异，这是"以百姓心为心"的道家不能不面对的一个问题。老子有曰："道常无为而无不为。侯王若能守，万物将自化。化而欲作，吾将镇之以无名之朴。"(《老子·三十七章》)"自化"即自生自长。"欲作"指贪欲膨胀。"镇"有安抚、安定义。"无名之朴"就是道。老子尝称"道常无名。朴虽小，天下不敢臣。"(《老子·三十二章》)道会使万物百姓自生自长，但如有人在自生自长中兴起过分的贪欲，势必会扰乱万物百姓自生自长的正常秩序，这就需要以素朴的自然之道来安抚了。"无名之朴，亦将不欲(不起贪欲)。不欲以静，天下将自正。"(《老子·三十七章》)于是天下又恢复了固有的正常秩序。所谓"镇之以无名之朴"就是"为天下浑其心"，而"为天下浑其心"就是维护天下之心合于自然之道的浑朴状态。此亦可知，"以百姓心为心"的道家也不是绝对地排斥干预，对于正常的生存秩序的破坏者还是要干预的。

庄子也从另一个角度谈到这个问题。有人问："何为丘里之言?"答曰：

"丘里者，合十姓百名而以为风俗也，合异以为同，散同以为异。……是故丘山积卑而为高，江河合水而为大，大人合并而为公。……四时殊气，天不赐(借为'私'，下同)，故岁成；五官殊职，君不私，故国治；文武大人不赐，故德备；万物殊理，道不私，故无名。无名故无为，……比于〔大〕泽，百材皆度（居）；观于大山，木石同坛。此之谓丘里之言。”（《庄子·则阳》）

“丘里”即村社，“丘里之言”即村社公议，也就是一定范围内的社会公论、社会共识。“为天下浑其心”就是维护这样的社会共识。这里提出了维护社会共识的基本原则，那就是“合异以为同，散同以为异”。说得具体一点，就是处理公共事务，当“合异以为同”，使异不碍于同；对待个人事务，则应“散同以为异”，使同不妨于异。如此，则个性与共性可并存而不废，相得而益彰。庄子说：山丘即以此而成其高，江河即以此而成其大，“大人”亦以此而成其公。而施行这个原则的关键，则在于主持者的“不私”，即不偏私任何一方。这里庄子用了一系列的比喻来说明这个道理：四季气候各异，天不偏私任何一季，才有了完整的一年；百官各司其职，君不偏私任何一职，才能实现国家的治理；万物各不相同，道不偏私任何一物，才能做到无为而无不为；等等。庄子这段话，以往似不大为人注意；其实，“合异以为同，散同以为异”和“不私”，堪称维护社会公议、“为天下浑其心”的至理箴言，值得每一个主持公务的“大人”借鉴。不能兼顾个性与共性，就不会有真正的社会公议；主持公务而存偏私之心，还有什么公务可言？

不加干预，一视同仁，“为天下浑其心”，这可以说是“以百姓心为心”的几个要点。即此可知，道家之所以不言“仁爱”，只是反对高高在上地标榜“仁爱”、反对以“仁爱”自居罢了。世间哪个整天标榜道德的人是真正有道德的？如果“以百姓心为心”不是仁爱，那还有什么是仁爱？

三

正因为主张“以百姓心为心”，道家对于损百姓以饱私囊的统治阶层，对于下穷困而上奢华的社会现实，以及种种丑恶、虚伪的社会现象，进行了深刻有力的揭露和批判。

老子的揭露，精辟而富于概括性。如《老子·五十三章》：

> 朝甚除，田甚芜，仓甚虚，服文彩，带利剑，厌饮食，财货有余，是谓盗夸。非道也哉！

“除”，犹废，废弛。“厌”，同“餍”，饱足。“盗夸”，即盗魁，大盗。朝政极其腐败，田地一片荒芜，仓廪异常空虚。而有权有势者穿着锦绣，佩着宝剑，饱餐精美的食物，家藏无数的财货。这不是“道”，而是“盗”，是强盗头子。又如《老子·七十五章》：

> 民之饥，以其上食税之多，是以饥。民之难治，以其上有为，是以难治。

这里的“有为”就是指胡作非为，妄为。百姓之所以饥饿，就是因为统治者为了自己的享受而征收的赋税太多，百姓之所以难管，就是因为统治者胡折腾闹得民不聊生。再如《老子·七十七章》：

> 天之道，损有余而补不足；人道则不然，损不足，奉有余。孰能有余以奉天下？其唯有道者。

天道运行，是均衡而统一的，如阴至阳回，寒来暑往，昼夜交替。故老子谓之“损有余而补不足”。对这段话，有时贤解释说：“‘奉’和‘补’不一样，不是补充，而是奉献。这几句话，真是洞穿古今。中国历史上，老百姓造反，大旗上写着‘替天行道’。天道是什么？就是‘损有余而补不足’。人类社会太缺德，总是劫贫济富，‘损不足而奉有余’（按：帛书本此句如此），但缺德到头，事情就反过来了。这时候，就会有人出来，借老天爷说话：既然你们劫贫济富，我们就要劫富济贫。”（李零《人往低处走》）解释得极好。

庄子的批判，则尖锐而富于讽刺性。如《庄子·徐无鬼》篇写道，名徐无鬼者去见魏武侯，魏武侯洋洋得意地说：“先生住在山林里，整日吃橡实，就葱韭，离开我已经很久了。现在老了吧？是想来尝尝我的酒肉的滋味呢？还是有什么善言来为我的国家添福呢？”原文是：

先生居山林，食芧（xù）栗，厌葱韭，以宾（同摈，弃、离开）寡人，久矣夫！今老邪？其欲干（求）酒肉之味邪？其寡人亦有社稷之福邪？（《庄子·徐无鬼》）

徐无鬼说：“我生于贫贱之中，不敢尝君王的酒肉，我是来慰问君王您的。”魏武侯听了很诧异：“你为什么要来慰问我呢？”徐无鬼说：

天地之养也一，登高不可以为长，居下不可以为短。君独为万乘之主，以苦一国之民，以养耳目鼻口，夫神者不自许也。夫神者，好和而恶奸；夫奸，病也，故劳之。（《庄子·徐无鬼》）

天地一视同仁地养育万民，所以万民在天地间是平等的。站在高处并不等于高贵，居于低处也并不就是低下。你独为万乘之主，辛苦全国的民众，来奉养你一个人的耳目鼻口，弄得心神不得安宁。人的心神喜欢平和，厌恶奸诈。奸诈，就是病。你有病，所以我来慰问你。这段话中的“和”“奸”二字，前人注：“与物共者，和也；私自许者，奸也。”（见郭庆藩《庄子集释》）颇当。当上侯王便自以为高贵，不惜辛苦一国之民以奉养自己一人之享乐，还洋洋自得。这本身就是病，心神之病。只是不知这位魏武侯是否还有正常人的心神。

又如《庄子·则阳》篇有这样一段议论：

古之君人者，以得为在民，以失为在己；以正为在民，以枉为在己；故一形（人）有失其形（丧失生命）者，退而自责。今则不然。匿为物而愚不识，大为难而罪不敢，重为任而罚不胜，远其涂而诛不至。民知力竭，则以伪继之，日出多伪，士民安取不伪！夫力不足则伪，知不足则欺，财不足则盗。盗窃之行，于谁责而可乎？

这段话前半段几乎不需要解释，“一形有失其形者，退而自责”意思是只要有一个人不幸身亡，就要退而自责。“今则不然”以下，是说：隐瞒事情的真相却责备百姓无知，造成极大的困难却怪罪百姓无勇，派给过于繁重的任务却要惩罚不能胜任的百姓，规定极其长远的路程却要诛杀不能按时到达的服役者。

民众精疲力竭，不得不虚应故事。长此以往，民众只能靠欺骗统治者过活。“力不足则伪，知不足则欺，财不足则盗”：那么盗窃之类种种社会不良行为的产生，究竟应该由谁来负责？庄子这段话，可以说是对老子所谓“民之难治，以其上之有为，是以难治”的阐发。正是统治者不顾民众死活的为所欲为，造成了民众那些迫不得已的应对策略。在有权就有话语权、评判权的时代，会有多少是非、因果被如此颠倒！

还有善恶的颠倒。庄子下面这段有名的话，就是对这种现象的尖锐批判：

> 为之斗斛以量之，则并与斗斛而窃之；为之权衡以称之，则并与权衡而窃之；为之符玺以信之，则并与符玺而窃之；为之仁义以矫之，则并与仁义而窃之。何以知其然邪？彼窃钩者诛，窃国者为诸侯，诸侯之门而仁义存焉，则是非窃仁义圣知邪？（《庄子·胠箧》）

一切都可以被窃取，只要对自己有利。儒家标榜“仁义”，“仁义”也就成了权势者争相窃取的美名。历朝历代，哪个有权有势者不以“仁义”为标榜？

儒、道两家的社会批判颇有些相通之处。如老子所说的“朝甚除，田甚芜，仓甚虚。服文彩，带利剑，厌饮食，财货有余”与孟子所说的“庖有肥肉，厩有肥马，民有饥色，野有饿莩”。但道家的社会批判往往显得比儒家深刻：儒家的批判主要是针对暴政和虐政，即统治者中的暴虐者，而道家的批判则主要是针对统治与被统治的社会制度。

回到本章的开头：执政者应该有一颗什么样的心？是一个什么样的人？无论儒家的“仁者爱人”，还是墨家的“兼爱天下之百姓”，还是道家的“以百姓心为心”，无不是强调：执政者应该心地善良，关爱民众。

执政者也是人、普通的人。他可以有各种缺点，也可以比较平庸，但有一点：他必须是个善良的人，是个富于同情心的人，是个不忍心害人的人；或者用老百姓的话说，一个仁义的人；或者更简单地说，一个好人。当然不是无原则的“老好人”。

人或许还是可以分成阶级的。但哪个阶级都有好人，哪个阶级也都有坏人。好人和坏人的最根本的分界，就在于善良还是不善良。所以，一个冷酷的人、残暴的人、凶恶的人，一个忍于见死不救、甚至喜欢欺凌弱者的人，一个面对他人的不幸无动于衷、甚至做了损人利己的事还心安理得的人，绝对不能参与执政，哪怕他有天大的本事！

如果问问老百姓，什么事最可怕、也最可恨？他们一定会回答："坏人掌权。"

第三章　无为而无不为

——施政之为

不言而喻，执政者当然应该有所作为、乃至大有作为，否则就成了尸位素餐。但是，近些年来，两个以往罕见的词语，相当频繁地出现于各种媒体，成了大家关注的焦点，那就是“胡作为”和“乱作为”。就其后果而言，“胡作为”“乱作为”造成的危害往往比“不作为”更大，因为这样的所谓“作为”实际上不是建设而是破坏，不是造福而是造孽。这就把执政者应该如何作为、哪些该作为、哪些不该作为的问题，尖锐地提到了人们的面前。

这个施政之为的问题，实质上就是主观意志与客观规律、主观能动性与客观规律性的关系问题。早在两千多年之前，先秦诸子、特别是道家就对这个问题进行了认真的思考，并发表了许多深刻的见解。用当时的说法，叫作“有为”与“无为”。道家对世界的客观规律给予了最充分的尊重，提出“天下神器，不可为也”；对人类的作为进行了最深刻的反思，强调“不知常，妄作凶”；而他们倡导的施政之为的最高境界，则是“无为而无不为”。

第一节　有为与无为

儒家无疑是主张积极有为的。孔子自信地表示：“苟有用我者，期月而已可也，三年有成。”（《论语·子路》）“期月”即从前一年某月到后一年谋月，亦即一整年。一年就初见成效，三年则大见成效：工作效率如此之高，非拼命硬干，如何可能？

所以，孔子在当时就被视为一个“知其不可而为之”的人：

> 子路宿于石门。晨门（负责早晨开城门的小吏）曰：“奚自？”子路曰：“自孔氏。”曰：“是知其不可而为之者与？”（《论语·宪问》）

在“滔滔者天下皆是也”的动乱之世，企图说动人主，力挽狂澜，这几乎是，乃至可以说完全是不可能的。故一些有识、亦有志之士，都采取了避世自守的态度。这位嘲讽孔子“知其不可而为之”的“晨门”，显然就是一个这样的人。《论语》中还记载：

> 子击磬于卫。有荷蒉而过孔氏之门者，曰：“有心哉！击磬乎！”既而曰：“鄙哉！硁（kēng）硁乎！莫己知也，斯己而已矣。深则厉，浅则揭（《诗·邶风·匏有苦叶》）。”子曰：“果哉！末之难矣。”（《论语·宪问》）

“荷蒉”，挑着草编的筐。这个“荷蒉而过孔氏之门者”也是“晨门”一类人物，他从孔子的磬声中听出了孔子不得志的愤懑，因而嘲讽道：“俗气呀！这样‘硁硁’不平的声音！没有人了解自己，那就安守自己算了吧。《诗》里不是说了吗：‘水深就穿着衣裳过河，水浅就撩起衣裳过河’。何必那么固执呢！”孔子听了，只得无奈地叹道：“态度好坚决啊！这样我也就无话可说了。”有学者谈到，“晨门”“荷蒉”这一类人物，他们“主动边缘化，主动疏离主流社会”，“他们对孔子，都是冷嘲热讽，孔子对他们，却是敬佩之极。孔子知道，他所在的世界，这些人才是清，他们看不起的才是浊。他想跟他们谈话，都被拒绝了。因为他奔走呼号的劝说对象，在他们看来，都是十足的坏蛋，费那个劲儿干什么？何苦来哉！”（李零《丧家狗》）的确，孔子对这样的人是很敬佩的。《论语·宪问》云：

> 子曰：“贤者辟（避。下同）世，其次辟地，其次辟色，其次辟言。”

子曰："作者七人矣。"

"辟世"即避开乱世，"辟地"即避开危乱之地，"辟色"指避开人主不敬而难看的脸色，"辟言"指避开恶言恶语。总之都是避，而孔子称他们为"贤者"。"作者七人"当是指带头这样做的人、或者这样做的知名人士。但是，孔子虽然敬佩他们，却不愿意成为他们。《论语·微子》有云：

> 逸民：伯夷、叔齐、虞仲、夷逸、朱张、柳下惠、少连。子曰："不降其志，不辱其身，伯夷、叔齐与！"谓："柳下惠、少连，降志辱身矣。言中伦，行中虑，其斯而已矣。"谓："虞仲、夷逸，隐居放言。身中清，废中权。我则异于是，无可无不可。"

"逸民"亦指辞官避世之人。上面那段话只说"作者七人"，未言究竟是哪七个人。而这里所说的"逸民"恰好是七个人，故注家多以为此七人就是"作者七人"。七人中，伯夷、叔齐是誓死不立于恶人之朝的，故孔子称赞他们"不降其志，不辱其身"。柳下惠不以立于恶人之朝为辱，但被罢黜而不怨，处穷困而不忧，孔子称其虽"降志辱身"而言行不苟。虞仲和夷逸则隐居而不谈时事，保住了自身的清白。但关键是最后一句："我则异于是，无可无不可。"他们都很高尚，我却与他们不同，既没有什么可以，也没有什么不可以。按照孟子的解释，"无可无不可"就是"可以仕则仕，可以止则止，可以久则久，可以速则速"（《孟子·公孙丑上》）。正是这个"无可无不可"，划清了孔子与那些避世之士的界限，表明了他的必欲有为于世的立场。为了有为于世，他要为自己留下足够多的选项，以便在条件许可的时候，出手一试。如果说那些避世之士是"知其不可而避之"的话，那么他的确就是"知其不可而为之"了。

因此，对于他的那些出仕为官的弟子，孔子严格要求他们负起责任，有所作为；当然必须合乎儒家"仁义"之道的政治原则。《论语·季氏》记载了如下一段对话。起因是：

季氏将伐颛臾。冉有、季路见于孔子曰："季氏将有事于颛臾。"

季氏即季康子，时任鲁国正卿，大权在握。冉有、子路在他手下当官。颛臾，鲁国的一个附庸小国。"有事"即指"将伐"。冉有、子路把这件事禀告了孔子。

孔子曰："求！无乃尔是过与？夫颛臾，昔者先王以为东蒙主，且在邦域之中矣，是社稷之臣也。何以伐为？"

"东蒙"即蒙山，因在鲁国东面，故有此称。山上有祭祠，周天子命颛臾担任主祭。故云"昔者先王以为东蒙主"。"在邦域之中"，在鲁国疆域之内。"社稷之臣"，以附庸的身份臣事鲁国。孔子以此种种理由，反对季氏伐颛臾。因而责问冉有："这难道不是你们的过错吗？"

冉有曰："夫子欲之，吾二臣者皆不欲也。"

季氏要这样做，我们俩都不赞成。"夫子"即指季氏。这未免有点推卸责任，所以孔子严厉地驳斥道：

求！周任有言曰："陈力就列，不能者止。"危而不持，颠而不扶，则将焉用彼相矣？且尔言过矣。虎兕出于柙（音 xiá，笼子），龟玉毁于椟（音 dú，匣子）中，是谁之过与？

周任：古之良史。"陈力就列，不能者止"：在职就应尽力，不能尽力就应辞职。见你们的主公遇到危险而不拉他一把，或者见他将要跌倒而不扶他一下，还要你们这些助手干什么？而且，你的话说得不对：老虎、犀牛从笼子里跑了出来，龟甲、玉器在匣子里被损坏了，那是谁的过错？能说不是看守者的过错吗？

冉有曰："今夫颛臾，固尔近于费。今不取，后世必为子孙忧。"

冉有说："颛臾城墙坚固，而且离季氏的封地费城很近，现在不取，将来肯定会成为季氏子孙的祸患。"可见他其实是赞成季氏伐颛臾的。那么开头说的"吾二臣者皆不欲也"就是谎言了。这让孔子更加恼火：

孔子曰："求！君子疾夫舍曰欲之，而必为之辞。丘也闻有国有家者，不患寡而患不均，不患贫而患不安。盖均无贫，和无寡，安无倾。夫如是，故远人不服，则修文德以来之。既来之，则安之。今由与求也，相夫子，远人不服而不能来也；邦分崩离析而不能守也。而谋动干戈于邦内。吾恐季孙之忧，不在颛臾，而在萧墙之内也。”

“君子疾夫舍曰欲之而必为之辞”：君子最痛恨那种不肯说出自己的真实意图，而一定要找托词的人。接着陈述了儒家那套“仁义”之道的政治思想，最后还是责怪冉有、子路没有尽到自己应尽的责任。总之是：在职就应认真负起责任，尽力有所作为，否则不如辞职。

如此看来，儒家主张积极有为的特征十分突出。但是，似乎出人意料的是，《论语·卫灵公》出现了这样的说法：

子曰：无为而治者，其舜也与？夫何为哉，恭己正南面而已矣。

一般印象，“无为而治”是道家的主张。其实，首先明确提出“无为而治”这个口号的，恰恰是孔子。关于这段话，朱熹的注释说：“无为而治者，圣人德盛而民化，不待其有所作为也。……而又得人以任众职，故尤不见其有为之迹也。恭己者，圣人敬德之容。”（《四书章句集注》）这里说到“无为而治”的两个前提：一是“圣人德盛而民化”，即执政者发挥道德表率作用，所谓“其身正，不令而行”（《论语·子路》）；二是“得人以任众职”，即“举贤才”，任能人，君王自可清静无为。然而更重要的是，所谓“圣人德盛而民化”的“德”也是来源于“天”的；所以儒家的“圣人”也是“则天”的。孔子在《论语·泰伯》篇中，对尧就发出了这样的赞美：

子曰：“大哉尧之为君也！巍巍乎！唯天为大，唯尧则之。荡荡乎！民无能名焉。巍巍乎！其有成功也；焕乎，其有文章！”

“则天”而为，就是循自然规律而为，而不是另立名目的人为之为，也就是“无为”。所以民众才会找不到恰当的言词来称道，即所谓“民无能名焉”。由此可见，无论怎样强调“有为”，只要声称“则天”，就必然会同时也提倡

"无为"，并且最终会把"有为"归结为"无为"。所以，宋儒对这段话的解释是："天道之大，无为而成，唯尧则之，以治天下，故民无得而名焉。"

《论语·阳货》中还有一段对话，也很值得注意：

> 子曰："予欲无言。"子贡曰："子如不言，则小子何述焉？"子曰："天何言哉？四时行焉，百物生焉，天何言哉？"

可见孔子也是"法天"的。而"天何言哉？四时行焉，百物生焉"云云，岂不就是道家所说的"无为而无不为"吗？

孟子虽罕言"无为"，但他讲"行其所无事"：

> 所恶于智者，为其凿也。如智者若禹之行（导引）水也，则无恶于智矣。禹之行水也，行其所无事也。如智者亦行其所无事，则智亦大矣。（《孟子·离娄下》）

大禹治水，是遵循水的自然规律，因势利导；而不是像鲧那样，无视水的自然规律，蛮干硬堵。遵循自然规律而为，这才是真正的"智"，孟子称之为"行其所无事"。所谓"行其所无事"，"行"固然是"为"，而"无事"亦可谓之"无为"，所以也就是虽为而不为，有为而无为，或曰无为之为。而仅凭一己之智，无视自然规律地蛮干，则是令人厌恶的"智"，孟子称之为"凿"，即妄自穿凿。如果妄自穿凿叫作"为"的话，那么"行其所无事"就只能叫作"无为"了。

儒家之外，力主变法图强的法家，应该是更重"人事"更讲"有为"的了；实际上韩非子亦尊"天道"，亦讲"无为"。只不过，他的"天道"和"无为"基本上仅与君主一人相关。他认为"道不同于万物"，"君不同于群臣"。道是万物的主宰，君是群臣的主宰；主宰者可以虚静而无为，被主宰者则必须尽职以从事。他把这叫作"君臣不同道"（《韩非子·扬权》）。说得具体一点：

> 群臣守职，百官有常；因能而使之，是谓习常。故曰：寂乎其无位而

处，漻乎莫得其所。明君无为于上，群臣悚惧乎下。（《韩非子·主道》）

“有常”即有常规。“习常”即遵循常规。“寂乎其无位而处，漻乎莫得其所”是说君主虚静得好像没有处于君位，寂寥得群臣不知他在哪里。最后归结为“明君无为于上，群臣悚惧乎下”。显然，这是君主专制主义的“无为”论。

但是尊“天道”的法家，也汲取了道家思想，强调“缘道理以从事”，反对“弃道理而妄举动”：

夫缘道理以从事者，无不能成。无不能成者，大能成天子之势尊，而小易得卿相将军之赏禄。夫弃道理而妄举动者，虽上有天子诸侯之势尊，而下有猗顿、陶朱卜祝之富，犹失其民人而亡其财资也。众人之轻弃道理而易妄举动者，不知其祸福之深大而道阔远若是也……

道者，万物之所然也，万理之所稽也。理者，成物之文也；道者，万物之所以成也。（《韩非子·解老》）

猗顿、陶朱、卜祝都是春秋时期有名的富人。最后一句大意是说：“众人”不知“弃道理而妄举动”所造成的由福转祸的危害，有如此之严重。其实，高举“无为”大旗的道家所着重批判的，就是“妄举动”。顺便提到，这段话前面几句对“道”与“理”的关系的界定，在先秦诸子中是最精辟的，堪称定论。

看来，大致有三条从“有为”通向“无为”的思路。第一条是以身作则，执政者发挥自己的道德表率作用；第二条是举贤任能，君人者可免于繁杂的具体事务；第三条是“则天”“法道”，以天道之“无为而无不为”对待天下。三条之中，前两条虽亦可称作“无为”，其实只是略可少“为”一点的执政之术，此外并无深义。唯有第三条跳出了人事的狭隘视野，开启了一条从更高的域界审视人的作为的思路。但如果像儒家那样，把“则天”“法道”仅仅归结为“仁义”，或者像法家那样，把“则天”“法道”仅仅局限于“君主”，那就在实质上又折回了人事的狭隘视野。超越了这些局限，真正从“则天”“法道”的高度审视人的所作所为的，就是道家。

第二节　天下神器，不可为也

一

老子曰："天下神器，不可为也。"这两句话，前面已经提到过。而老子之所以提倡"无为"，就是因为在他看来，"天下不可为"。现将这两句话所在的《老子·二十九章》全文引述如下：

> 将欲取天下而为之，吾见其不得已。天下神器，不可为。为者败之，执者失之。是以圣人无为故无败，无执故无失。
>
> 夫物或行或随，或嘘（气缓）或吹（气急），或强或羸，或接（安也）或隳（危也）。是以圣人去甚，去奢，去泰（太）。

天下是"神器"，而不是玩具；不是什么人都可以抓在手里，随意玩弄的。越要抓住它，就越会失去它；越要玩弄它，就越会败给它。"执"就是抓在自己手里，"为"就是按自己的意愿处置。有人妄想夺取天下而加以处置，这肯定是做不到的。"不得已"即"不得矣"。正因为如此，圣人之于天下，不妄加处置，所以也不会失败；无意于占有，所以也不会失去。第二段是说天下之物性质各异，万有不齐，有先有后、有缓有急、有强有弱、有安有危，不可能亦不应该违背其本性而"为"之，故圣人避免任何极端、多余、过分的行为。老子这些话突出强调了世界固有的神圣性，有力地反击了某些君王自以为可以支配世界的狂妄企图。

这种思想为庄子所继承。《庄子·应帝王》篇构拟了如下一段对话：

> 肩吾见狂接舆。狂接舆曰："日中始何以语女（汝）？"
>
> 肩吾曰："告我君人者以己出经式义（仪）度，人孰敢不听而化诸！"
>
> 狂接舆曰："是欺德也；其于治天下也，犹涉海凿河而使蚊负山也。夫圣人之治也，治外乎？正而后行，确乎能其事者而已矣。且鸟高飞以避

> 矰弋之害，鼷（xī，小）鼠深穴乎神丘之下以避熏凿之患，而曾二虫之无知！”

所谓“经式义度”，即指法规、礼仪等各种制度。由自己制定、颁布各种法规、律令，天下人谁敢不俯首听命呢？这大概是迷信权势的“君人者”最自信、也最得意的事情了。但庄子却借狂接舆之口指出：“这是欺凌人的本性的行为！这样子治理天下，就像在大海里开凿运河、让蚊子背起大山一样，是绝对办不到的！”其中“欺德”一语，前人为之注曰：“以己制物，物丧其真。”（见郭庆藩《庄子集释》）可知“欺德”的“德”就是指源之于天、得之于道的自然本性。庄子继续说：“圣人之治理天下，难道是强加给人许多外在的束缚吗？不是的，只是让人根据自己的真实本性，做自己确实能够做的事情而已。就连鸟儿都知道高飞以躲避网罗与弓箭，小鼠都知道深藏在神坛下面以避免烟熏和挖掘，难道人的智慧还不如它们吗？”这里“正而后行，确乎能其事者”两句，前人注释云：“各正性命之分”，“不为其所不能”，“顺其实性，于事有能者，因而任之”（同上）。简言之，就是让天下人根据自己的本性，做自己能够做的事。故而后面以飞鸟和小鼠皆自能避害为喻。

老子上面那段话是就整个世界而言，庄子这段话则专言人世，但同样给了人的自然本性以不可侵犯的神圣性，驳斥了自以为可以支配人世的妄想。在他们眼里，世界是神圣而完美的，它只需要人们去体察和仿效，而不需要犯手“作为”。如庄子所说：

> 天地有大美而不言，四时有明法而不议，万物有成理而不说。圣人者，原天地之美而达万物之理，是故至人无为，大圣不作，观于天地之谓也。（《庄子·知北游》）

这段文字充满了对于“天地”、亦即世界的由衷的赞美和虔诚的敬畏，可以说是“天下不可为”的一段壮丽的宣言。

二

那么，道家何以会产生这种“天下不可为”的思想？

在这种思想中，或许还浸润着人类先民以天地为神灵的原始意识；但老子和庄子之所以会产生这种思想，却主要是出于他们对人的历史的理性的反思。他们发现，世界的许多弊病与灾难，并不是原来固有的，而是由人“为”出来的。如《老子·五十七章》云：

> 以正治国，以奇用兵，以无事取天下。吾何以知其然？以此。天下多忌讳，而人弥贫；人多利器，国家滋昏；人多伎巧，奇物滋起；法物滋彰，盗贼多有。
>
> 故圣人云：“我无为，人自化；我好静，人自正；我无事，人自富；我无欲，人自朴。”

“以正治国，以奇用兵”两句，有人解释为以无为之道治国、以奇谋诡计用兵，有人解释为治国靠正常手段、用兵靠反常手段。但从下文可以看出，本章主旨是论述第三句，即“以无事取天下”，这两句似乎只是连带提及，故暂可置之不论。所谓“以无事取天下”，就是不以事劳民，不生事扰民，以此赢得人心、赢得天下。“无事”亦即“无为”，但略有差别：“无为”主要是对自己，即不要轻举妄动；“无事”主要是对天下，即不要折腾百姓。为什么提出“以无事取天下”？老子说，事实证明：统治者越是刑法严酷、禁令烦苛，民众就越会起来反抗。即所谓“天下多忌讳，而民弥叛”（“民弥叛”，《老子》通行本作“民弥贫”；然法严令苛与贫穷并无对应关系，这里是从楚简本）。世间的利器越多，社会的纷争愈烈，国家就越容易陷入混乱。世间的奇技淫巧越多，引起争斗的奇珍异宝也就越多，社会的邪恶行为也会越多。法令越是森严，盗贼就越是狡猾，因而也就越难对付。在人类文明的发展中，有利于此者，往往有害于彼；有利于善者，亦往往有利于恶；防范的手段越先进，规避的手段也越高明：一切文化发明、文化举措都可能走向自己的反面。而统治者为了攫取和维护自身利益的“有为”，更是社会灾难与罪恶的渊薮。所以老子借圣人之口说：我无为，百姓自会向善；我不轻举妄动，百姓自然端正；我不生事扰民，百姓自能致富；我没有贪欲，百姓自归于质朴。

上面这段话，谈的主要是社会治理层面的问题；下面这段话，谈的就是仁义、智慧、道德等人类文化层面的问题了：

> 大道废，有人义。智慧出，有大伪。六亲不和，有孝慈。国家昏乱，有忠臣。(《老子·十八章》)

这似乎有点违反常识，但却未必没有道理。《庄子》里有段话，可以视为老子这段话的注解：

> 至德之世，不尚贤，不使能；上如标枝，民如野鹿；端正而不知以为义，相爱而不知以为仁，实而不知以为忠，当而不知以为信，蠢动而相使，不以为赐。是故行而〔无〕迹，事而无传。(《庄子·天地》)

最美好的社会，不需要特别称颂贤达、抬举能人；在上者犹如树冠的高枝，在上而不以为在上；人民如野鹿般无拘无束，行为端正却不知道什么叫作“义”，彼此相爱却不知道什么叫作“仁”，待人诚实却不知道什么叫作“忠”，言行一致却不知道什么叫作“信”，无意识地帮助他人，并不以为这是“恩赐”。所以他们的德行没有记载，他们的事迹也没有留传。既没有贤、能、上、下这样的身份差别，也没有“仁”“义”“忠”“信”“恩赐”之类的道德观念，却可以是最美好、最有道德的社会。这并非无稽之谈。许多人在生活中都会有这样的经验：越是淳朴的人，往往越有道德，却并不标榜道德；他可能没有很多的知识、很高的智慧，但也因而不懂得虚伪。而那些攘臂四顾，惯以道德教人、亦以道德傲人的人，却往往最没有道德。社会亦如是。一个最强调道德的社会，未必是一个最有道德的社会，且往往是一个最缺乏道德的社会。社会不是有了道德才免于堕落，而是已经堕落了才乞灵于道德。用道家语言来说，就是：正因为社会久已背离了淳朴、真实的自然之道，才有人出来大肆鼓吹仁义道德；又正因为有人大肆鼓吹仁义道德，才加剧了社会对自然之道的背离。一句话："大道废，有仁义。"

总之，无论社会管理层面的"为"，还是道德、智慧方面的"为"，都是不仅无益、而且有害的。老子非常尖锐地指出："天下"就是这样被人"为"坏的！所以他会认真地提出这样一个问题："爱民治国，能无知乎?"（《老子·十章》）

沿着老子的思路，庄子把焦点集中于历来统治者"治天下"的"为"，作了更加详尽的分析、批判。庄子说："闻在宥天下，不闻治天下也。在之也者，恐天下之淫其性也；宥之也者，恐天下之迁其德也。天下不淫其性，不迁其德，有治天下者哉!"（《庄子·在宥》）"在"即守护万物之自生自在，"宥"即宽容万有之纷繁不齐。故"在宥"其实就是保护。"在"则唯恐天下人的本性受到侵犯，"宥"则唯恐天下人的常德被迫迁移。据此可知，庄子只赞成原封不动地保护天下，而反对任何一种"治天下"的行为。所以他对"尧之治天下"与"桀之治天下"交致不满：

> 昔尧之治天下也，使天下欣欣焉人乐其性，是不恬也；桀之治天下也，使天下瘁瘁焉人苦其性，是不愉也。夫不恬不愉，非德也；非德也而可长久者，天下无之。（《庄子·天地》）

人性情快乐（"乐其性"）则欢喜躁动，欢喜躁动则有失平静，即"不恬"。人性情痛苦（"苦其性"）则忧愁愤怒，忧愁愤怒则有失和悦，即"不愉"。"不恬不愉"均非平和之常态，岂能持久？接下来还说，人大喜伤阳，大怒伤阴，喜怒失常，阴阳两伤，既有损于身体，又有害于精神，以致"思虑不自得，中道不成章，于是乎天下始乔诘卓鸷"。前人解释"乔诘卓鸷"四字曰："乔，诈伪也。诘，责问也。卓，独也。鸷，猛也。"（见郭庆藩《庄子集释》）总之是思想失控，行为乖张，天下从此陷入无尽的纷争与动乱。

"尧之治天下"与"桀之治天下"，可以说是中国上古时期统治者"治天下”的两种基本方式。但“桀之治天下”人皆非之，无赞赏者；而“尧之治天下”则受到儒、墨两家的尊奉，尤为儒家所艳羡。儒家是以“尧之治天下”的继承者自居的。所以庄子的分析、批判也不能不以此为主。《庄子》书中以讲故事的口吻写道：有老聃之徒名庚桑楚者，居任畏垒之山。“居三年，畏垒大穰”，即大丰收。畏垒人相约要举他为贤，奉他为君。庚桑楚不悦。语弟子曰：“夫春气发而百草生，正得秋而万实成。夫春与秋岂无得而然哉？天道已行矣。吾闻至人，尸居环堵（方丈）之室，而百姓猖狂不知所如往。……我其杓（音 dì，众人注视的目标）之人邪？”意思是：“我尊自然之道，行无为之治，安居于方丈之室，让百姓随心所欲地生活。难道我要改弦更张，去做引人注目的人吗？”弟子回答说：“不然。……尊贤授能，先善与利（赏善兴利），自古尧、舜以然，而况畏垒之民乎！夫子亦听矣！”庚桑楚不从，并就尧、舜之事说道：

> 且夫二子者，又何足以称扬哉！是其于辩（分辨）也，将妄凿垣墙而殖蓬蒿也。简发而栉，数米而炊，窃窃乎又何足以济世哉！举贤则民相轧，任知（智）则民相盗。之数物者，不足以厚民。民之于利甚勤，子有杀父，臣有杀君，正昼为盗，日中穴阫（挖墙掏洞）。吾语女（汝），大乱之本，必生于尧舜之间，其末（流弊）存乎千世之后。千世之后，其必有人与人相食者也！（《庄子·庚桑楚》）

大意是说，尧、舜汲汲于分辨什么贤、能、善、利，就像妄自穿凿墙壁来种植蓬蒿艾草那样荒唐。一根一根地数着头发梳头，一粒一粒地点着米粒煮饭，如此琐琐碎碎地锱铢必较，怎么能够“济世”？“举贤”则人人争贤，不免于相互倾轧；“任知”则人人逞能，不免于相互盗窃。前人注释亦云：“举贤授能，任智先善，则争为欺侮，盗诈百端，趋兢路开，故更相害也。”（见郭庆藩《庄子集释》）此类伎俩，不足以维护民心之淳厚，适足以促成世风之浮薄。世人求利心切，竞相争夺，发展下去，必致无所不为。因而可以说：“大乱之本，必生于尧、舜之间”；“千世之后，其必有人与人相食者也”。

这还只是针对“尊贤授能，先善与利”而发。按照儒家的说法，尧、舜“治天下”的核心思想是“仁义”；庄子的分析、批判自然也要集中于“仁义”。这方面的一段有代表性的言论，见于《庄子·在宥》篇：

> 崔瞿问于老聃曰：“不治天下，安藏人心？”老聃曰：“女（汝）慎无撄人心。人心排下而进上，上下囚杀。淖约柔乎刚强。廉刿雕琢，其热焦火，其寒凝冰。其疾俯仰之间而再抚四海之外，其居也渊而静，其动也悬而天。偾（fèn）骄而不可系者，其唯人心乎！”

“臧”就是好、善。“撄”即扰乱。崔瞿的问题是：如果不治天下，怎么能纠正人心、使之向善？老聃的回答是：“你千万小心，切不可扰乱人心。人心，压抑它就会消沉，激励它就会亢奋，而无论消沉还是亢奋，都是对人心的囚禁和戕害。受到囚禁和戕害的人心，会由柔和变得异常强硬，锋利如刀剑。热则有似烈火，寒则有似凝冰，转换之快若瞬间往来于四海之外。人心在平时深沉而宁静，躁动起来则会磅礴而戾天。世间最为桀骜不驯的，莫过于人心了！”这就是提出“无撄人心”的理由。接着便是以史为证了：

> 昔者黄帝始以仁义撄人之心，尧舜于是乎股无胈，胫无毛，以养天下之形，愁其五藏以为仁义，矜其血气以规法度。然犹有不胜也……（《庄子·在宥》）

自黄帝开始以“仁义”扰乱人心，继而尧、舜接踵，累得大腿上没有肉，小腿上不长毛，以关照天下人之身。处心积虑地推行仁义，殚精竭虑地建立法度，然而天下还是没有治好。因此，为了施行“仁义”，尧就不得不采取一些未必“仁义”的措施了：

> 尧于是放讙兜于崇山，投三苗于三危，流共工于幽都，此不胜天下也。夫施及三王而天下大骇矣。下有桀跖，上有曾史，而儒墨毕起。于是乎喜怒相疑，愚知相欺，善否相非，诞信相讥，而天下衰矣；大德不同，

而性命烂漫矣；天下好知，而百姓求竭矣。于是乎釿锯制焉，绳墨杀焉，椎凿决焉。天下脊脊（藉藉）大乱，罪在撄人心。

把与自己为敌的讙兜放逐到崇山，把不服从管理的诸侯三苗处置于三危（山名），把他们两人的同伙共工流放到幽州，但还是没有治理好天下。到了夏、商、周三代，天下就大不安宁了。下有夏桀、盗跖等小人之喧嚣，上有曾参、史鱼等君子之邀誉，儒、墨等各派之争亦纷纷兴起。于是，喜与怒相互猜疑，智与愚相互欺骗，善与恶相互攻讦，真与伪相互讥诮，天下就这样走向了衰败。自然之大德离析，生命也就散乱无主了；天下以智巧相尚，百姓也就心竭力穷了。于是有斧锯之制裁，礼法之摧残，椎凿之处决。天下滔滔大乱，罪就在于扰乱人心。最后，从历史回到现实，展示了一幅令人触目惊心的悲惨景象：

今世殊死者相枕也，桁（háng）杨者相推也，刑戮者相望也，而儒墨乃始离跂攘臂乎桎梏之间。意，甚矣哉！其无愧而不知耻也甚矣！吾未知圣知（智）之不为桁杨椄槢（xí）也，仁义之不为桎梏凿枘也，焉知曾史之不为桀跖嚆（hāo）矢也！

“殊死”：被处决而死。“桁杨”：夹颈、夹足的刑具。“离跂”：翘足。嚆矢：响箭，因发射时声先于箭而至，故以喻先声。在今天的世界上，处决而死的人尸骨枕藉成堆，披枷带锁的人络绎不绝于路，受过苦刑的人几乎满眼皆是。这难道不是施行“仁义”的结果？而儒、墨之徒还在披枷带锁的囚犯之间，翘足攘臂地鼓吹“仁义”。这太荒谬了！其毫无愧疚、不知羞耻也未免太过分了吧！我不知道所谓“圣智”是不是固定枷锁的接榫，所谓“仁义”是不是锁定镣铐的机关，又怎么能知道曾参、史鱼之类的“君子”不是夏桀、盗跖之类的“小人”的先声呢！

一切都走向了反面！一切都会走向反面！上面这些话说得何等沉痛而激愤。至此，可以清晰地感受到老、庄那番与孔、孟相同的良苦用心了。他们何尝不是要救世。现实世界是混乱的、悲惨的、不人道的；儒、道两家都痛心疾首地看到了这一点，也都在苦苦地寻求拯救天下的路径。只是，儒家认为，以尧、舜的仁义取代桀、纣的暴虐，就可以拯救天下；而道家却发现，仁义也走向了自己的反面，成了打着“仁义”的旗号的暴虐。他们对“尧之治天下”与“桀之治天下”感到了同样的失望，因而痛切地以为：不是应该选择哪种“治”、哪种“为”的问题，而是“治”就错，“为”就错。

这是社会批判，也是文化批判。人的一切治天下的行为都是文化行为，一切治天下的措施都是文化产品：从“尊贤授能，先善与利”到“仁义”、“法度”等。人们创造这些文化产品，本来是为了从自然的统治下解放出来，改善自己的生存状况。但是在这个过程中，这些文化产品却又反过来成了另一种统治人的力量，从另一方面恶化了人的生存状况。这就是文化的二重性。道家即以其尖锐的文化批判，深刻地揭示了这个文化二重性的问题。

三

既然所有“治”天下的“为”都走向了人的希望的反面，既然人间的灾难主要是由文化造成的，那么，按照道家的思想逻辑，出路亦只有一条：那就是“绝圣去智”，掉头返回从前那个无为、无治、无文化的原始时代。老子这方面的言论很多：

> 不上贤，使民不争；不贵难得之货，使民不盗；不见可欲，使心不乱。
>
> 圣人治：虚其心，实其腹，弱其志，强其骨。常使民无知无欲，使知者不敢为，则无不治。(《老子·三章》)

不抬举贤者，人们就不会争名；不看重珍宝，人们就不会逐利；不展示刺激欲望的事物，人心就不会浮荡。所以圣人治理天下，只让人吃饱喝足，筋骨强壮，而不让人想入非非，好高骛远。让大家都老实巴交的，个别自以为聪明的人就会被孤立，不敢妄为。

> 绝圣弃智，民利百倍。绝民弃义，民复孝慈；绝巧弃利，盗贼无有。

此三者，为文不足，故令有所属：见素抱朴，少私寡欲。(《老子·十九章》)

上一段主要是针对物质文化，这一段主要是针对精神文化。“圣智”是高超的见识，“仁义”是浮夸的道德，“巧利”是出众的技能，这些都是人类自诩的所谓人类“文明”。老子说这根本算不上什么文明，应该一律禁绝，使民众重回素朴、俭朴、拙朴的，总之是质朴无文的生活状态。那么这样的社会是什么样的呢？如下所说：

小国寡人，使有什百之器而不用，使人重死而不远徙。虽有舟举，无所乘之；虽有甲兵，无所陈之。使民复结绳而用之。

甘其食，美其服，安其居，乐其俗，邻国相望，鸡狗之声相闻，民至老死，不相往来。(《老子·八十章》)

“什伯之器”是人类逐渐发明的各种生产、生活用具。“重死”即害怕冒险。尽量徒手劳作而不使用工具，尽量避免冒险而不轻易迁徙，有车船而不需要乘，有甲兵而没地方摆，有文字也用不着，结绳记事就够了。第二段，前四句是说国民皆安贫乐道，后四句是说国际不相交往。这很像是一个从文明中退回去的社会，不是完全没有文明，而是尽量减少对文明成果的使用。大概是想尽量减少文明的危害吧。

庄子则着重强调，应该弥合由文化造成的人与人、人与自然的分裂，重新回到整个世界浑然一体的时代。他曾这样描绘他心目中的“至德之世”：

吾意善治天下者不然。彼民有常性，织而衣，耕而食，是谓同德；一而不党，命曰天放。故至德之世，其行填填，其视颠颠。当是时也，山无蹊隧，泽无舟梁；万物群生，连属其乡；禽兽成群，草木遂长。是故禽兽可系羁而游，鸟鹊之巢可攀援而窥。(《庄子·马蹄》)

“党”在这里的意思是偏私。“一而不党”，有人注曰“浑一无偏”（见陈鼓应《庄子今注今译》)，可谓简而当。“命曰天放”：名为放任天性。“其行填填，其视颠颠”：行动迟重，目光呆直，皆形容朴拙无心之状。山上没有道路，水上没有船和桥，人与万物连成一片，禽兽草木自由生长。这些描写，再加上最后两句“禽兽可系羁而游，鸟鹊之巢可攀援而窥”，显然是人尚未从自然界中分化出来的状态。但“织而衣，耕而食”却已经是文化化，或曰人化了的生活了。可知这幅“至德之世”的理想图画在很大程度上是出于作者的想象，他就是要把人，而且是作为人的人，重新安排到统一的世界大家庭中去。接着，他又站在这个浑然一体的世界大家庭的立场，控诉了文化制造矛盾、导致世界分崩离析的罪恶：

> 夫至德之世，同与禽兽居，族与万物并，恶乎知君子小人哉！同乎无知，其德不离；同乎无欲，是谓素朴；素朴而民性得矣。及至圣人，蹩躠为仁，踶跂为义，而天下始疑矣；澶漫为乐，摘僻为礼，而天下始分矣。故纯朴不残，孰为牺尊！白玉不毁，孰为珪璋！道德不废，安取仁义！性情不离，安用礼乐！五色不乱，孰为文采！五声不乱，孰应六律！夫残朴以为器，工匠之罪也；毁道德以为仁义，圣人之过也。《(庄子·马蹄)》

“同与禽兽居，族与万物并”，人与自然还没有分化。那么人与人就更没有分化了，大家同一于“无知”“无欲”的“素朴”本性，不知道什么是“君子”、什么是“小人”。不幸一种叫作“圣人”的人出现了，死乞白赖地推行“仁”，忙忙叨叨地倡导“义”，于是天下人开始困惑了。“蹩躠”（bié xiè），“踶跂”（zhì qí），都是形容勉强推行的样子。又制定奢侈之乐，颁布烦琐之礼，于是天下人开始分化了。“澶（dàn）漫”：奢侈。“摘僻”：烦琐。不破残原木、凋毁白玉，怎么会有牺尊、珪璋之类的酒器、礼器？不废黜素朴的道德、不离弃固有的性情，哪里需要什么仁义、礼乐？至如配五色以为文采、调五声以应六律，也是打乱了原来自然的色彩和声音而得到的。这是从维护世界统一体的角度，对文化进行的综合批判。可以肯定地说：这些话都是错的。没有分化就没有觉醒、没有进步，万物冥合是万物的沉睡与停滞。但是，不妨提前问一句：在世界充分地分化与发展之后，难道人们不应该考虑如何在更高的层次上，把人与人、人与自然重新统一起来，整合为一个和谐的生命大家庭吗？

概括老、庄这方面的诸多言论，似乎可以归结为一句话，就是以退路为出路。

但毫无疑问的是：退路不是出路，倒退是没有出路的。

或许，道家也并不是真的要开历史的倒车。他们描绘原始时代的理想图画，只是为了给人们提供一个久已忘怀的参照系，使人们在一门心思要“大有作为”的时候，也备下另外一门制衡性的、相反相成的心思：世界是可以任人随意作为的吗？

所以，道家即使在提出“天下不可为”的时候，也只是要求“去甚，去奢，去泰”；而他们真正反对的，也主要是无视客观规律的“妄”作为。

第三节　不知常，妄作凶

一

所谓“不知常，妄作凶”，大意就是：不顾客观规律地胡作妄为，必然招致灾难性的后果。语出《老子》第十六章。按现行版本的分段，本章全文是：

致虚极，守静笃。

万物并作，吾以观其复。

夫物云云，各归其根。归根曰静，静曰复命，复命曰常，知常曰明。不知常，妄作，凶。

知常容，容能公，公能全，全能天，天能道，道能久，没身不殆。

对于这些精练的、哲理意趣很浓的话，哲学家们自有复杂、深奥的阐释。通俗地说，本章主旨就是强调要认识和遵循世界的自然规律。现逐段简略解释如下：

第一段　“极”与“笃”都是强调程度之高，略如极其、极端。这两句话是就人的心神而言：先将其清空，而且是彻底的空；再使之入静，而且是极端的静。合起来说，就是排除一切干扰，使自己的心神进入极其虚空而静寂的状态。

第二段　“复”就是回归。老子认为，世界万物，都处在周而复始、生生不息的运动之中；而在这周而复始、生生不息的运动背后，必有其不可见的本原；万物的运动既是由这个本原生成，又是向这个本原的回归，故而曰“复”。所谓“万物并作，吾以观复”，就是在万物的运动之中，观照它们背后的本原。这样的“观”已经超越了事物的现象，是从形而下之物到形而上之道的体悟，或可称之为“本质直观”。承上段，使自己的心神进入极其虚空而静寂的状态，就是为了“万物并作，吾以观复”，否则便会停留于纷繁杂乱的表面现象，而无法观照它们背后的本原。

第三段　前两段是从主体说到客体，这一段则从客体说到主体。“归根”就是“复”。万物虽然变化纷纭，但总是要归根反本，回到自己的本原。相对于变动不居的现象而言，事物的本原是静止不动的，故云“归根曰静”。这个静止不动的本原才是万物生存的依据、万物生生不息的命根，故云“静曰复命”。返回了万物生生不息的命根，也就返回了作为世界普遍规律的道，故云“复命曰常”。“常”，意谓超越一切有限性，达到普遍、永恒和无限。而这正是老子的“道”与“德”的本质特征，所以他把自己的道称作“常道”：“道，可道，非常道”（《老子·一章》）。把自己的德称作“常德”：“常得乃足，复归于朴。”（《老子·二十八章》）这里“复命曰常”的“常”就是指“常道”，即世界的普遍规律。而只有知道世界的普遍规律才能算是真正的“明”，所以接着说“知常曰明”。那么，反之，就是“不知常，妄作，凶”了。补充一点：这段话中的“根”“命”“静”“常”实际上指的都是道，不过“根”与“命”是就道的意义而言，“静”与“常”是就道的性质而言。

第四段　上一段止于“不知常”，这一段再从“知常”说开去。因为“常道”是超越了一切有限性的普遍规律，所以知道了“常道”才能包容，能够包容才能公正，能够公正才能全面，能够全面才合乎自然，合乎自然才合乎道，合乎道才能长久，以致终身无殃。

《老子》这一章的核心概念就是“常”，即世界的普遍规律；其中心思想则是强调“知常”，即体悟世界的普遍规律。围绕这个核心概念和中心思想，本章从“知常”前的心理准备“致虚”“守静”，到“知常”后的步步胜境，直至“没身不殆”，作了有头有尾、环环相扣的完整论述。如此郑重其事，足见老子对这个问题的高度重视。因而可以说，老子所感觉到的“天下”的神圣性，实质上就是世界普遍规律的神圣性，他对于“天下”的敬畏，实质上就是对世界普遍规律的敬畏。而“不知常，妄作，凶”，则是从反面对世界普遍规律的神圣性的强调，也是对世界普遍规律的敬畏所产生的必然结论。

反对“妄作”，老子还有一些很简短、却很引人注意的警句式的话。如下面这句：

> 治人事天，莫若啬。（《老子·五十九章》）

治理民众，祭祀天地，是古代君王的两项大事。举此两项大事即以代君王之政。身为君王自应勤政，勤政自应诏诰频出，举措不断，此似常理。而老子所大不以为然的，往往就是此类常理。他强调的是“莫若啬”，就是要尽量精简政令、慎出举措。“啬”即俭省、吝惜，在这里理解为吝啬亦无不可。为什么要“啬”？为了尽早从道，防止“妄作”。所以下文说“夫唯啬，是谓早服”，“早服”则“可以有国”，“可以长久”。依韩非子解，“早服”就是“未见祸患”即“从于道而服于理”（《韩非子·解老》）。又如下面这句：

> 治大国若烹小鲜。（《老子·六十章》）

“烹小鲜”就是煎小鱼。煎小鱼与“治大国”有什么联系？岂非相去太辽绝也？不然。且看韩非子是怎样解释的：

> 以理观之，事大众而数摇之则少成功，藏大器而数徙之则多败伤，烹小鲜而数挠之则贼其宰，治大国而数变法则民苦之。是以有道之君贵虚静而重变法。故曰：“治大国者若烹小鲜。”（《韩非子·解老》）

“摇”即调动。“徙”即挪动。“挠”即搅动。“贼其宰”：“贼”，害；“宰”这里指厨师，古称“宰夫”。此句有前人注曰：“当烹时而频数挠动，则宰夫不能尽其烹饪之功，是谓贼害其宰。”（见王先慎《韩非子集解》）“重变法”之“重”是慎重，而不是注重。让大众做事而频繁调动，藏贵重物品而屡次挪动，烹饪小鱼而反复搅动，都是招致失败的大忌。同理，治理大国更应小心谨慎，不可轻举妄动，若忽此忽彼，朝令夕改，民众就会苦不堪言。所以有道之君注意谦虚稳定，而不轻易变更法令。这就是“治大国若烹小鲜”的道理。

二

因为道家的“道”就是自然规律，所以庄子和老子一样，也是强调必须按照自然规律办事的。那个著名的“庖丁解牛”的故事，说的就是应该“依乎天理”，“因其固然”，按照牛所固有的结构、肌理去解牛，而不应不管不顾地乱“割”乱“折”。庖丁把这叫作“所好者道也”，即依道而行。要依道而行，就必须小心谨慎。即使是庖丁这样的超级“宰夫”，在牛的某些复杂部位，也是小心翼翼的。如其所说：“每至于族，吾见其难为，怵然为戒，视为止，行为迟。动刀甚微”（《庄子·养生主》）。“族”即筋骨交错处。高度警惕，眼神专注，行为缓慢，“动刀甚微”：也像是“烹小鲜”了。

下面这段话直接讲到“为政”，似更值得重视：

> 长梧封人问子牢曰：“君为政焉勿卤莽，治民焉勿灭裂。昔予为禾，耕而卤莽之，则其实亦卤莽而报予；芸（耘，除草）而灭裂之，其实亦灭裂而报予。予来年变齐（改变做法），深其耕而熟耰（yōu 锄）之，其禾蘩以滋，予终年厌飧。”（《庄子·则阳》）

“长梧”，地名。“封人”，治理长梧的官员。“问子牢曰”即向子牢说，子牢或以为是孔子弟子。“卤莽”，粗率；“灭裂”，轻忽。总之都是无视客观规律的胡来，即“妄作”。这里以种庄稼喻为政。俗话说几分耕耘，几分收获。耕种时马马虎虎，收成也就马马虎虎。除草时随随便便，收成也就少得可怜。第二年改变了做法，深耕细锄，庄稼长得很茁壮，粮食获得大丰收，终年饱食尚且有余。种庄稼是如此，“为政”“治民”亦何尝不是如此？无视客观规律，“卤莽”“灭裂”而为，必然失败。下文继此而谈到养生：

> 今人之治其形，理其心，多有似封人之所谓，遁其天，离其性，灭其情，亡其神，以众为。故卤莽其性者，……（《庄子·则阳》）

后面的话，语词过于生僻，为省诠释，姑且从略，大意是说“卤莽其性者”必然招致身心交瘁、病痛百出。今天的人治理自己的身心，也像长梧封人所说的那样"卤莽""灭裂"。其具体表现，就是"遁其天，离其性，灭其情，亡其神，以众为"。即违背与戕害人的自然性情，而唯务多为（即"众为"）。前人注释曰："逃自然之理，散淳和之性，灭真实之情，失养神之道者，皆以徇逐分外，多滞有为故也。"（见郭庆藩《庄子集释》）无休止地追逐身外之物，当然会沉溺于没完没了的"有为"，故云"徇逐分外，多滞有为"。从庄子上述言论可以看出，在他的心目中，"有为"与"无为"的界限，并不在于"为"，而在于究竟是怎样的"为"：遵循自然规律而为是"无为"，违背自然规律之为才是"有为"。所以"卤莽""灭裂"之为是"有为"，与之相反的为则是"无为"。种庄稼、为政、养生，都是如此。就种庄稼而言，"耕而卤莽之""芸而灭裂之"是"有为"，而"深其耕而熟耰之"是"无为"；尽管"深其耕而熟耰之"肯定要比"耕而卤莽之""芸而灭裂之""为"得更多。简言之，在道家的语言中，"有为"就是"妄作"，"妄作"就是"有为"。

《庄子》里还有个黄帝向"牧马童子"请教如何"为天下"的寓言故事。其中说道：

> 黄帝曰："夫为天下者，则诚非吾子之事。虽然，请问为天下。"小童辞（不语）。黄帝又问。小童曰："夫为天下者，亦奚以异乎牧马者哉！亦去其害马者而已矣！"黄帝再拜稽首，称天师而退。（《庄子·徐无鬼》）

"为天下"就是治天下。对于如此严肃而重大的问题，"牧马童子"的回答却极为轻松而简单："去其害马者而已"。那么，何谓"害马者"？出自"牧马童子"之口，当然是指一切危害马的生存的东西。去除了一切危害马的生存的东西，马自然就可以依其本性，自由而正常地生长了。但以道家思想而论，似乎还应有更深的含义。《庄子》书中还曾写道："马，蹄可以践霜雪，毛可以御风寒，龁草饮水，翘足而陆（跳），此马之真性也。"纵有高台广厦，对于马来说也毫无意义。"及至伯乐，曰：'我善治马。'"于是"烧之，剔之，刻之，雒（烙）之，……"如此折腾一番，"马之死者十二三矣"。这还不够，还要加之以“饥之，渴之，驰之，骤之，整之，齐之，……”再如此折腾一番，“马之死者已过半矣”。最后落脚于“此亦治天下者之过也”（《庄子·马蹄》）。伯乐治马，是为了人的需要，而不是马的需要。故其种种“治马”的措施，皆违背“马之真性”，适足以成为“害马”的“妄作”。按照“牧马童子”的要求，当然也在、甚至更在“去”之之列。而历来的统治者，何尝不是为了自己的需要，以伯乐“治马”的路数来“治天下”，即“治人”的。如此“治人”岂不正是“害人”？又怎么能不导致“殊死者相枕也，桁杨者相推也，刑戮者相望也”？所以，“牧马童子”的这个轻松而简单的回答，既足够“啬”，又直指一切违背“真性”、纯属“害人”的“妄作”，非常合乎道家“我无为，而民自化”的社会理想。无怪乎庄子要让黄帝向“牧马童子”“再拜稽首，称天师而退”了。

《庄子·应帝王》篇，在回答“请问为天下”的问题时提出：“汝游心于淡，合气于漠，顺物自然而无容私焉，而天下治矣。”“游心于淡，合气于漠”，就是老子所说的“致虚”“守静”。“顺物自然”，就是遵循世界的客观规律。而“为天下”者的许许多多无视客观规律的“妄作”，都是因为有“私”，不是为一己之私利，就是逞一己之私智，或者两样兼而有之。所以避免“妄作”的关键，正在于克服私心，即所谓“无容私”。

三

道家“不知常，妄作，凶”的警示，不仅是针对人在社会人生方面的作为，同时也是针对人在自然环境方面的作为。因为这个问题在今天引起了人们的特别关注，故专言于此。

庄子下面这段话，涉及自然资源的开发利用：

> 上诚好知（智。下同）而无道，则天下大乱矣。何以知其然邪？夫弓弩毕弋机变之知多，则鸟乱于上矣；钩饵罔罟（gǔ）罾（zēng）笱（gǒu）之知多，则鱼乱于水矣；削格罗落罝（jū）罘（fú）之知多，则

兽乱于泽矣；知诈渐毒颉滑坚白解垢同异之变多，则俗惑于辩矣。故天下每每大乱，罪在于好知。……故上悖日月之明，下烁山川之精，中堕四时之施；惴耎（ruǎn）之虫，肖翘之物，莫不失其性。甚矣夫好知之乱天下也！（《庄子·胠箧》）

弓弩、毕弋、机变都是捕鸟的工具，毕是网，弋是带线的箭，机变是弩上的机关。钩饵、罔罟、罾笱都是捕鱼的工具，罟、罾也是渔网，笱是一种竹篓。削格、罗落、罝罘都是捕兽的工具，削格、罗落是兽栏，罝罘是捕兔的网。知诈、渐毒、颉滑、坚白、解垢、同异都是指纷纷扰扰的争辩，知诈即撒谎，渐毒即欺骗，颉滑即狡黠，解垢即诡辞，坚白、同异是争辩的题目。这里除了最后一条，前三条都是人对自然界的“有为”，具体说来就是生产工具的改善。生产工具的改善带来了生产效率的提高，这似乎是毫无疑问的好事；但与此同时也加剧了对自然资源的掠夺和对生态平衡的破坏，这就很难说是好事了。如果初期还只是“鸟乱于上”“鱼乱于水”“兽乱于泽”的话，那么接踵而来的大概就是鸟绝于上、鱼绝于水、兽绝于泽了。“上悖日月之明，下烁山川之精，中堕四时之施”云云似乎有些夸张。但如果说在当时未免有些夸张的话，那么在今天还能说这是夸张吗？广泛的雾霾天气不是已经遮蔽了日月的光明？过分的资源开发不是已经烁毁了山川的生机？全球的气候变暖不是已经搅乱了四季的气候？大量的物种灭绝和物种变异，岂不是就连小小的爬虫和飞蛾都难于幸免？生活在今天的人们，面对庄子的这段话，是应该轻率地嘲笑他的夸张，还是应该沉重地佩服他的远见？“好智”没有错！但“好智而无道”却是无可争辩的灾难！

庄子这段话的第一个字是“上”。他是说给领导者、决策者听的。

庄子还讲了一个黄帝向广成子问“至道之精”的寓言故事：

黄帝立为天子十九年，令行天下，闻广成子在于空同之山，故往见之，曰：“我闻吾子达于至道，敢问至道之精。吾欲取天地之精，以佐五

谷，以养民人，吾又欲官阴阳，以遂群生，为之奈何?”（《庄子·在宥》）

“至道之精”即至道之精髓。“天地之精”即天地之精气。“官阴阳”即管理阴阳。掌握至道之精髓，从而取天地之精气、管阴阳之变化，“以佐五谷，以养民人”，“以遂群生”：如果说上一段之所言还只是改善工具、利用自然的话，那么这里则很有点根据客观规律，征服和改造自然，以造福于人类的意思了。理想不可谓不高。但广成子回答他：

而（尔。下同）所欲问者，物之质也；而所欲官者，物之残也。自而治天下，云气不待族而雨，草木不待黄而落，日月之光益以荒矣。而佞人之心翦翦者，又奚足以语至道！（《庄子·在宥》）

何谓“物之质”“物之残”？这里的“物”是指“大物”，即天地。“质”者，本也；“物之质”就是指天地的本原和本质，亦即所谓“至道”。“残”即残缺不全，“物之残”是指天地的残缺不全的局部。黄帝问的是“至道之精”，而要解决的是如何管理气与“阴阳”。作为天地的本原和本质，“道”统摄万物，具有无限性和整体性；而气与“阴阳”只是“道”在天地间的具体表现，只是有限的局部。所以说“而所欲问者，物之质也；而所欲官者，物之残也”。这实际上也就是说，黄帝根本不懂得什么是“至道”，一直以来就是在“物之残”的层次上周旋。而如此治理天下，其所谓“取天地之精”和“官阴阳”者，其实就是打乱气与阴阳的正常的运动节奏，破坏天地间固有的和谐秩序。致使云气还没有凝聚就急着下雨，则雨必不丰；草木还没有发黄就提前凋落，则实必不繁；日月还没有积蓄够应有的能量就开始发光，则光必不亮。即所谓“云气不待族而雨，草木不待黄而落，日月之光益以荒矣”。最后两句是说，而你的佞人之心如此浅狭，还谈什么“至道”呢！

这里涉及一个很重要的问题，即人的认识的有限与无限、局部与整体、相对与绝对的问题。道家之“道”作为宇宙万有的根本规律，是无限的、整体的、绝对的。庄子在上述这个寓言故事后面，即明确强调：“彼其物无穷，而人皆以为有终；彼其物无测，而人皆以为有极。”“彼其物”就是指“道”。而人对世界的认识在任何时候都只能是有限的、局部的、相对的，但这并不妨碍这些认识的有效性。有史以来，人类就是在这样的认识的引导下步步前进的。庄子却把这样的认识轻蔑地称之为“物之残”，而一笔抹杀了。抹杀了这样的“物之残”，也就从根本上否定了科学技术的合理性和改造世界的可能性。即此而言，不可谓不荒谬。但是，科学所发现、技术所依据的所谓规律，又的确都是有限的、局部的、相对的。根据这样的认识去改造自然，往往会顾此而失彼，得后而遗前，使每一项积极的成果都伴随着难以预料的消极的后果。比如现在沸沸扬扬的“转基因”：谁知道终将会“转”出什么样的后果？无怪乎人们要对它抱着高度的警惕了。想到这一层，则庄子所说的“自而治天下，云气不待族而雨，草木不待黄而落，日月之光益以荒矣”云云，就显得颇为智慧、颇有启发了。

后来，“物之残”这个说法再度被人提起时，就成了科学技术的代名词。明末诗人谭元春在《过利西泰墓而吊之》的诗中写道：“私将礼乐攻人短，别有聪明用物残。”意思是，国人多以自己的偏见批评利玛窦不懂中国的礼乐制度，但是他在科学技术方面却有超过我们的聪明。“物残”一词，即源于《庄子》。而谭元春在这里表现出来的对于西方科学技术的开放态度，无疑是极为可贵的。

这里还应该提一下儒家。如前所述，儒家也讲“无为”，因而实际上也反对“妄作”，也有一定的环境保护意识。《论语·述而》篇中说：“子钓而不纲，弋不射宿。”“纲”是用大绳系网兜底抄。孔子只拿鱼钩钓鱼，不用大网抄，害怕捞光了，以后就没鱼吃了。“宿”是指回窝的鸟。回窝的鸟当然好射，但孔子不射，怕伤亡太多，以后就没鸟可射了，或许还有些于心不忍。孟子则明确提出了自然资源的节约开采、永续利用的问题：

不违农时，谷不可胜食也；数罟（cù gǔ）不入洿（wū）池，鱼鳖

> 不可胜食也；斧斤以时入山林，材木不可胜用也。谷与鱼鳖不可胜食，材木不可胜用，是使民养生丧死无憾也。养生丧死无憾，王道之始也。（《孟子·梁惠王上》）

“数罟”是细密的渔网。“洿池”，大池。现在规定，不准用网眼过密的网捕鱼，不准随便上山乱伐林木。其实，这些孟子几千年前就讲过了，而且从民生出发，提到了“王道之始”的高度。荀子在保护资源、保护生态方面的要求似乎更为严格：

> 圣王之制也，草木荣华滋硕之时则斧斤不入山林，不夭其生，不绝其长也；鼋鼍、鱼鳖、鳅鳣孕别之时，网罟、毒药不入泽，不夭其生，不绝其长也；春耕、夏耘、秋收、冬藏四者不失时，故五谷不绝而百姓有余食也；洿池、渊沼、川泽谨其时禁，故鱼鳖优多而百姓有余用也；斩伐养长不失其时，故山林不童（光秃）而百姓有余材也。（《荀子·王制》）

草木正在开花滋长的时候，不准采伐。鱼鳖正在受孕产卵的时候，不准捕捞。江河湖沼都要有严格管理的禁渔期，山林树木也要按规定时间“斩伐养长”。以此保持优良的生态和丰富的资源，使百姓食、用有余。荀子说，这是“圣王之制”。

儒家在这方面的言论有个显著的特点，那就是：他们是从人的利益出发的，他们所关心的就是如何更好地利用自然，而并不考虑人与自然的关系、人的认识的有限性等更深层的问题。有人把这叫作人本主义。或许正因为如此，他们的意见都比较实际，比较切实可行。但这种思想其实是相当狭隘的：难道世界的存在就是为了人的利益，就是为了让人吃、让人用的吗？

第四节　无为而无不为

一

无为而无不为，这是道家的自然之道的本质。

现在通行本《老子》有两章言及“无为而无不为”。一是《老子·三十七章》：

> 道常（永远）无为而无不为。侯王若能守（遵循），万物将自化。

天地之道永远自然无为，却使天地万物得以自生自长，故谓“道常无为而无不为”。人间之王侯若能遵循天地自然之道，天下之百姓即可自谋生存与发展。“万物将自化”的“万物”在这里主要是指万民。一是《老子·四十八章》：

> 为学日益，为道日损，损之又损之，以至于无为。无为无不为。

学习知识，越多越好，故云“日益”。研磨道理，愈深愈精，故云“日损”。研磨日久，终至对于“道”的透彻了悟，则所作所为自然合乎客观规律，任何事情都能如愿完成，也就达到了“无为而无不为”的境界。

有人根据《老子》一书的个别版本，提出上述两章的“无为而无不为”均应是“无为而无以为”，“不”字乃后人所改；而“无为而无以为”意思是不仅行动上无为，思想上也不想为；因此老子是个彻底的无为主义者，根本没有“无不为”之意。这里且不做各种版本的比勘，仅从文意来看，十分明显，上述两章的“无为而无不为”之语皆以“道”而论，而道家之“道”本是化育万物的天地自然之道；这样的“道”必然是、乃至不能不是“无为而无不为”的。《老子·一章》把“道”称作“天地始”“万物母”，《老子·三十四章》又赞颂它“万物恃之以生而不辞”，“衣养（护养）万物不为主”。如果“道”就是个彻底、绝对、亦即死寂的“无为”，它还怎么能够化育万物、怎么能够成为“天地之始”和“万物之母”？这样的死“道”还有什么意义？还称得上是天地之“道”吗？

老子绝不是个彻底的无为主义者，从《老子》书中可以找到许多证据。如《老子·六十四章》的最后几句：

是以圣人欲不欲，不贵难得之货；学不学，复众人之所过。以辅万物之自然而不敢为。

“欲不欲”：所欲皆为他人所不欲。“学不学”：所学皆为他人所不学。“复众人之所过”：挽救众人之过失。“复众人之所过”，“辅万物之自然”，这是有为还是无为？当然是有为，而且是无所不为，只是遵循自然规律而为罢了：“复众人之所过”是纠正众人违反自然规律所造成的过失，“辅万物之自然”是协助万物依其自然规律而自由地生存。但老子却说：虽然如此，“而不敢为”。也就是说，这些都不算“为”，而是“无为”。这样的“无为”岂不正是“无不为”？又如《老子·八十一章》的最后几句：

天之道，利而不害。圣人之道，为而不争。

“利而不害”难道是彻底的“无为”吗？“为而不争”不就是有为而不争吗？难道可以理解为“无为而不争”吗？

还有人认为，老子并不是彻底的无为主义者，而庄子却是提倡“无为而无以为”的彻底的无为主义者。但是，查现行《庄子》一书，始终未见“无为而无以为”之语，倒是多见“无为而无不为”之言。诸如：

《庄子·知北游》：为道者日损，损之又损以至于无为，无为而无不为也。

《庄子·至乐》：天地无为也而无不为也，人也孰能得无为哉！

《庄子·庚桑楚》：正则静，静则明，明则虚，虚则无为而无不为也。

其中，《知北游》之言为引证《老子》语，其余则是庄子自己的话。

总之，道家确实是主张“无为而无不为”的，老、庄皆然。

天地自然会自然而然的“无为而无不为”，用不着人为它操心；然则人怎样才能、怎样才是“无为而无不为”？老子在这方面有许多描述。如前面已经引述过的：“圣人处无为之事，行不言之教。万物作而不辞，生而不有，为而不恃，成功而弗居。夫唯弗居，是以不去。”（《老子·二章》）还有如下面这段话：

太上，下知有之；其次，亲之豫之；其次，畏之侮之。信不足，有不信！由其贵言。成功事遂，百姓谓我自然。（《老子·十七章》）

“太上”即最上、最好。这里把君王分成了四等：最好的是百姓感觉不到他的存在；其次的是得到百姓的亲近和赞美；再次的是百姓惧怕他；最次的是百姓轻蔑他。一般以为，四等之中，当以“亲而誉之”为最上，何以置于次等？前辈学者引《礼记·曲礼》“太上贵德，其次务施报”为释（朱谦之《老子校释》），可谓允当。在老子看来，此等之君王已不免于有意施恩以图报，故已非“太上”之德。下面说，君王诚信不足，百姓就不会信任。因此最好的君王应该悠然自在，慎言少说，不轻易发号施令；以至于功成业就之后，百姓觉得“那不是君王要我们做的，而是我们自己做的”。在此，不禁使人联想起老子“以百姓心为心”的话。若心即百姓之心，自然为亦百姓之为，成亦百姓之成，功亦百姓之功；君王何在哉？“不知有之”也。“无为而无不为”的施政境界，岂不宛然？

庄子也有许多类似的描述。例如：

明王之治：功盖天下而似不自己，化贷万物而民弗恃；有莫举名，使物自喜；立乎不测，而游于无有者也。（《庄子·应帝王》）

功盖天下却似乎与己无关，化育万物而百姓不以之为依赖，大有功德却无话可以称说，唯使万物自得其乐。而自己立于隐身之所，行于优游无事。此可谓“无为而无不为”之至也。下面这段话似乎更富有想象力，因而也更显生动：

故君子不得已而临莅天下，莫若无为。无为也而后安其性命之情。故贵以身为天下，则可以托天下；爱以身为天下，则可以寄天下故君子苟能无解其五藏，无擢其聪明；尸居而龙见，渊默而雷声，神动而天随，从容无为而万物炊累焉。吾又何暇治天下哉！(《庄子·在宥》)

所谓“临莅天下”就是主持天下。所谓“安其性命之情”就是安于各自的生命本性。中间引老子的话，已见于前，大意是：以珍重自身、爱护自身的态度对待天下，才能把天下寄托给他。后面说的“无解其五藏，无擢其聪明”，即不耗散自己的生命精气，不擢拔自己的聪明才智，就是对自身的珍重与爱护，就是安于自己的“性命之情”，也就是“无为”。自己以这样的态度对待天下，天下百姓众生自然也就可以“安其性命之情”了。如此，则自己的生命会在不知不觉中融入天下的大生命，与百姓众生合为一个伟大的生命共同体。处在这个伟大的生命共同体中，己之为与天之为已经相融莫辨，自己之有为与无为亦已无从区分。所以庄子对此时的境界作了这样的描述：安然不动而生机焕发(“尸居而龙见”是纯阳之气的代表，是生命动力的象征)，沉默无言而声震太空(“渊默而雷声”)，心有所动而天地随之(“神动而天随”)，“从容无为”而万物如游尘般累累升腾，即所谓“万物炊累”。何等蓬勃！何等壮观！这就是“无为而无不为”的神奇境界。而达到这种境界的关键，是与天下百姓、天地众生融为一体。

但“从容无为而万物炊累”或许有些太玄了，再举一个具体一点的例子。《庄子·达生》中有个“一丈夫”“蹈水”的故事：

孔子观于吕梁，县（悬）水三十仞，流沫四十里，鼋鼍（yuán tuó 均为水兽）鱼鳖之所不能游也。见一丈夫游之，以为有苦而欲死也，使弟子并流而拯之。数百步而出，被发行歌而游于塘下。

孔子从而问焉，曰：“吾以子为鬼，察子则人也。请问，蹈水有道乎?”

曰：“亡，吾无道。吾始乎故，长乎性，成乎命。与齐（脐，指漩涡）俱入，与汩（gǔ 涌流）偕出，从水之道而不为私焉。此吾所以蹈之也。”

孔子曰：“何谓始乎故，长乎性，成乎命？”

曰：“吾生于陵（山）而安于陵，故也；长于水而安于水，性也；不知吾所以然而然，命也。”（《庄子·达生》）

这段话，哪一句最重要？当然是“从水之道而不为私焉”。“从水之道”即遵循水的规律，“不为私”即无私，这里主要是指自己不另搞一套。能“从水之道而不为私”，人就与水融成了一体；人与水融成了一体，人在水中也就获得了如鱼得水般的自由。这位蹈水“丈夫”于瀑布激流之中，“与齐俱入，与汩偕出”，“被发行歌而游于塘下”，何等自由！而所谓“无为而无不为”，其实就是这样一种自由的境界。这位蹈水“丈夫”无往而不“从水之道”，岂非“无为”？又无往而不驾驭着水，岂非“无不为”？“为私”则自外于水，自外于水则无论怎样挣扎适应，终觉格格而不入。这个故事看似就是讲蹈水，其实只是以蹈水为喻。庄子的寓意应该是：“生乎陵”、“长于水”者，自当“从水之道”；生乎天地、长乎天地者，何可不从天地自然之道？同理，生于世界、长于世界者，何可不遵从世界的客观规律？

“从水之道而不为私”，这是一句颇为耐人寻味的话。话中的“水”可以换成任何一种事物，这句话也可以普遍化为“从其道而不为私”。那么，试想：一切“胡作为”和“乱作为”，岂不都是“不从其道”，违背了事物的客观规律？而所以“不从其道”，违背了事物的客观规律，岂不又往往都是由于“为私”？不是自以为是的“私智”，就是另有所图的“私心”。如果真能“从其道而不为私”，那会避免多少“胡作为”和“乱作为”？而且只要“从其道而不为私”，就会逐渐掌握事物的客观规律，就能像那位“被发行歌而游于塘下”的蹈水“丈夫”那样，进入“无为而无不为”的自由境界了。

当然，说到底，“无为而无不为”毕竟是一种境界，而不是一种技术。它只能通过不断的修炼而日益接近，不可能通过某种培训而定期达到。但是，只要有这样的境界真实地存在于向往之中，人们的所作所为就会越来越符合客观规律，越来越符合百姓的意愿，越来越成为世界应有的风景，越来越成为百姓自己的作为。

人，大概有时候也需要跳出人世之外，从更为广阔而长远的天地自然的角度考察一下人的作为。这可以说是人的自我反思。道家学说似乎就是这样的考察。这样的考察难免会忽略人世的某些特点，例如人的主观能动性问题，所以荀子批评道家为“蔽于天而不知人”（《荀子·解蔽》）；但也往往能突破人世的狭隘眼界，看到一些世人所难于发现的问题。诸如上面所提到的人类文明的二重性和人的认识的有限性，就是这样的问题。老庄在他们独特发现的基础上，诚恳地劝告世人，尤其是当权者：世界有其不以人的意志为转移的“常道”，是不能由人随意作为的；一切自以为是的“妄作”都将带来灾难性的后果；权多大都没用，人怕你，天不怕你；只有“从其道而不为私”，才是正确的有为之路。

第四章 必使饥者得食，寒者得衣

——关切民生

前面三章，为道而仕、以仁存心、无为而无不为，可以说是从政的思想根基和道德前提，也可以说是为政之德的总纲。从本章起，进入具体的执政任务领域，即先秦诸子在政务方面的道德要求。这方面的第一个问题，就是如何对待民生。

在先秦诸子中，对民生问题最为关注、论述最多的，是儒家和墨家。

第一节 儒家：先富后教

前面第二章谈到，儒家的“仁政”主要包括两方面的内容，一是改善民众生活，二是开展道德教育。这两方面，就儒家的整个思想体系而言，似以道德教育为重；但就具体的执政任务而言，则是明确地把改善民生放在第一位的。

一次，孔子到了卫国，他的弟子冉有为他驾车，见路上熙熙攘攘的，人很多。孔子惊叹道：“庶矣哉！”“庶”即众多，这句话的意思就是卫国人口好多啊！由此引出了冉有与孔子的如下一段对话：

冉有曰：“既庶矣，又何加焉？”

曰："富之。"

曰："既富矣，又何加焉？"

曰："教之。"（《论语·子路》）

这里就社会民众的治理，依次提出了三项任务：一是"庶"，二是"富"，三是"教"。在中国古代的社会条件下，人丁兴旺是社会兴旺的基础和前提，因而也是重要的民生问题，故应先"庶"之。在"既庶矣"之后，则需要提高民众的物质生活水平，使他们富起来，故第二项任务是"富之"。在"既富矣"之后，就需要加强教育了，要使民众不仅能过上富裕的生活，还能过上文明的生活；也唯其如此，社会才能和谐、稳定。值得注意的是：孔子本来是非常重视对民众的伦理道德教育的，他说过"道之以德，齐之以礼，有耻且格"（《论语·为政》）；但这里却把"教之"放在"富之"之后，主张先"富"而后"教"。这正表现了孔子对民生问题的关切：无论伦理道德有多重要，生存毕竟是第一位的。《管子·牧民》篇有两句很著名的话："仓廪实则知礼节，衣食足则知荣辱。"就个人的价值观而言，这未必符合事实，"仓廪实"而不"知礼节""衣食足"而不"知荣辱"者大有人在；但在社会生活方面，这可以说是确凿无疑的真理。《管子》一书，杂取道、法、名等各家思想，并非儒家著作。看来在这个问题上，孔子并无异议。

此外，孔子在回答"问政"的时候，还提出过如下三项任务：

子贡问政。子曰："足食，足兵，民信之矣。"

子贡曰："必不得已而去，于斯三者何先？"曰："去兵。"

子贡曰："必不得已而去，于斯二者何先？"曰："去食。自古皆有死，民无信不立。"（《论语·颜渊》）

这里提出的三项任务与上一段话不同，这是因为谈论的问题不同。虽然都是谈为政，但上一段话谈的是社会民众的治理，而这段话谈的是国家政权的维护。有充足的粮食，有充足的军备，又有民众的信任，国家政权自会巩固。三项之中，孔子认为最重要的是“民信”，其次是“足食”，再次是“足兵”。“自古皆有死，民无信不立”，不是说个人不讲诚信就无法在社会中立足，而是说国家政权如果失去了民众的信任就无法维持，就会灭亡。因为这是对“问政”的回答，是讲国家政权，而不是讲个人道德。对于维护国家政权来说，“民信”的确是第一位的。一个国家，一个政权，在某些危难时刻，即使兵力不足，食物不给，人员伤亡惨重，只要“民信”尚在，能够上下一心，同仇敌忾，就还有转危为安的希望。而“民信”的取得，没有长期以来对民生问题的关切，是不可能的。所以这里把“民信”放在最重要的地位，认为迫不得已时可以“去食”，与上一段的“富之”并不矛盾。

孔子涉及民生问题的言论还有不少。如下面的话：

> 子曰：“道千乘之国：敬事而信，节用而爱人，使民以时。”（《论语·学而》）

“道”即导，在此指治理。“千乘之国”，有一千辆兵车的国家。治理千乘之国，要严肃认真地做事，言而有信，节约用度，关爱民众，不在农忙时役使百姓。三句话中，后两句都是从民生考虑的。又如对郑子产的称赞：

> 子谓子产：“有君子之道四焉：其行己也恭，其事上也敬，其养民也惠，其使民也义。”（《论语·公冶长》）

四条之中，后两条又是有关民生的。“其养民也惠”自不待言，“其使民也义”是说不随便役使百姓，必求合乎道义。在一次回答“何如斯可以从政”的问题时，孔子提出“尊五美，屏四恶”，“五美”之中前两“美”是“惠而不费，劳而不怨”，而这两条的意思是：

> 因民之所利而利之，斯不亦惠而不费乎？择可劳而劳之，又谁怨？（《论语·尧曰》）

顺任民众去做他们觉得对自己有利的事，岂不就是既让民众得到了实惠，而又不至于靡费财力吗？选择民众可以服役的适当时机来役使他们，又有谁会怨恨呢？这也都体现了对民生的关切，而且表明孔子虽然“罕言利”（《论语·子罕》），却并非绝不言“利”，“利民”之“利”他还是讲的。另如前面第二章已经提到的，孔子在回答“问仁”时，有一条是“使民如承大祭”（《论语·颜渊》），即役使民众要像承办重大祭典那样小心谨慎。可见孔子对役使民众的事是非常在意的，不烦再三申说，唯恐占用农时、加重百姓的负担。如果说“仁”的要义就是“爱人”的话，那么处处想到民众的利益就是理所当然的了。

孟子大大发展了孔子的先“富”后“教”的思想。他提出，“圣人治天下”，应该使“菽粟”十分富足，那样百姓就不会有“不仁”的了：

> 易其田畴，薄其税敛，民可使富也。食之以时，用之以礼，财不可胜用也。民非水火不生活，昏暮叩人之门户，求水火，无弗与者，至足矣。圣人治天下，使有菽粟如水火。菽粟如水火，而民焉有不仁者乎？（《孟子·尽心上》）

“易”在这里是治理的意思。搞好农业，减轻赋税，可以使百姓发家致富。按时进餐，以礼节用，可以使财物用之不竭。比如，水与火是百姓生活不可或缺的，但如果夜晚敲门要点水喝或借点火用，则没有不给的。为什么？因为水与火是非常充足的。圣人治理天下，应该让百姓的粮食像水火那样充足。粮食像水火那样充足，百姓还会有不讲仁爱的吗？这段话不仅对“仓廪实则知礼节，衣食足则知荣辱”作了充分的阐发，而且对于“富”“教”两端，向“富”作了更多的倾斜。于是，“圣人治天下”的主要任务，就是“富之”了。

更可贵的是，孟子不仅突出强调了应该使百姓致富，而且还深入考虑了如何使百姓致富的问题。他提出，使百姓致富的根本措施是让百姓“有恒产”，即有稳定的产业，而这稳定的产业就是足够多的土地。

在一次与齐宣王的谈话中，孟子告诉齐宣王，若想“辟土地（开疆拓土），朝秦、楚（使秦、楚等国都来朝拜），莅中国而抚四夷（主政中国而安抚四方）”，就需要“反其本”。所谓“反其本”，就是“发政施仁”：

> 今王发政施仁，使天下仕者皆欲立于王之朝，耕者皆欲耕于王之野，商贾皆欲藏于王之市，行旅皆欲出于王之涂，天下之欲疾其君（痛恨其君主）者皆欲赴愬于王。其若是，孰能御（抵挡）之？（《孟子·梁惠王上》）

齐宣王表示，他还没听明白，请“明以教我”。孟子便继续说道：

> 无恒产而有恒心者，惟士为能。若民，则无恒产，因无恒心。苟无恒心，放辟邪侈，无不为已。及陷于罪，然后从而刑之，是罔民也。焉有仁人在位，罔民而可为也？是故明君制民之产，必使仰足以事父母，俯足以畜妻子，乐岁终身饱，凶年免于死亡。然后驱而之善，故民之从之也轻。（《孟子·梁惠王上》）

“恒产”即稳定的产业，“恒心”即稳定的心志。“士”本来是指贵族中的最低阶层，即所谓卿、大夫、士的士；春秋末期之后，成了读书人即知识分子的通称。士是“劳心者”，他们是靠知识、而不是靠产业谋生的，故可“无恒产而有恒心”。“民”是“劳力者”，主要就是农民。农民没有“恒产”，就无以为生；无以为生，就不得不另谋出路；另谋出路，就难免于“放辟邪侈”，即行为不端。待他们犯了罪便施以刑罚：这不等于设下圈套来陷害他们吗？“罔”就是网，意思是张网罗而捕捉，亦即设圈套而陷害。哪儿有“仁人在位”却做出此等“罔民”之事？所以“明君制民之产”，一定要让百姓有足够的土地，可以赡养一家老小，丰衣足食。然后使之向善，岂非轻而易举？孟子接着指出，当时的问题，就在于“制民之产”不足，即分给百姓的土地太少：

> 今也制民之产，仰不足以事父母，俯不足以畜妻子，乐岁终身苦，凶年不免于死亡。此惟救死而恐不赡，奚暇治礼义哉？（《孟子·梁惠王上》）

连活命都解决不了，哪有工夫管什么“礼义”？那么，“制民之产”应以多少为宜？孟子亮出了明确的标准：

王欲行之，则盍（何不）反其本矣。五亩之宅，树之以桑，五十者可以衣帛矣；鸡豚狗彘之畜，无失其时，七十者可以食肉矣；百亩之田，勿夺其时，八口之家可以无饥矣；谨庠序之教，申之以孝悌之义，颁白者不负戴于道路矣。老者衣帛食肉，黎民不饥不寒，然而不王者，未之有也。（《孟子·梁惠王上》）

这里再次提出了“反其本”。前面一个“反其本”，是指返回“仁政”；这次的“反其本”，则是指返回“恒产”。这表明，在孟子的思想中，“恒产”就是“仁政”之本；“发政施仁”最根本的任务就是要分给农民足够的土地。“足够”是多少？就是“五亩之宅”和“百亩之田”。因为“五亩之宅”“百亩之田”是“制民之产”的标准，所以孟子要反复强调。在与梁惠王论治国时，他同样提出：

五亩之宅，树之以桑，五十者可以衣帛矣；鸡豚狗彘之畜，无失其时，七十者可以食肉矣；百亩之田，勿夺其时，八口之家可以无饥矣；谨庠序（即学校）之教，申之以孝悌之义，斑王白者不负戴于道路矣。老者衣帛食肉，黎民不饥不寒，然而不王者，未之有也。（《孟子·梁惠王上》）

这段话与上一段几乎完全相同。有了“五亩之宅”“百亩之田”，百姓可以丰衣足食了，再办好学校，“申之以孝悌之义”，就能使百姓过上既安居乐业又相亲相爱的日子：可以说，这就是孟子的社会理想。这样的社会理想不美好吗？

还有一次，滕文公向孟子问“为国”，孟子一开始就谈到了这个问题：

民事不可缓也。诗云：“昼尔于茅，宵尔索绹；亟其乘屋，其始播百谷。”民之为道也，有恒产者有恒心，无恒产者无恒心。苟无恒心，放辟邪侈，无不为已。及陷乎罪，然后从而刑之，是罔民也。焉有仁人在位，

罔民而可为也？是故贤君必恭俭礼下，取于民有制。(《孟子·滕文公上》)

所引诗句见于《诗经·豳风·七月》，意思是白天出去打草，晚上回来搓绳，赶紧修缮房屋，不久就要播种。这几句诗引在这里可以说非常恰当，这正是农民踏踏实实种地过日子的心态，也就是孟子所说的“恒心”。显然，有了自己的土地即“恒产”，才会有这样的“恒心”。下面的话与劝说齐宣王的那段话基本一致，只是落在了应该如何向百姓征收赋税的问题上。“恭俭礼下，取于民有制”，主要就是强调征收赋税应该有一定的制度，而不可以横征暴敛。

之所以落脚于征收赋税的问题，一是因为这个问题与“制民之产”密切相关，二是因为“薄其税敛”也是孟子的一项富民主张。那么，什么样的赋税制度最好？孟子于下文陈述了夏、商、周三代的赋税制度，表示不赞成夏代的“贡”制，而赞成商、周两代实行的“助”制。据传，夏代每户分田五十亩，综合若干年的收成，按其平均值收税，即所谓“贡”。这种税制的弊病，是没有考虑丰年与荒年的巨大差异，如孟子所批评的：

> 乐岁（丰年），粒米狼戾（狼藉，形容到处是粒米），多取之而不为虐，则寡取之；凶年（荒年），粪其田而不足（收成还不够施肥的成本），则必取盈焉。为民父母，使民盻（xì）盻然（辛苦状），将终岁勤动，不得以养其父母，又称贷而益之，使老稚转乎沟壑，恶在其为民父母也？(《孟子·滕文公上》)

遇到荒年，农民辛苦终岁而不能养家糊口，还要借贷以凑足赋税，以致一家老小流离丧亡于沟壑。“为民父母”者令百姓悲惨若此，还算什么“为民父母”！而商、周两代在土地制度上实行的是井田制：八家共为一“井”，周围八区为私田，每家一区；中间一区为公田，八家相助共种，收成作为赋税上交，称为“助”；但商代每区七十亩，周代每区一百亩。可以看到：周代的井田制，每户分田一百亩，恰与孟子“制民之产”的标准“百亩之田”一致；而周代的赋税算下来大约是十分取一，也符合孟子“薄其税敛”的主张。当然，也可能孟子的主张正是从周代得来的。

因此，孟子“制民之产”与“薄其税敛”的富民主张，乃至他的“仁政”，最终就落实为恢复周代的井田制。滕文公听了孟子的意见，派朝臣毕战来“问井地”。孟子便语重心长地嘱咐毕战说：

> 子之君将行仁政，选择而使子，子必勉之！夫仁政，必自经界始。经界不正，井地不钧，谷禄不平。是故暴君污吏必慢其经界。经界既正，分田制禄可坐而定也。(《孟子·滕文公上》)

“仁政，必自经界始”，即必自“井地”始。从这段话可以看出，井田制的好处，不仅是满足了百姓的土地要求，即“分田”；同时也保障了“劳心者”的俸禄发放，即“制禄”。这段话后面，孟子还说道：

> 乡田同井。出入相友，守望相助，疾病相扶持，则百姓亲睦。方里(方圆一里）而井，井九百亩，其中为公田。八家皆私百亩，同养公田。公事毕，然后敢治私事，所以别野人也。(《孟子·滕文公上》)

“野人”与“君子”相对，“野人”即民，“君子”即士。“所以别野人”，朱熹注：“公田以为君子之禄，而私田野人之所受。先公后私，所以别君子野人之分也。”(《四书章句集注》）百姓有了“恒产”，君子有了俸禄，上下得以相安，乡里因之亲睦。总之，在孟子看来，井田制好极了！美极了！

井田制在很大程度上是一种传说。且井田制的前提是土地国有，春秋之后，随着奴隶社会向封建社会的转移，土地国有已渐被土地私有所取代。生活在战国时期的孟子，想要恢复以往的井田制，无异于开历史的倒车，也是根本不可能的。但是，他的富民的愿望是真诚的，他对“制民之产”的关注、让农民“有恒产”的主张，更是抓住了富民的根本。直至今日，使贫困人口脱贫致富的根本出路，也还是解决他们的就业问题，使他们“有恒产”。

第二节　孟子：与民同乐

在《论语》中，有一段孔子的弟子有若与鲁哀公的对话：

哀公问于有若曰：“年饥，用不足，如之何？”

有若对曰：“盍彻乎？”

曰：“二，吾犹不足，如之何其彻也？”

对曰：“百姓足，君孰与不足？百姓不足，君孰与足？”

哀公问“年成不好，用度不足，怎么办”，意思是要加赋。有若回答“那为什么不采用十分取一的田赋制度”，是让他减赋。“彻”，周代的税制，十分取一。哀公以为他没明白自己的意思，所以补充说“十分取二，我还嫌不足呢，怎么能改成十分取一呢？”这反而引出了有若的君不应不顾百姓而只求自足的严肃回答。对于这个回答，朱熹解释说：“民富，则君不至独贫；民贫，则君不能独富。有若深有君民一体之意，以止公之厚敛，为人上者所宜深念也。”（《四书章句集注》）“君民一体”，即使有若还没有形成这样明确的观念，这也不失为对有若之言的精辟的提炼。

这同样是对民生的关切，但不是就民生谈民生，而是从关切民生的思想出发谈论君与民的关系问题。当然，也可以说是关切民生的思想在君与民的关系问题上的体现。

大概正是受了上面这段对话的启发，孟子对统治者提出了“与民同乐”的要求。

这个要求可分为以下几条。

第一条可以叫作与民同享。齐宣王问孟子：“听说周文王的园林纵横七十里，有这么回事吗？”孟子说：“古书上的确是这么写的。”齐宣王惊讶道：“有这样大吗？”孟子说：“老百姓还以为小哪。”齐宣王感到有些奇怪了：“我的园林才方圆四十里，老百姓却反映说太大了。这是怎么回事?”孟子道：

文王之囿方七十里，刍荛者往焉，雉兔者往焉，与民同之。民以为小，不亦宜乎？臣始至于境，问国之大禁，然后敢入。臣闻郊关之内有囿方四十里，杀其麋鹿者如杀人之罪，则是方四十里为阱于国中。民以为大，不亦宜乎？(《孟子·梁惠王下》)

文王的园林，割草砍柴的也去，捕鸟打兔子的也去，是同老百姓共享的。老百姓觉得小，不是很自然吗？而我刚到齐国的国境，就得先问问有哪些严禁的事项，然后才敢进来。我听说齐国都城的郊外，有个方圆四十里的园林，谁打死了里面的麋鹿，要以杀人论处。这等于在国中设了一个纵横四十里的陷阱。老百姓以为太大，不是理所当然的吗？

园林、名胜、风景区，既然是国家财产，就应该向公众开放，“与民同之”，而不应成为统治者的旅游特区、民众的禁区。这条要求似乎并不太影响统治者的权益，只是减少了一点特权，还增加了亲民的机会，应该不难做到。但实际未必。且不说几乎哪个好地方都会被围起来一块儿或多块儿，“闲人免进”，就连本来的公共旅游场所，如果有某个领导来了，都得清园，事先也不通知，即使你是“不远万里”专程而来的，也只能望门兴叹。

第二条是推己及民。还是那个齐宣王，孟子告诉他“发政施仁”，而后可大展宏图。他说“寡人有疾，寡人好货”，就是有爱财的毛病。孟子说“好货”无妨——

昔者公刘好货。诗云：“乃积乃仓，乃裹糇粮，于橐于囊。思戢用光。弓矢斯张，干戈戚扬，爰方启行。”故居者有积仓，行者有裹粮也，然后可以爰方启行。王如好货，与百姓同之，于王何有？(《孟子·梁惠王下》)

公刘是传说中周人创业的始祖。引诗即见《诗经·大雅·公刘》篇。大意是：菽粟装满仓，干粮装满囊，民心畅，国威扬，诸般兵器都用上，浩浩荡荡向前方。孟子引此诗，是要向齐宣王说明：让民众居家有充足的菽粟，行军又有充足的干粮，然后才能创业兴邦；你如果“好货”，就应该像公刘这样，与老百姓一起“好”；那么，“发政施仁”、统一天下对于你来说还有什么困难呢？而齐宣王又说“寡人有疾，寡人好色”，就是有贪恋女色的毛病。孟子再次跟他说，“好色”也无妨——

> 昔者大王好色，爱厥（其）妃。诗云：“古公亶甫，来朝走马，率西水浒，至于岐下。爰及姜女，聿来胥宇。”当是时也，内无怨女，外无旷夫。王如好色，与百姓同之，于王何有？（《孟子·梁惠王下》）

大王即古公覃父，周文王的祖父。引诗见《诗经·大雅·绵》。大意是：古公亶父一早就骑马出发，沿着西水来到岐山脚下，带领着他的妻子姜氏，一起视察建造房屋的地势。孟子接着说：那时没有嫁不出去的女子，也没有娶不上妻子的男人。你如果“好色”，就应该像大王这样，让天下的男女都能如愿结婚，那么，“发政施仁”、统一天下对于你来说还有什么困难呢？

这就是推己及民。自己需要、自己爱好，也应该考虑到天下百姓的需要、天下百姓的爱好。自己要满足自己的需要和爱好，也应该“与百姓同之”，让天下百姓也能满足他们的需要和爱好。

第三条应该叫作先民后己。孟子见梁惠王。梁惠王正站在宫廷花园的池塘边上，看着眼前的鸿雁麋鹿，问孟子道：“贤者亦乐此乎？”贤者也爱享受这样的快乐吗？孟子对曰：

> “贤者而后乐此，不贤者虽有此不乐也。诗云：‘经始灵台，经之营之，庶民攻之，不日成之。经始勿亟，庶民子来。王在灵囿，麀鹿攸伏，麀鹿濯濯，白鸟鹤鹤。王在灵沼，于轫鱼跃。’文王以民力为台为沼，而民欢乐之，谓其台曰灵台，谓其沼曰灵沼，乐其有麋鹿鱼鳖。古之人与民偕乐，故能乐也。汤誓曰：‘时日害丧？予及女偕亡。’民欲与之偕亡，虽有台池鸟兽，岂能独乐哉？”（《孟子·梁惠王上》）

“贤者而后乐此，不贤者虽有此不乐也”中的“此”，即指花园美景。这两句话，意思是只有贤者才能真正欣赏这样的美景，不贤者虽然有这样的美景也不会感到快乐。下面引了两段诗书，举了正反两个事例。引诗见《诗经·大雅·灵台》，有人译为：“开始筑灵台，经营复经营。大家齐努力，很快便落成。王说不要急，百姓更卖力。王到鹿苑中，母鹿正安逸。母鹿光且肥，百鸟羽毛洁。王到灵沼上，满池鱼跳跃。”（兰州大学中文系《孟子译注》）这是周文王的事。孟子评论道：“与民偕乐，故能乐也。”接着引书《尚书·汤誓》，文意为“这个太阳啊，你何时消灭，我愿和你一起去死。”这是夏桀的事。夏桀暴虐无道，却把自己比作太阳；百姓怨恨他，故有此歌谣。孟子评论说：老百姓恨得想与他同归于尽，纵然有美丽的花园，他能独自享受吗？回到开头那两句话：显然，贤者之所以能够“乐此”，是因为他首先考虑的是让百姓过上快乐的生活，而后才顾及自己；百姓过上了快乐的生活，自然也乐意他过上快乐的生活。故“文王以民力为台为沼，而民欢乐之”。这实际上是先民后己。唯有先民后己，才能“与民偕乐”，也才有贤者之乐。而不贤者恰恰相反，如果说贤者是把自己的快乐建筑在民众的快乐的基础上，那么不贤者就是把自己的快乐建筑在民众的痛苦的基础上，致使民怨沸腾，自己危在旦夕，故“虽有此”而“不乐也”。

孟子与齐宣王关于“好乐（音乐）”的对话，说的也是这个意思。孟子问齐宣王：“听说你好乐，有这回事吗？”齐宣王不禁羞愧得脸都红了，回说：“寡人非能好先王之乐也，直好世俗之乐耳。”他知道儒家虽然重乐，但重的是“先王之乐”；孔子就说过“恶郑声之乱雅乐也”（《论语·阳货》）。“郑声”就是“世俗之乐”。而他所“好”的，正是这种乐。但孟子倒不计较这个，接着说：“王之好乐甚，则齐其庶几乎！今之乐由（犹）古之乐也。”你如果真的非常喜爱音乐，齐国就能治理得差不多了，无论今之乐还是古之乐都一样。而后孟子逐步切入了自己要说的话题——

曰："独乐乐，与人乐乐，孰乐？"

曰："不若与人。"

曰："与少乐乐，与众乐乐，孰乐？"

曰："不若与众。"

孟子就是要把谈话引到"与众乐乐"、即"与民同乐"的话题上来。于是打开话匣子，"臣请为王言乐"，发表了如下的大段议论：

今王鼓乐于此，百姓闻王钟鼓之声，管籥之音，举（都）疾首蹙頞而相告曰："吾王之好鼓乐，夫何使我至于此极也？父子不相见，兄弟妻子离散。"今王田猎于此，百姓闻王车马之音，见羽旄之美，举疾首蹙頞而相告曰："吾王之好田猎，夫何使我至于此极也？父子不相见，兄弟妻子离散。"此无他，不与民同乐也。

今王鼓乐于此，百姓闻王钟鼓之声，管籥之音，举欣欣然有喜色而相告曰："吾王庶几无疾病与？何以能鼓乐？"今王田猎于此，百姓闻王车马之音，见羽旄之美，举欣欣然有喜色而相告曰"吾王庶几无疾病与？何以能田猎也？"此无他，与民同乐也。今王与百姓同乐，则王矣。（《孟子·梁惠王下》）

"使我至于此极"就是"使我穷苦到了如此地步"。这是"与民同乐"和"不与民同乐"的鲜明对比。虽然都是"好乐"，但"与民同乐"和"不与民同乐"却有天壤之别。而这种差别并不在于是否与民众一起听乐，而在于是先使民众过上快乐的生活，然后自己再去享受音乐及田猎之类的快乐，还是置民众之死活于不顾，而一味独自享乐。所谓"与民同乐"，就是与民众一同享受快乐的生活。可知，这实际上仍是先民后己，还是先己后民，甚至有己无民的问题。

总之，只有"先天下之忧而忧，后天下之乐而乐"，也就是先民后己，才能使百姓"快乐着你的快乐"，而不是痛苦着你的快乐，乃至痛恨着你的快乐。能使百姓“快乐着你的快乐”，就是“与民同乐”。

第四条可以叫作休戚与共。齐宣王在他的行宫“雪宫”接见孟子，一见面也是问：“贤者亦有此乐乎?”贤者也有享受这种快乐的行宫生活的要求吗?孟子答曰：

“有。人不得，则非其上矣。不得而非其上者，非也；为民上而不与民同乐者，亦非也。乐民之乐者，民亦乐其乐；忧民之忧者，民亦忧其忧。乐以天下，忧以天下，然而不王者，未之有也。”(《孟子·梁惠王下》)

有某种要求而得不到，便非议君王，孟子表示不赞成。这或许可以理解为孟子并不是绝对平均主义者。但他的重点是在后一句话：“为民上而不与民同乐者，亦非也。”下文都是继此而发的。而“乐民之乐”“忧民之忧”“乐以天下，忧以天下”云云，就是与天下之民息息相通，休戚与共。后面还借他人之口讲到，古之先王绝不兴师动众，外出游乐；凡有出巡，皆为民众，“春省耕而补不足，秋省敛而助不给”。春天考察耕作的情况并补助贫困户，秋天考察收获的情况并补助歉收者。这好像是说给住在行宫的齐宣王听的。还征引“夏谚”云：“吾王不游，吾何以休?吾王不豫，吾何以助?一游一豫，为诸侯度。”大意是说，我王如不出游，我怎能得到休息?我王如不出巡，我怎能得到补助?吾王的出游和出巡，是诸侯行事的法度。这些，大致也还是与民休戚与共之义。

若真能与民众休戚与共，也就真的达到本节开头所说的“君民一体”了。

如上，是孟子直接提倡“与民同乐”的一些言论。从与民共享到推己及民，再到先民后己，再到与民休戚与共，观点颇多可取，内容也相当丰富。应该说，这是孟子对儒家仁政思想的重要发展，也是对我国为政之德的宝贵贡献。

儒家的仁政理论，特别是其中对民生问题的关注，无疑是我国古代政治思想中的宝贵遗产。但也有两点需要说明。

一是民生与伦理，在儒家的仁政思想中，民生是主要方面，但就儒学、儒道的整体而言，伦理道德则是主要方面。孟子说：

后稷（尧时的农师，周人的始祖）教民稼穑，树艺五谷，五谷熟而民人育。人之有道也，饱食、暖衣、逸居而无教，则近于禽兽。圣人有忧之，使契为司徒，教以人伦：父子有亲，君臣有义，夫妇有别，长幼有序，朋友有信。(《孟子·滕文公上》)

这段话前几句说的是民生问题。但“人之有道也”一句，是在说过民生问题之后，用以开启并冠领下文的，而下文所说就全是伦理道德问题了。且云“饱食、暖衣、逸居而无教，则近于禽兽”，就是说“富”而无“教”即为无道。可知，所谓“道”是仅就伦理道德而言，是不包括“饱食、暖衣、逸居”之类的民生问题的。所以，在儒家著作里，谈论最多的还是伦理道德问题，民生只占相当小的一部分。也就是说，儒学的中心议题和主要内容，还是伦理道德。就整体而言，儒学是伦理之学，儒道是伦理之道。

二是儒家关注民生，但目的并不在于民生，而在于“得民心”“得天下”。亦如孟子所说：

桀纣之失天下也，失其民也；失其民者，失其心也。得天下有道：得其民，斯得天下矣；得其民有道：得其心，斯得民矣；得其心有道：所欲与之聚之，所恶勿施尔也。(《孟子·离娄上》)

荀子则说得更为露骨：

有社稷者而不能爱民、不能利民，而求民之亲爱己，不可得也。民不亲不爱，而求其为己用、为己死，不可得也。(《荀子·君道》)

马骇舆则君子不安舆；庶人骇政则君子不安位。马骇舆则莫若静之；庶人骇政则莫若惠之。选贤良，举笃敬，兴孝弟，收孤寡，补贫穷，如是则庶人安政矣，庶人安政然后君子安位。传曰：“君者，舟也；庶人者，

水也。水则载舟，水则覆舟。”此之谓也。(《荀子·王制》)

这些话当然有道理，但也显见他们是站在统治阶层的立场上说话的，是为了统治者的利益而主张“爱民”“亲民”的。众所周知，儒家是严格区分“士”与“民”，或曰“君子”与“小人”的。前引孟子“无恒产而有恒心，惟士为能；若民，则无恒产，因无恒心”的说法就是明证。孔子亦屡云：

君子喻于义，小人喻于利。(《论语·里仁》)

上好礼，则民易使也。(《论语·宪问》)

民可使由之，不可使知之。(《论语·泰伯》)

他们是“士”、是“君子”，而不是“民”，他们从来没有、也不可能把自己当作民众的一员。从统治民众的目的出发，为了“得天下”、坐天下而关注民生，这与今天的情况应该是有原则区别的。

第三节　墨家：必使饥者得食，寒者得衣

最关心民生问题的，应该说是墨家。前面讲到，墨家出仕从政的目的，就是“兴天下之利，除天下之害”。而“兴天下之利，除天下之害”的具体内容，主要就是“必使饥者得食，寒者得衣，劳者得息，乱者得治。”（《墨子·非命下》）因而可以说，关注民生，这是墨家学说的基本宗旨。

如上所述，人口问题也是重大的民生问题。墨子即指责当时的“为政者”，因“不善为政”而造成了人口的减少：

> 今天下为政者，其所以寡人之道多。其使民劳，其籍敛厚，民财不足，冻饿死者不可胜数也。且大人惟毋（务）兴师以攻伐邻国，久者终年，速者数月，男女久不相见，此所以寡人之道也。与居处不安、饮食不时、作疾病死者，有与侵就僾（ài）橐（当作“侵掠俘虏”）、攻城野战死者，不可胜数。此不令（善）为政者所以寡人之道数术而起与？（《墨子·节用上》）

“寡人之道”就是使人口减少之道。有因“为政者”盘剥过甚冻饿而死者，有因无居无食得病而死者，有因“大人”穷兵黩武征战而死者，再加上因丈夫长年在外打仗，使“男女久不相见”而生育不足，人丁怎么能兴旺呢？

俗话说“民以食为天”，吃饭问题无疑是民生的首要问题。墨子对这个问题也给予了更多的关注。他说：

> 今有负其子而汲者，队（坠）其子于井中，其母必从而道之。今岁凶、民饥、道馑，此疚重于队其子（此疚重于其子坠井），其可无察邪？（《墨子·七患》）

如果现在有个人背着孩子去井边汲水，不小心把孩子掉进了井里，孩子的母亲一定会赶快把孩子救上来。若今年遭遇大灾，百姓没有饭吃，路上有人饿死，

这个问题比孩子掉进井里还要严重，怎么可以不闻不问呢？墨子还讲到，水旱灾害什么时候都可能发生，关键是要早作防备：

虽上世之圣王，岂能使五谷常收，而旱水不至哉？然而无冻饿之民者，何也？其力时急（不误农时），而自养俭也。故夏书曰“禹七年水”，殷书曰“汤五年旱”，此其离（罹）凶饥甚矣。然而民不冻饿者，何也？其生财密，其用之节也。

故仓无备粟，不可以待凶饥。（《墨子·七患》）

“力时急”即努力抓紧农时。“自养俭”即君王自己生活节俭。“生财密”即增加生产。“用之节”即减少开支。如此才能使百姓免于“冻饿”。墨子还提出，遇到灾荒年份，官员应该减俸，国家应该节用，并就此作出了详明而具体的规定：

凡五谷者，民之所仰也，君之所以为养也。故民无仰则君无养，民无食则不可事。故食不可不务也，地不可不力也，用不可不节也。五谷尽收，则五味尽御（奉）于主；不尽收，则不尽御。一谷不收谓之馑，二谷不收谓之旱，三谷不收谓之凶，四谷不收谓之馈，五谷不收谓之饥。岁馑，则仕者大夫以下皆损禄五分之一；旱，则损五分之二；凶，则损五分之三；馈，则损五分之四；饥，则尽无禄，禀食而已矣。故凶饥存乎国，人君彻鼎食五分之三，大夫彻县（悬，指悬挂的乐器），士不入学，君朝之衣不革制，诸侯之客，四邻之使，雍食而不盛，彻骖騑（两侧驾车的马），涂（途）不芸（耘），马不食粟，婢妾不衣帛，此告不足之至也。（《墨子·七患》）

粮食不可不大力生产，土地不可不努力耕种，用度不可不厉行节约。一谷不收，“仕者大夫以下皆损禄五分之一”；二谷不收，“损五分之二”；灾愈重，损愈多；直至五谷不收，俸禄全减，仅仅管饭而已。如果国家遇到三谷不收以上的“凶饥”之年，国君也要“彻鼎食五分之三”，大夫撤去庭中悬挂的乐器，读书人停止上学，国君不得添做新朝服，招待诸侯、使节的宴会一律从俭，车辆撤去两侧的马，仅用中间两马，道路停止修整，马匹不吃粮食，婢妾不穿丝帛，以昭示国家进入危机状态。

正因为关注民生是墨家学说的基本宗旨，所以对民生问题的论述，主要不是分题集中于《墨子》的某一篇中，而是综合体现于《墨子》的每一篇中。

例如《墨子·非攻中》篇。这一篇的主题是反战。春秋战国时期，如墨子所说，是个“大国即攻小国”、“大家即伐小家”（《墨子·非乐上》）的战乱时期。战争无疑会使人民的生命财产遭受巨大的损失，这正是墨子反战非攻的主要理由。他说：征战之事，“冬行恐寒，夏行恐暑”，“春则废民耕稼树艺，秋则废民获敛”，即或是仅“废一时”，“则百姓饥寒冻饿而死者，不可胜数”。而征战之中，会有大量兵器、车马、财物毁于战火；会因“涂（途）道之修远，粮食辍绝而不继，百姓死者，不可胜数”；还会因“居处之不安，食饮之不时，饥饱之不节，百姓之道（由）疾病而死者，不可胜数”。墨子问道：“国家发政，夺民之用，废民之利，若此甚众，然而何为为之？”大国君王回答说：“我贪伐胜之名，及得之利，故为之。”墨子反驳道：“然则土地者，所有余也；王民者，所不足也。今尽王民之死，严（重）下上之患，以争虚城，则是弃所不足，而重所有余也。为政若此，非国之务者也。”（《墨子·非攻中》）

又如《墨子·非命上》篇。这一篇的主题在于反驳儒家的“天命”论。“天命”论虽然不是儒家的主要思想，但孔子的确说过：“君子有三畏：畏天命，畏大人，畏圣人之言。”还指责“小人不知天命而不畏也”。（见于《论语·季氏》）孔子的大弟子子夏还说过：“死生有命，富贵在天。”（见于《论语·颜渊》）《墨子·非命上》篇中写道：

执有命者之言曰：“命富则富，命贫则贫；命众（指人口众多）则众，命寡则寡；命治则治，命乱则乱；命寿则寿，命夭则夭。命（凡事

皆有命)，虽强劲（即使努力奋斗)，何益哉?”(《墨子·非命上》)

就是说一切都是命已注定的，人即使再努力，也没有用。为了反驳这种观点，墨子征引古代圣王为榜样：

> 昔者禹汤文武方为政乎天下之时，曰：“必使饥者得食，寒者得衣，劳者得息，乱者得治。”遂得光誉令问于天下……(《墨子·非命下》)

而后指出，如果按照“天命”论的观点行事，则“天下必乱”，“天下衣食之财将必不足”：

> 今虽毋（应作“唯毋”，“毋”为语词，无实意。下同）在乎王公大人，蕢若（假如）信有命而致行之，则必怠乎听狱治政矣，卿大夫必怠乎治官府矣，农夫必怠乎耕稼树艺矣，妇人必怠乎纺绩织纴矣。王公大人怠乎听狱治政，卿大夫怠乎治官府，则我以为天下必乱矣。农夫怠乎耕稼树艺，妇人怠乎纺绩织纴，则我以为天下衣食之财将必不足矣。(《墨子·非命下》)

可知，墨子之所以反驳“天命”论，就是认为这种观点不能使“饥者得食，寒者得衣”，“乱者得治”，总之不利于民生。

又如《墨子·节葬》篇。本篇的主题，是反驳儒家、尤其是孟子的“厚葬”论。前面第二章已经提到，孟子在评论“墨者夷之”时，就宣扬“厚葬”，指责“墨之治丧也，以薄为其道也。”（见《孟子·滕文公上》）在《墨子·节葬下》篇的开头就说道：

> 天下贫则从事乎富之，人民寡则从事乎众之，众而乱则从事乎治之。……若三务者，此仁者之为天下度，既若此矣。……意若使法其言，用其谋，厚葬久丧实可以富贫、众寡、定危、治乱乎？此仁也，义也，孝子之事也……

仁者为天下考虑的，就是如何使贫者致富、寡者致众、乱者得治“三务”。如果遵循某些人的主张，实行“厚葬久丧”，而结果不能“富贫众寡，定危理乱”，那就证明“厚葬”之说乃是“非仁非义”之论。这是对“厚葬”论概括性的总批判，下面又逐条作了反驳。

“厚葬久丧”能够使贫者致富吗？显然不能。且不说“厚葬久丧”要耗费大量财物，亦且不说天子侯王之丧还要杀人以殉，即处丧之法就足以说明问题：按照要求，居丧者要涕泪交加，哭泣失声，住茅庐，睡草席，枕土块；“又相率强不食而为饥，薄衣而为寒”；三年下来，致使面容消瘦，脸色发黑，耳背眼花，四肢无力，乃至“必扶而能起，杖而能行”。形状如此，还怎么能做事？如文中所说：

> 使王公大夫行此，则必不能蚤朝晏退，治五官六府，辟草木，实仓廪。使农夫行此，则必不能蚤出夜入，耕稼树艺。使百工行此，则必不能修舟车，为器皿矣。使妇人行此，则必不能夙兴夜寐，纺绩织纴。细计厚葬为多埋赋财者也，计久丧为久禁从事者也。财以成者，扶（持）而埋之。后得生者，而久禁之。以此求富，此譬犹禁耕而求获也，富之说无可得焉。（《墨子·节葬下》）

厚葬把已经生产出的财富埋掉了，久丧又使日后的生产难以为继：以此致富岂不等于禁止耕种而奢求收获吗？

“厚葬久丧”能够使寡者致众吗？当然也不可能。久丧已经摧毁了人的身体，使得“百姓冬不仞（忍，耐）寒，夏不仞暑，作疾病死者，不可胜计也。此其为败男女之交多矣。以此求众，譬犹使人负剑（伏在剑上）而求其寿也，众之说无可得焉”。

“厚葬久丧”能够使乱者得治吗？墨子曰：

> 上不听治，刑政必乱下不从事，衣食之财必不足。若苟不足，为人弟者求其兄而不得，不弟（悌）弟必将怨其兄矣；为人子者求其亲而不得，不孝子必是怨其亲矣；为人臣者求之君而不得，不忠臣必且乱其上矣。是以僻淫邪行之民，出则无衣也，入则无食也，内续奚吾（内心积压了耻

辱感。謑詬，耻辱），并（群起）为淫暴，而不可胜尽也。是故盗贼众而治者寡。夫盗贼众而治者寡，以此求治，譬犹使人三睘（huán）而毋负己也，治之说无可得焉。（《墨子·节葬下》）

“使人三睘而毋负己”，前人注：“使人三转其身于己前，或转而向己，或转而背己，皆势所必然。如此而欲使其毋背己，不可得也。……‘负’亦背也。”（见吴毓江《墨子校注》）墨子以此喻以厚葬求治之不可得。值得注意的是，儒家以厚葬为孝，这里指出厚葬恰恰会导致不孝。顺便提到，墨家提倡薄葬，并非像孟子所说的那样主张不葬，抛尸荒野；《墨子·节葬下》篇就明确写道：“故古圣王制为葬埋之法曰‘棺三寸，足以朽体；衣衾三领，足以覆恶。以及其葬也，下毋及泉，上毋通臭，垄若参耕之亩（约三尺宽），则止矣。’死则既以葬矣，生者必无久丧，而疾（尽快）而从事”。这是很理性、也很实际的。

但是，过分孤立地关注民生问题，也使墨家的思想显得有些狭隘和片面。如果说前面讲的“非攻”“非命”“节葬”都还言之有理的话，那么“非乐”就难说了。《墨子·非乐》篇是对儒家重乐思想的反驳。反驳的基本理由，就是认为乐舞不能解决任何实际的社会问题，反而“亏夺民衣食之财”。《墨子·非乐上》开篇即提出：

子墨子言曰，仁人之事者，必务求兴天下之利，除天下之害。将以为法乎天下，利人乎即为，不利人乎即止。且夫仁者之为天下度也，非为其目之所美，耳之所乐，口之所甘，身体之所安，以此亏夺民衣食之财，仁者弗为也。

利人即为，不利人即止，这没有错。但如果把“利人”仅仅局限于“衣食”，而一概排斥“目之所美，耳之所乐，口之所甘，身体之所安”，即完全否定人的审美需要和精神需要，那就未免过于狭隘了。而这正是墨子“非乐”的理论依据。所以他可以似乎理直气壮地反问：

> 民有三患：饥者不得食，寒者不得衣，劳者不得息，三者民之巨患也。然即当为之撞巨钟，击鸣鼓，弹琴瑟，吹竽笙，而扬干戚，民衣食之财将安可得乎？即我以为未必然也。意舍此（且不论），今有大国即攻小国，有大家即伐小家，强劫弱，众暴寡，诈欺愚，贵傲贱，寇乱盗贼并兴，不可禁止也。然即当为之撞巨钟，击鸣鼓，弹琴瑟，吹竽笙，而扬干戚，天下之乱也，将安可得而治与？即我以为未必然也。是故子墨子曰：姑尝厚措敛乎万民，以为大钟、鸣鼓、琴瑟、竽笙之声，以求兴天下之利，除天下之害，而无补也。是故子墨子曰：为乐非也。（《墨子·非乐上》）

的确，乐舞既不能当饭吃，也不能当衣穿，更不能制止战乱，总之不能解决任何实际的社会问题，故“为乐非也”。这是对“为乐”的总批判。进而，墨子还把乐舞活动分解为三个环节，逐一作了分析。

一是乐器制造。墨子曰：

> 今王公大人虽无（唯毋）造为乐器，以为事乎国家，非直（只）掊潦水（清除路上的积水）、折坏垣（拆除坍塌的墙壁）而为之也，将必厚措敛乎万民，以为大钟、鸣鼓、琴瑟、竽笙之声。然则当用乐器，譬之若圣王之为舟车也，即我弗敢非也。古者圣王亦尝厚措敛乎万民，以为舟车，既已成矣，曰：“吾将恶许用之？”曰：“舟用之水，车用之陆，君子息其足焉，小人休其肩背焉。”故万民出财，赍而予之，不敢以为戚恨者，何也？以其反中民之利也。然则乐器反中民之利亦若此，即我弗敢非也。（《墨子·非乐上》）

制造一套乐器确实需要花费相当数量的财物，不像清除路上的积水、拆除坍塌的墙壁那样简单。如果是用这些财物来制造舟车之类“中民之利”的实用工具，墨子是“不敢非”的；但是制造乐器不行，因为没有实用价值。

二是乐舞表演。墨子曰：

（乐舞表演）将必不使老与迟（反应慢）者，老与迟者耳目不聪明，股肱不毕（快捷）强，声不和调，明（鸣）不转朴（节奏不快）。将必使当年（正当年，指青年），因其耳目之聪明，股肱之毕强，声之和调，明（鸣）之转朴。使丈夫为之，废丈夫耕稼树艺之时，使妇人为之，废妇人纺绩织纴之事。今王公大人惟毋为乐，亏夺民衣食之时以拊乐，（演乐）如此多（严重）也。是故子墨子曰：为乐非也。（《墨子·非乐上》）

一般说来，表演乐舞的大多是年轻人。墨子认为，年轻人身强力壮，反应敏捷，正应该好好干活；让他们去唱歌跳舞，那是浪费劳动力，妨碍生产。他还举例说：

昔者齐康公兴乐万（一种大型歌舞），万人不可衣短褐，不可食糠糟。曰："食饮不美，面目颜色不足视也；衣服不美，身体从容不足观也。"是以食必粱肉，衣必文绣，此掌（通"常"。下同）不从事乎衣食之财，而掌食乎人者也。是故子墨子曰：今王公大人惟无为乐，亏夺民衣食之财，以拊乐，如此多也。是故子墨子曰：为乐非也。（《墨子·非乐上》）

唱歌跳舞的，不但不从事生产劳动，为了美观，还得吃好的、穿好的，这岂不更是"亏夺民衣食之财"吗？

三是乐舞欣赏。墨子说，欣赏乐舞表演，一个人没多大意思，需要与很多人在一起。然而，"与君子听之，废君子听治；与贱人听之，废贱人之从事。今王公大人惟毋为乐，亏夺民之衣食之财以拊乐，如此多也。是故子墨子曰：为乐非也。"（《墨子·非乐上》）

似乎头头是道，但也头头可疑。墨家的"非乐"论，反对统治者"亏夺民衣食之财"以奉养自己声色犬马的享乐生活，这当然没错。但同时也以"亏夺民衣食之财"为由根本否定了一切文艺、文化活动，这就成问题了。衣食固然是民生的首要问题，但是民生不仅需要吃穿，同时也需要适当地玩乐，否则就太单调了。更重要的是，人不仅仅有身体，还是有精神的。所以人不仅有生理需要，也有文化需要；不仅有物质生活的需要，也有精神生活的需要。而墨家却为了维护“民衣食之财”而完全忽略了后一种需要。这未免太狭隘了。就此而言，还不如儒家的先富后教心胸开阔。

墨子在谈论乐舞欣赏的时候，还说过如下一段话，有助于对相关问题的深刻理解：

> 今人固与禽兽、麋鹿、蜚（飞）鸟、贞虫（昆虫）异者也。今之禽兽、麋鹿、蜚鸟、贞虫，因其羽毛以为衣裘，因其蹄蚤（爪）以为绔（裤子）屦（jù 鞋），因其水草以为饮食。故唯使雄不耕稼树艺，雌亦不纺绩织纴，衣食之财固已具矣。今人与此异者也，赖其力者生，不赖其力者不生。(《墨子·非乐上》)

后面又说到“农夫蚤出暮入，耕稼树艺，多聚菽粟”，“妇人夙兴夜寐，纺绩织纴，多治麻丝葛绪”，“此其分事也”等。这就说到问题的根儿上了。墨子在这里所思考的问题是：人类的本质特征是什么？或者说人类与其他动物的本质区别是什么？他认为，这个本质区别就在于，其他动物可以依靠自然的恩赐而生存，类似衣裘的羽毛、类似裤子和鞋的蹄爪是生而具有的，吃喝的水草是自然生长的，故谓“衣食之财固已具矣”。而人则不同，人的“衣食之财”需要靠自己的劳动去创造，需要靠男耕女织去生产，故云“赖其力则生，不赖其力则不生”。也就是说，人与其他动物的本质区别，在于人具有不同于其他动物的生存方式，动物的生存是现成的，人的生存则是自己创造的。

而在这个问题上，儒家的看法则迥然异趣。他们认为，人类的本质特征、人类与其他动物的本质区别，就在于人有伦理道德。孟子曰：“人之所以异于禽兽者几希（很少），庶民去之，君子存之。”（《孟子·离娄下》）这个“几希”之“异”，显然是指伦理道德。荀子说得更明白：“故人之所以为人者，非特以其二足而无毛也，以其有辨也。夫禽兽有父子而无父子之亲，有牝牡而

无男女之别……”（《荀子·非相》）

简言之，墨家把人的本质特征归结为不同于动物的生存方式，儒家则把人的本质特征归结为人所独有的伦理道德。应该说，这两种看法都有道理。不过说到底，还是墨家的看法更正确一些。因为，虽然上述两个方面都是人的本质特征，但是不同于动物的生存方式乃是人的最初、也是最基本的特征。儒家，以及今世某些学者，总以为一说生存、一说穿衣吃饭，就会把人混同于动物，岂不知人之为人，正是从自己生产自己的生活资料开始的。

这里无意于评论儒墨两家的是非，只是想说明，他们两家的思想体系就是从这一点出发建构起来的，因而他们两家思想体系的差别也可以从这一点得到理解。如果要进一步考虑关于人的哲学的更为完善的思路的话，似乎应该把他们两家的出发点综合起来。

落脚到关切民生的问题，墨家的“必使饥者得食，寒者得衣”自然更为紧迫，而儒家的“先富后教”则看得更为长远。两者之间并无矛盾，也还是以结合起来综合考虑为妥。

第五章　法不阿贵，绳不挠曲

——严正执法

在一定意义上说，行政就是执法。不仅法务工作，任何政务工作都必须依法行事。但执法似乎只是政务，而不属于为政之德。然则，能否公正无私地依法行事，正是为政之德的基本要求，远比其他方面的个人品质重要得多。且不仅如此：如果说为政之德大体上就是廉政问题的话，那么“把权力关进制度的笼子里”，乃是实现廉政的根本保障。没有严格而完善的法制，所谓廉政就会成为一句漂亮的空话。

在先秦诸子中，高扬法制，以严正执法为治国之本的，只有以韩非子为代表的法家。也正是韩非子，在中国历史上高高举起了法律面前人人平等的旗帜，并且首次提出了“以清廉方正奉法”的口号。

第一节　厉行法制，富国强兵

一

孔子约生活于春秋末年，墨子约生活于战国初年。至战国后期，两家已有广泛的社会影响，世称“儒墨显学”。儒、墨两家虽宗旨有异，但皆祖述尧舜，标榜仁义，而不道法制。故此时的韩非子，不得不在对儒、墨两家的驳难中，树立起自己依法治国的旗帜。

韩非子向人们提出了这样的问题：

> 孔子、墨子俱道尧、舜；而取舍不同，皆自谓真尧、舜；尧、舜不复生，将谁使定儒、墨之诚乎？殷、周七百余岁，虞、夏二千余岁，而不能定儒、墨之真，今乃欲审尧、舜之道于三千岁之前，意者其不可必（确定）乎！无参验而必（坚信）之者，愚也；弗能必而据之者，诬（欺骗）也。故明据先王，必定尧、舜者，非愚则诬也。愚诬之学，杂反（混乱而矛盾）之行，明主弗受也。(《韩非子·显学》)

祖述尧、舜，自当祖述真尧、舜；而孔、墨两家俱道尧、舜，却又各有主张，那么哪家才是尧、舜之真？即在孔、墨当时，殷、周已过去七百余岁，虞、夏已过去二千余岁，尧自当年代更早，这个问题已无从验证。那么在几百年后的今天，尧舜已经过去了三千年，岂不更加无从验证？未加验证就信以为真，这是愚蠢；未定真伪即据以为准，这是欺骗。故儒、墨的“明据先王，必定尧、舜”之说，不是愚蠢，就是欺骗。如此愚蠢而欺骗的学说，再加上由这种学说所产生的矛盾而混乱的行为，明智的君主断然不会接受。这就是说，孔、墨所鼓吹的尧舜之道，根本就不可信。韩非子还指出，尧舜之道不仅不可信，而且也做不到：

> 今或谓人曰：“使子必智而寿。”则世必以为狂（通“诳”；下同）。夫智，性也；寿，命也。性命者，非所学于人也，……以仁义教人，是以智与寿说（悦）人也，有度（思想、头脑）之主弗受也。故善毛啬、西施之美，无益吾面；用脂泽粉黛，则倍其初。言先王之仁义，无益于治；明吾法度，必吾赏罚者，亦国之脂泽粉黛也。故明主急其助而缓其颂，故不道仁义。(《韩非子·显学》)

如果有人说，他能使人变得睿智而长寿，世人一定会认为他在诳人。因为智商高低基本上是天生的，寿命长短也主要取决于遗产基因，不是学于人就能改变的。儒、墨教人学仁义、做尧舜，亦有似于此。治国者不可能因为景仰尧、舜就能变成圣君，恰如貌丑者不可能因为艳羡毛嫱、西施就能变成美女。想要改变相貌，与其艳羡毛嫱、西施之美，倒不如用点脂泽粉黛之见效；想要治国安邦，与其景仰尧、舜之仁义，亦绝不如明法度、严赏罚为有功。这里把修养道德类比为改变相貌并不妥当，相貌固不会因学人而改变，道德却能够以学养而提高。但学养仁义绝非轻而易举之事，且儒家所描绘的尧、舜乃是天生的圣贤，以此要求现实社会的执政者，确实是做不到的。此外，韩非子更尖锐地指出，对于现实政治而言，儒家那套关于尧舜圣世的说辞，可谓毫无用处：

> 今巫祝之祝人曰："使若千秋万岁。"千秋万岁之声聒耳，而一日之寿无征（验）于人，此人所以简（轻视）巫祝也。今世儒者之说人主，不言今之所以为治，而语已治之功；不审官法之事，不察奸邪之情，而皆道上古之传誉，先王之成功。儒者饰辞曰："听吾言则可以霸王。"此说者之巫祝，有度之主不受也。故明主举实事，去无用，不道仁义者（之）故（事），不听学者之言。（《韩非子·显学》）

在一定意义上说，这是打中要害的。治国理政本是十分现实的事，而一般儒者从不考察当下面临的实际问题，因而也提不出任何具体可行的解决方案，只是喋喋不休地唠叨上古盛世的美谈。这的确很像那些为人祈祷"千秋万岁"的巫祝，他们即或祈祷千遍万遍，也不会使人增加"一日之寿"。面对这种脱离实际、毫无用处的空话，韩非子愤然提出："举实事，去无用，不道仁义之故，不听学者之言。"

总之，既不可信，又做不到，更没有用。这就是韩非子对儒、墨两家所鼓吹的尧舜之说的评价。

二

在上述对儒、墨两家的批评中，韩非子即强调"举实事，去无用"。讲究实际、注重实用，这是法家思想的一大特色。所以，韩非子不仅揭示了儒、墨尧舜之说的不切实际，还考察了古今社会的实际状况，说明仁义之道或适用于古，而不适用于今。

他指出，古今社会状况不同，远古之世可以无法，而当今之世则必须有法：

> 古者丈夫不耕，草木之实足食也；妇人不织，禽兽之皮足衣也。不事力（不靠自己的生产）而养足，人民少而财有余，故民不争。是以厚赏不行，重罚不用，而民自治。今人有五子不为多，子又有五子，大父未死而有二十五孙。是以人民众而货财寡，事力劳而供养薄，故民争；虽倍赏累罚而不免于乱。（《韩非子·五蠹》）

远古时代，人类刚刚诞生，大体上还是靠既有的自然物生存的。那时生产水平低下，人口相当稀少，社会关系简单，还不可能产生诸如赏罚之类的自觉的管理制度。而到了当时的战国时期，人们已经使用生产工具，凭借自己的生产劳动，过上男耕女织的生活了。社会人口大量增加，利益纷争随之而起，赏罚之类的管理制度自然会应运而生。当今之世，有法尚难免于乱，何可无法！这里的某些具体描述虽未必准确，但以可以无法和必须有法来概括古今社会之别却恰当无误。更重要的是：这里不是从道德出发、不是从圣贤出发，而是从人的生存状况出发来考察社会制度问题，这才算抓住了问题的根本。

人类诞生之后的历史，就是不断克服新的生存障碍以改善人的生存状况的历史。故每个时代有每个时代的问题，不同的问题需要不同的对策，并没有什么永世不变的万应灵药。这就是韩非子下面这段话要阐明的道理：

> 上古之世，人民少而禽兽众，人民不胜禽兽虫蛇；有圣人作，构木为巢，以避群害，而民悦之，使王天下，号之曰有巢氏。民食果蓏蚌蛤，腥臊恶臭而伤害腹胃，民多疾病；有圣人作，钻燧取火，以化腥臊，而民说之，使王天下，号之曰燧人氏。中古之世，天下大水，而鲧、禹决渎。近古之世，桀、纣暴乱，而汤、武征伐。今有构木钻燧于夏后氏之世者，必

为鲧、禹笑矣；有决渎于殷、周之世者，必为汤、武笑矣。然则今有美尧、舜、汤、武、禹之道于当今之世者，必为新圣笑矣。是以圣人不期修（远）古，不法常可，论世之事，因为之备。宋人有耕者，田中有株，兔走触株，折颈而死；因释其耒而守株，冀复得兔，兔不可复得，而身为宋国笑。今欲以先王之政，治当世之民，皆守株之类也。（《韩非子·五蠹》）

因为“不胜禽兽虫蛇”，故而有有巢氏之“构木为巢”。因为生食“伤害腹胃”，故而有燧人氏之“钻燧取火”。因为“天下大水”，故而有“鲧、禹决渎”。又因为“桀、纣暴乱”，故而有“汤、武征伐”。若不论身处何时，不管问题何在，而一味盲从先圣之举，于夏禹之世犹为“构木钻燧”，至殷、周之世仍要“决渎”治水，岂不为当时人所耻笑！那么，儒、墨之徒“美尧、舜、汤、武、禹之道于当今之世”，亦何异于此？下文所言，就是那个著名的“守株待兔”的故事。韩非子就是要指出：“欲以先王之政，治当世之民，皆守株之类也。”而他的观点，则针锋相对：“不期修古，不法常可，论世之事，因为之备。”亦即不期许遥不可及的先圣，不相信永世不变的法宝，而是一心关注当世的问题，据以考虑相应的对策。

如果说人的生存状况是发展变化的，那么随着人的生存状况、社会环境的变化，人的思想意识、亦即人心，也会发生相应的变化。韩非子就是这样解释古人之“辞让”与今人之“争夺”的：

尧之王天下也，茅茨（茅屋）不翦，采椽（椽木）不断；粝粢（粗粮）之食，藜藿（野菜）之羹；冬日麑裘，夏日葛衣：虽监门（看门者）之服养不亏于此矣。禹之王天下也，身执耒臿（农具），以为民先；股无胈（大腿无肉），胫（小腿）不生毛：虽臣虏（奴隶）之劳不苦于此矣。以是言之，夫古之让天子者，是去监门之养而离臣虏之劳也，古传天下而不足多（看重）也。今之县令，一日身死，子孙累世洁驾（世代皆有车坐)，故人重之。是以人之于让也，轻辞古之天子，难去今之县令者，薄厚（指利益）之实异也。夫山居而谷汲者，膢腊（祭神礼节）而相遗（馈）以水；泽居苦水者，买庸而决窦。故饥岁之春，幼弟不饟；穰岁之秋，疏客必食。非疏骨肉，爱过客也，多少（指财物）之心异也。是以古之易（轻）财，非仁也，财多也；今之争夺，非鄙也，财寡也。轻辞天子，非高也，势薄也；重争土橐，非下也，权重也。故圣人议多少（财物）、论薄厚（利益）为之政。故罚薄不为慈，诛严不为戾，称俗而行也。故事因于世，而备适于事。(《韩非子·五蠹》)

尧之时，虽身为天子，其生活条件比一个看大门的好不了多少。禹之时，虽身为天子，其劳累程度比一个奴隶也轻不了多少。所以那时辞让天子，就同辞去看门人的待遇、辞去奴隶的辛劳一样，没有什么可惜。而今天，即使一个小小的县令，死后他的子孙也还能世世代代骑马乘车，当然不会轻让。所以，“轻辞古之天子，难去今之县令者”，只是利益之厚薄不同而已。住在缺水的高山上的人，会把水看作珍贵的礼物；而住在多水的洼地中的人，则需要雇人开沟排水。灾年的青黄不接之时，大哥会抢小弟的食物；而丰年的收获季节，即或对生客也会酒食款待。这并不是“疏骨肉，爱过客”，只是财物多寡不同而已。总之，古人之辞让，今人之争夺，仅仅是由于利益之厚薄、财物之多寡、权势之轻重，而无关乎道德品质的高低。所以治国理政的根据，只能是现实社会的财物、利益等经济状况，而不是什么仁义慈爱之类的道德原则。这种说法，仅仅强调经济利益的决定作用，而把伦理道德完全排除在施政的考虑之外，显然是片面的。但是，如果不否认“仓廪实则知礼节，衣食足则知荣辱”的名言的话，就应该承认，韩非子确实抓住了治国理政的基本依据，只是他把这个基本依据绝对化了。

通过如上考察，韩非子得出的结论，就是上面那段引文的最后两句：“事因于世，而备适于事。”这两句话，讲的是时代、事态与策略三者的关系。

“世”指历史时代，“事”指社会事态，“备”指应对策略。三者的关系是：事态随时代而变化，策略随事态而改易。这是韩非子的一个基本思想，所以他作了反复的申说。如谓：

> 古者文王处丰、镐之间，地方百里，行仁义而怀西戎，遂王天下。徐偃王处汉东，地方五百里，行仁义割地而朝者三十有六国，荆（楚）文王恐其害己也，举兵伐徐，遂灭之。故文王行仁义而王天下，偃王行仁义而丧其国，是仁义用于古而不用于今也。故曰：“世异则事异。”（《韩非子·五蠹》）

周文王行仁义而王天下，后来徐偃王行仁义却丧其国：这表明仁义只适用于古，而不适用于今。这就是“世异则事异”，亦即“事因于世”。再如：

> 当舜之时，有苗不服，禹将伐之，舜曰：“不可。上德不厚而行武，非道也。”乃修教三年，执干（盾）戚（斧）舞，有苗（古民族名）乃服。共工（古部落名）之战，铁铦（铁钗）短者及乎敌（为敌所及），铠甲不坚者伤乎体，是干戚用于古不用于今也。故曰：“事异则备变。”（《韩非子·五蠹》）

舜帝偃武修文，以兵器为舞具，而有苗服；后来共工之战，兵器较为落后，即遭败绩：这表明干戚之舞只可用于古，而不可用于今。这就是“事异则备变”，亦即“备适于事”。这两段话中所举的事例未必确凿，或许只是传说，韩非子不过借以解释自己的观点而已。他还曾就上古、中世、当今三个时期的时代、事态与策略的关系，发表了这样的见解：

> 上古竞于道德，中世逐于智谋，当今争于气力。齐将攻鲁，鲁使子贡说之，齐人曰：“子言非不辩也，吾所欲者土地也，非斯言所谓也。”遂举兵伐鲁，去门（距鲁国都城之门）十里以为界。故偃王仁义而徐亡，子贡辩智而鲁削。以是言之，夫仁义辩智非所以持国也。去偃王之仁，息子贡之智，循徐、鲁之力，使敌万乘，则齐、荆之欲不得行于二国矣。

(《韩非子·五蠹》)

“上古”指的是西周及其以前，据说尧、舜与周文王等都是以行仁义取胜的，故云“上古竞于道德”。“中世”指的是春秋时期，当时各诸侯国重用谋士，折冲樽俎，以争霸权，故云“中世逐于智谋”。“当今”指的就是韩非子所处的战国时期，此时所盛行的，已经是各诸侯国之间的武力兼并了，故云“当今争于气力”。这三句话，简明扼要地概括了这三个时代的基本特征。以“当今”的战国时期而言，的确是“仁义、辩智，非所以持国也”。所以韩非子认为，如果能够因时代、事态之不同而改变策略，“去偃王之仁，息子贡之智”而“修徐、鲁之力”，则徐偃王就不至于灭于楚、鲁国也不至于败于齐了。

总之，社会是发展的，时代不同，事态亦异，治国方略也不能不作相应的改变。而战国时代所需要的，就是强有力的法制。韩非子曰：

> 故治民无常，唯治为法。法与时转则治，治与世宜则有功。故民朴而禁之以名则治，世知（智）维之以刑则从。时移而治不易者乱，能治众（巧智多端）而禁不变者削。故圣人之治民治，法与时移而禁与能变。(《韩非子·制分》)

治国理政，并无一成不变之法，唯以政通国治为准。世风古朴之时，树立是非毁誉之名即可奏效；世风已然竞尚巧智，就需要以奖惩刑罚之法来约束了。换言之：“古今异俗，新故异备，如欲以宽缓之政治急世之民，犹无辔策而御駻马，此不知（智）之患也。”（《韩非子·五蠹》）既云“治与世宜”，“法与时转”，复云“古今异俗，新故异备”，韩非子可以说是中国古代最具有发展观念、最强调与时俱进的思想家。

三

“当今争于气力”。战国时代就是靠实力生存的时代。韩非子坚定不移地认为，面对各诸侯国竞相武力兼并的局面，要想免于败亡，卓立天下，唯一的出路就是厉行法治，富国强兵；而其余种种，均属无济于事。

当时许多国家相信占卜、占星之术，以为若得“大吉”之兆，便可战胜敌国。这是企图依恃鬼神来帮助自己，故可称之为巫术强国。巫术当然不能强国。韩非子举例说，赵、燕相攻，两国占卜均为“大吉”：“凿龟数筴（龟卜和占蓍；筴即策，指占蓍用的蓍草），兆曰大吉，而以攻燕者，赵也。凿龟数筴，兆曰大吉，而以攻赵者，燕也。”结果赵胜而燕败。后来赵又攻秦，“赵以其大吉”，“秦以其大吉”，结果秦胜而赵败。韩非子即此指出：赵、燕相攻时“非赵龟神而燕龟欺也”，赵秦交战时“又非秦龟神而赵龟欺也”，这只能说明：“龟筴鬼神不足举胜，左右背乡（占星所得星象的方位；乡即向）不足以专（主）战。然而恃之，愚莫大焉。”（《韩非子·饰邪》）他还举了越王勾践两次与吴交战的事例：

越王勾践恃大朋（硕大无比）之龟，与吴战而不胜，身臣入宦于吴；反国弃龟，明法亲民以报吴，则夫差为擒。故恃鬼神者慢于法，恃诸侯者危其国。（《韩非子·饰邪》）

先“恃大朋之龟”而惨败，后“弃龟，明法亲民”而大胜：同一个国家同一个人，而两种不同的方略带来两种截然相反的结果，这更能说明“龟筴鬼神”之不足恃，唯“明法亲民”可以强国也。在“龟筴鬼神”一类事情上，先秦诸子之中，头脑最为清醒的，莫过于韩非子和荀子。荀子反对以占卜决事，曰“善为《易》者不占”（《荀子·大略》）。有人问：“雩（音 yù，祷雨）而雨，何也?”他回答：“无佗（他）也，犹不雩而雨也。”（《天伦》）占卜之事本为原始初民的幼稚之举，时至今日似无需再议。但近些年来此类陈滓却颇有泛滥之势，甚至某些官员亦据此而决策。两千多年之前，韩非子即已斥之为“愚莫大焉”；那么两千多年之后，就只能称之为愚昧透顶了。

除了“龟筴鬼神”，当时还风行“合纵连横”，其实就是企图依恃他国来保全自己，故可称之为外交强国。韩非子对此亦不以为然，上述引文中的“恃诸侯者危其国”即指此。他分析道：

"从"（纵）者，合众弱以攻一强也；而衡者，事一强以攻众弱也。皆非所以持国也。今人臣之言衡者，皆曰："不事大则遇敌受祸矣。"事大未必有实，则举图而委（献上地图，割让国土），效玺而请兵（缴出官印，以示称臣）矣。献图则地削，效玺则名卑；地削则国削，名卑则政乱矣。……人臣之言从者，皆曰："不救小而伐大则失天下，失天下则国危，国危而主卑。"救小未必有实，则起兵而敌大矣。救小未必能存，而交大未必不有疏，有疏则为强国制矣。（《韩非子·五蠹》）

"合纵"乃敌大以救小，结果往往是小未必能救，而自己却已为大国所制。"连横"乃以小而事大，结果往往是自讨其辱，未经交战即已"地削""名卑"。在当时的情况下，"合纵连横"可能是一项重要的外交策略。但韩非子要强调的是，若想免于败亡，不能依恃外国，关键还在于自身的变法图强。他说："治强不可责于外，内政之有也。今不行法术于内，而事智于外，则不至于治强矣。鄙谚曰：'长袖善舞，多钱善贾。'此言多资之易为工也。"唯有"严其境内之治，明其法禁，必其赏罚，尽其地力以多其积"，即行法治、图富强，才是"必不亡之术"（《韩非子·五蠹》）。

此外，一种更有影响的思想，大概就是以"仁义惠爱"立国制胜了。这可以叫作仁义强国，儒、墨两家均持这种主张。韩非子分析道：

世之学术者说人主，不曰"乘威严之势以困奸衺（邪）之臣"，而皆曰"仁义惠爱而已矣"。世主美仁义之名而不察其实，是以大者国亡身死，小者地削主卑。何以明之？夫施与贫困者，此世之所谓仁义；哀怜百姓，不忍诛罚者，此世之所谓惠爱也。夫有施与贫困，则无功者得赏；不忍诛罚，则暴乱者不止。国有无功得赏者，则民不外务当敌斩首，内不急力田疾作，皆欲行货财，事富贵，为私善，立名誉，以取尊官厚俸。故奸私之臣愈众，而暴乱之徒愈胜，不亡何待！夫严刑者，民之所畏也；重罚者，民之所恶也。故圣人陈其所畏以禁其衺，设其所恶以防其奸，是以国

安而暴乱不起。吾以是明仁义爱惠之不足用，而严刑重罚之可以治国也。（《韩非子·奸劫弑臣》）

以为施行“仁义惠爱”，人就会不务正业，走邪门歪道“以取尊官厚俸”，只有严刑重罚才能安国家而止暴乱，这未免有点太片面了，虽然韩非子主要是针对“奸邪之臣”而说的。但有一点是可以肯定的：在一个“争于气力”的时代，仅靠“仁义惠爱”，绝对不足以抵御他国的兼并。如韩非子另一篇文章所说：“敌国之君王虽说（悦）吾义，吾弗入贡而臣；关内之侯（属国之诸侯）虽非（非议）吾行，吾必使执禽（时俗：持禽鸟为晋见礼物，以示臣服）而朝（朝拜）。是故力多则人朝，力寡则朝于人，故明君务力。夫严家无悍虏，而慈母有败子，吾以此知威势之可以禁暴，而德厚之不足以止乱也。”（《韩非子·显学》）

四

韩非子对上述种种做法和主张的分析，都指向一个结论，就是：“当今之时，能去私曲（邪僻）就公法者，民安而国治；能去私行行公法者，则兵强而敌弱。”（《韩非子·有度》）他举出大量的事实，充分证明了这一点。例如：

国无常强，无常弱。奉法者强则国强，奉法者弱则国弱。荆庄王并国二十六，开地三千里，庄王之氓社稷（氓：泯，灭；言弃社稷。下同）也，而荆以亡。齐桓公并国三十，启（开）地三千里，桓公之氓社稷也，而齐以亡。燕襄王（当为燕昭王）以河（黄河）为境，以蓟为国（以蓟县为国都），袭涿、方城，残（破）齐，平中山（春秋时国名），有燕者（有燕国支持者）重，无燕者轻，襄王之氓社稷也，而燕以亡。魏安厘王攻赵救燕，取地河东（黄河以东）；攻尽陶、魏（卫）之地，……威行于冠带之国（华夏族诸国）；安厘王死而魏以亡。故有荆庄、齐桓则荆、齐可以霸，有燕襄、魏安厘则燕、魏可以强。今皆亡国者，其群臣官吏皆务所以乱而不务所以治也。其国乱弱矣，又皆释（放弃）国法而私其外

(徇私舞弊于法之外)，则是负薪而救火也，乱弱甚矣。(《韩非子·有度》)

楚庄王、齐桓公、燕昭王、魏安厘王都是重法励治之主，故楚、齐曾先后称霸，燕、魏亦强盛一时；后来人亡法废，四国亦先后沦亡。这有力地证明："奉法者强则国强，奉法者弱则国弱"。又如：

当魏之方明立辟（bì，法），从（从事。下同）宪令行之时，有功者必赏，有罪者必诛，强匡天下，威行四邻；及法慢（轻慢），妄予（随意赏罚），而国日削矣。当赵之方明国律，从大（壮大）军之时，人众兵强，辟地齐燕；及国律慢，用者弱，而国日削矣。当燕之方明奉法，审官断（官吏依法决断）之时，东县（占地设县）齐国，南尽中山之地；及奉法已亡，官断不用，左右交争，论从其下（从世俗之见），则兵弱而地削，国制于邻敌矣。故曰：明法者强，慢法者弱。强弱如是其明矣，而世主弗为，国亡宜矣。语曰："家有常业，虽饥不饿；国有常法，虽危不亡。"(《韩非子·饰邪》)

魏、赵、燕三国，当奉法从政之时，兵强而国盛；迨慢法行私之后，皆兵弱而地削。这也清楚地证明："明法者强，慢法者弱。"所称"语曰"不知是流行的俗语还是传世的格言，反正是有道理的。而这方面最典型的例证，无过于秦国的商鞅变法：

古秦之俗，君臣废法而服私，是以国乱兵弱而主卑。商君说秦孝公以变法易俗而明公道，赏告奸，困末作（指工商）而利本事（指农耕）。当此之时，秦民习（惯于）故俗之有罪可以得免，无功可以得尊显也，故轻犯新法。于是犯之者其诛重而必，告之者其赏厚而信。故奸莫不得（被举报）而被刑者众，民疾怨而众过（责难）日闻。孝公不听，遂行商君之法，民后知有罪之必诛，而私奸者众也，故民莫犯，其刑无所加。是以国治而兵强，地广而主尊。此其所以然者，匿罪之罚重，而告奸之赏厚

也。此亦使天下必为己视听（天下人皆为国君之耳目）之道也。至治之法术已明矣，而世学者弗知也。（《韩非子·奸劫弑臣》）

商鞅变法，包含提倡耕战而抑制工商、奖励告奸而惩治匿罪等内容，似未必完全合理；但秦国确实由此而迅速地走向了富强，超过了其他各国，则是不争的事实。即如韩非子之所称："古者先王尽力于亲民，加（更加）事于明法。彼法明则忠臣劝（勉力），罚必（坚决）则邪臣止。忠劝邪止，而地广主尊者，秦是也。群臣朋党比周，以隐正道，行私曲而地削主卑者，山东（指秦以东各国）是也。"（《韩非子·饰邪》）鉴于所有这些事实，韩非子认为，就像陆行之需要车马、水行之需要舟楫那样，"法术"乃是使兵强国富、"致霸王之功"的得力工具：

托于犀（坚）车良马之上，则可以陆犯（抵御）阪（山坡）阻之患；乘舟之安，持楫之利，则可以水绝江河之难；操法术之数，行重罚严诛，则可以致霸王之功。治国之有法术赏罚，犹若陆行之有犀（坚）车良马也，水行之有轻舟便楫也，乘之者遂得其成。伊尹得之汤以王，管仲得之齐以霸，商君得之秦以强。此三人者，皆明于霸王之术，察于治强之数，而不以牵于世俗之言；适当世明主之意，则有直任布衣之士，立为卿相之处；处位治国，则有尊主广地之实。此之谓足贵之臣。汤得伊尹，以百里之地，立为天子；桓公得管仲，立为五霸主（五霸之首），九合诸侯，一匡天下；孝公得商君，地以广，兵以强。故有忠臣者，外无敌国之患，内无乱臣之忧，长安于天下而名垂后世，所谓忠臣也。（《韩非子·奸劫弑臣》）

值得注意的是，这里"王"与"霸"两道并提，因而也把伊尹、管仲、商鞅三人并尊为"足贵之臣"。按照一般观念，以仁义得天下者为"王道"，以武力得天下者为"霸道"，王、霸两道是俨然对立的。伊尹辅佐商汤得天下为王道，管仲辅佐齐桓公称雄天下为霸道，商鞅相秦称雄天下更是霸道。

故伊尹成了儒家盛赞的贤相，管仲虽为孔子所肯定，却为孟子及后儒所不屑，商鞅就更沦为历代儒家所诋毁的佞臣了。但实事求是地说，王、霸两道即或确有差别，也并非水火不容。欲“致霸王之功”，不可能仅靠仁义，还必须有治国理政之才和富民强兵之术。韩非子称赞伊尹、管仲、商鞅“皆明于霸王之术，察于治强之数”，可谓有理有据。与此相应，韩非子对“忠臣”也提出了自己的理解：“忠臣者，外无敌国之患，内无乱臣之忧，长安于天下而名垂后世，所谓忠臣也。”如果只会“临难一死报君王”，国家要这样的“忠臣”何用？

前引《韩非子·饰邪》篇有“古者先王尽力于亲民，加事于明法”的话，可知韩非子虽强调严刑峻法，亦并非不讲“亲民”。只是因为在那个列国竞相兼并、存亡危在旦夕的时代，他深切地感到，厉行法治、富国强兵是治国理政的首要任务，是解决其他种种问题的前提，所以毅然举起了严刑峻法的旗帜，甘冒“暴”之恶名而不辞。下面这段话，当能表明他的此番心曲：

> 圣人者，审于是非之实，察于治乱之情也。故其治国也，正明法，陈严刑，将以救群生之乱，去天下之祸，使强不凌弱，众不暴寡，耆老得遂，幼孤得长，边境不侵，君臣相亲，父子相保，而无死亡系虏（拘囚）之患，此亦功之至厚者也。愚人不知，顾以为暴。愚者固欲治而恶其所以治，皆恶危而喜其所以危者。何以知之？夫严刑重罚者，民之所恶也，而国之所以治也；哀怜百姓，轻刑罚者，民之所喜，而国之所以危也。（《韩非子·奸劫弑臣》）

强凌弱、众暴寡、老无所养、幼无所依等，这里几乎涉及了儒、墨、道各家提出的所有社会问题。而他认为，解决所有这些问题的关键，就是“正明法，陈严刑”。这是他“审于是非之实，察于治乱之情”的结果。

总之，韩非子断然宣布：“审于法禁，法禁明著则官法；必于赏罚，赏罚不阿（ē，偏袒）则民用（为国效力）。官官治则国富，国富则兵强，而霸王之业成矣。”（《韩非子·六反》）法家学说固然有诸多弊端，容后再议；但如此鲜明、突出地强调厉行法制、富国强兵，却不能不说是其中的宝贵遗产。这不仅在当时，即或在后世，甚至到今天，都具有显而易见的重大意义。

第二节 依法治官，不恃自善

作为法家学说的集大成者，韩非子综合前代诸位法家的重要观点，建立了一套完整的思想体系。在前代法家中，卫国的商鞅注重“法”，郑国的申不害提倡“术”，而赵国的慎到讲究“势”。韩非子阐述道：

今申不害言术，而公孙鞅为法。术者，因任（能）而授官，循名而责实，操杀生之柄，课（试）群臣之能者也，此人主之所执也。法者，宪令著于官府，刑罚必于民心，赏存乎慎法，而罚加乎奸令者也，此臣之所师也。君无术则蔽于上，臣无法则乱于下，此不可一无，皆帝王之具也。（《韩非子·定法》）

慎子曰：飞龙乘云，腾蛇游雾，云罢雾霁，而龙蛇与螾（蚓）蛲（蚁）同矣，则失其所乘也。贤人而诎于不肖者，则权轻位卑也；不肖而能服于贤者，则权重位尊也。尧为匹夫不能治三人，而桀为天子能乱天下。吾以此知势位之足恃，而贤智之不足慕也。（《韩非子·难势》）

他还补充解释说：“法者，编著之图籍，设之于官府，而布之于百姓者也。术者，藏之于胸中，以偶众端，而潜御群臣者也。故法莫如显，而术不欲见。”（《韩非子·难三》）可知，“法”是公之于大庭广众，由百官遵照执行的律令；“术”是藏之于“人主”之心，以“潜御群臣”的手段，而“势”就是君主的权位。这是一套以“法”为核心的“法”“术”“势”相结合的法制体系。因为“法”“术”“势”密不可分，所以在韩非子的言论中，虽或有所侧重，亦往往二者、三者并提。显然，这是一套君主专制主义的法制体系。而它的主要功能，则在于治官。

虽然是君主专制主义的法制体系，但在依法治国和依法治官方面，却也包含着许多具有普遍意义的法制思想。下面这几条就是。

不恃人之自善，使其不得为非

这是强调以法治官的必要性。

治国理政，似乎也可以不用法制。不用法制，靠什么？是否可以靠国君之圣明？如果国君是尧、舜那样的圣贤，国政自会调理得妥妥当当，还要法制干什么？

韩非子说，不行。无论尧、舜那样的圣贤，还是桀、纣那样的恶魔，都是“千世而一出”的稀有之物，而世间实际存在的君王，大多是些中间人物——

> 中者，上不及尧、舜而下亦不为桀、纣，抱法处势则治，背法去势则乱。今废势背法而待尧、舜，尧、舜至乃治，是千世乱而一治也；抱法处势而待桀、纣，桀、纣至乃乱，是千世治而一乱也。且夫治千而乱一，与治一而乱千也，是犹乘骥駬（皆快马）而分驰也，相去亦远矣。（《韩非子·难势》）

对于这些身为中间人物的国君来说，法制就很有必要了。他们既不像尧、舜那样的无须乎法治，也不像桀、纣那样的无法可治，而是“抱法处势则治，背法去势则乱”。如果废弃法制而一心等着尧、舜，最好的结局也只能是“千世乱而一治”；如果施行法制而不幸恰巧遇到了桀、纣，最坏的结局也不过是“千世治而一乱”：这两种情况显然是大有区别的。而对于身处乱世的百姓而言，韩非子云：若必待圣贤乃治，犹如“百日不食以待粱肉”，则“饿者不活”；或如“待越人之善海游者以救中国（指中原）之溺人，越人善游矣，而溺者不济矣。”（《韩非子·难势》）这是绝对不现实的。

圣贤难遇，那么是否可以靠国君的亲察？即或中间人物，若能辛苦勤政，身察百官，岂非也可以废法而国治？

韩非子说，也不行。以一人而身察百官，不仅根本做不到，而且恰恰为奸邪之臣的徇私舞弊提供了机会：

> 为人主而身察百官，则日不足力不给（jǐ）。且上用目则下饰观，上用耳则下饰声，上用虑则下繁辞。先王以三者为不足，故舍己能而因法数（术），审赏罚。（《韩非子·有度》）

“日不足”是没那么多时间。“力不给”是没那么多精力。“上用目”，下就会有人专做表面文章，使国君看不到真相。“上用耳”，下就会有人专找好听的说，使国君听不出真情。“上用虑”，下就会有人编造种种似是而非的谎言，使国君头脑混乱。所以，明智之主不逞“己能”，而重用法制。韩非子还谈到，有一些国君，喜好根据一己之见闻和左右之毁誉而行赏罚，结果只能是偏听偏信而颠倒忠奸：

> 以誉为赏，以毁为罚也，则好赏恶罚之人释（弃）公行，行私术，比周（拉帮结伙）以相为（相互提携）也。……故忠臣危死于非罪，奸邪之臣安利于无功。忠臣危死而不以其罪，则良臣伏矣；奸邪之臣安利不以功，则奸臣进矣。此亡之本也。……此其所以然者，由主之不上断于法，而信下为之也。故明主使法择人，不自举（举荐）也；使法量功，不自度（测度）也。能者不可弊，败者不可饰，誉者不能进，非（诽）者弗能退，则君臣之间明辨（有分明的准则）而易治，故主雠（用）法则可矣。（《韩非子·有度》）

只有“使法择人”“使法量功”而不“自举”“自度”，才能使有才之人不被遮蔽，败事之徒无法伪装，沽名钓誉者不会得逞，枉受诽谤者免遭冤屈。可知，在韩非子的思想中，真正的“明主”并非刚愎自用，而是严格地依法执政的。

即使人主不能身察百官，倘若所任官吏皆为忠信之士，皆能自善、自律，国家自然就会政通人和，尚何烦“用法术、审赏罚”之多事哉？这种想法同上面两种一样，都是有关人治与法治的问题。而这种以为任贤即可略法的想法最有市场，故韩非子在这方面的言论也最为重要。

韩非子指出，这同样不行："今贞信之士不盈于十，而境内之官以百数，必任贞信之士则人不足官，人不足官则治者寡而乱者众矣。故明主之道，一法而不求智，固术而不慕信，故法不败而群官无奸诈矣。"（《韩非子·五蠹》）"贞信之士"太少，而所需之官很多，所以还是得靠法和术。下面这段话，更为详细地说明了这个道理：

> 夫圣人之治国，不恃人之为吾善也，而用（使）其不得为非也。恃人之为吾善也，境内不什数；用人不得为非，一国可使齐。为治者用众而舍寡，故不务德而务法。夫必恃自直之箭，百世无矢；恃自圜（圆）之木，千世无轮矣。自直之箭，自圜之木，百世无有一，然而世皆乘车射禽者何也？隐栝（栝，音 guā。隐栝为矫揉弯木、使之直或圆的工具）之道用也。虽有不恃隐栝而有自直之箭、自圜之木，良工弗贵也。何则？乘者非一人，射者非一发也。不恃赏罚而恃自善之民，明主弗贵也。何则？国法不可失，而所治非一人也。故有术之君，不随适然（偶然）之善，而行必然之道。（《韩非子·显学》）

箭杆要直，而自直之木很少，若全靠自直之木，则"百世无矢"。车轮要圆，而自圆之木更少，若全靠自圆之木，则"千世无轮"。但世人总是要射禽、要乘车的，那么怎么办？只有靠"隐栝"之具，矫之使直、使圆。即或偶有"自直之箭、自圜之木"，因为不能靠它们满足射禽、乘车的需要，故"良工弗贵也"。同样的道理，即或偶有"自善之民"，也不能靠他们满足治国理政的需要，故"明主弗贵也"。简言之，就是治国理政应"不务德而务法"，即不恃人之自善，而"用其不得为非"。

然则，"自善之民"不敷于用，倒还在其次；更重要的是，以君臣关系而言，所谓"自善"本身就是靠不住的。韩非子又说：

> 圣人之治国也，固有使人不得不爱我之道，而不恃人之以爱为我也。恃人之以爱为我者危矣，恃吾不可不为者安矣。夫君臣非有骨肉之亲，正

> 直之道可以得利，则臣尽力以事主；正直之道不可以得安，则臣行私以干上。明主知之，故设利害之道以示天下而已矣。夫是以人主虽不口教百官，不目索奸邪，而国已治矣。人主者，非目若离娄（相传为黄帝时人，目最明）乃为明也，非耳若师旷（春秋时乐师，相传耳最聪）乃为聪也。不任（用）其数（术），而待目以为明，所见者少矣，非不弊之术也；不因其势，而待耳以为聪，所闻者寡矣，非不欺之道也。明主者，使天下不得不为己视，使天下不得不为己听。故身在深宫之中，而明照四海之内，而天下弗能蔽、弗能欺者，何也？暗乱之道废，而聪明之势兴也。故善任势者国安，不知因其势者国危。（《韩非子·奸劫弑臣》）

君臣之间，“非有骨肉之亲”，并无惠爱之情，纯粹是一种利害关系。臣之是否“正直”，取决于“正直”是否于己有利，无关乎善与不善。故人主亦只能“设利害之道以示天下”。且人主并无超人的聪明，也不能依恃自己的聪明，而只能凭自己之权、术，使天下之臣民不得不为自己视、为自己听、为自己服务。如此才可以防止被臣下蒙蔽和欺骗。这就叫“暗乱之道废，而聪明之势兴”。

所以，按照法家的逻辑，克服官场不轨行为的唯一有效的方针，就是依法治官，严防重处。韩非子明言：

> 夫奸，必知则备（戒），必诛则止；不知则肆，不诛则行。夫陈轻货于幽隐，虽曾、史可疑也；悬百金于市，虽大盗不取也。不知，则曾、史可疑于幽隐；必知，则大盗不取悬金于市。故明主之治国也，众其守（增加防范）而重其罪，使民以法禁而不以廉止。……明主知之，故不养恩爱之心，而增威严之势。（《韩非子·六反》）

只有使奸邪之人动辄得咎，他们才会心存戒惧；只有让奸邪之行必受严惩，这种行为才会停止。正如把轻微之物置于僻静无人之处，即使是曾参、史鱼这样的贤者，也难免会起不良之心；而把百两黄金放在大庭广众之间，即使是江洋大盗也不敢冒取。所以要“以法禁而不以廉止”。那么，“明主”当然也就“不养恩爱之心，而增威严之势”了。

这里所说的“以法禁而不以廉止”，也就是“不恃人之自善”而“用其不得为非”。以法治官，不恃其自善，这是韩非子在官员管理方面的基本主张。在阐述这个主张的言论中，他把君臣关系仅仅归结为“利害之道”，显得相当片面；还提倡君主“不养恩爱之心，而增威严之势”，则更令人感到不快。然而，不应忘记的是：人们曾经相信官员们的“自善”，曾经不厌其烦地提醒他们“自善”，曾经把廉政的希望寄托于他们的“自善”，官员们也曾信誓旦旦地表白他们的“自善”。但是，就在这些相信、提醒、希望和表白的背后而且同时，贪腐之风却肆无忌惮地发展了起来。经历了如此冷酷的事实和沉重的教训，人们才明确地认识到：“人之自善”是靠不住的；要想真的反腐，还必须有严明的法律；不能仅凭教育使官员们不想贪腐，还必须以法律的严防使他们不能贪腐，以法律的严惩使他们不敢贪腐。至此回头想来：这岂不就是韩非子早在两千多年之前就反复强调过的“不恃人之自善，而使其不得为非”的道理吗？

在《韩非子》书中，还评述了这样一个故事：

> 晋文公出亡，箕郑挈壶餐而从，迷而失道，与公相失，饥而道泣，寝饿而不敢食。及文公反国，举兵攻原，克而拔之。文公曰：“夫轻忍饥馁之患而必全壶餐，是将不以原叛。”乃举以为原令。大夫浑轩闻而非之，曰：“以不动壶餐之故，怙其不以原叛也，不亦无术乎！”故明主者，不恃其不我叛也，恃吾不可叛也；不恃其不我欺也，恃吾不可欺也。（《韩非子·外储说左下》）

箕郑是晋文公的大臣。文公出国逃亡时，他为文公提着食物在后面跟随。仓皇中迷了路，与文公走散了。他在路上饿得直哭，却宁肯饿死也不动手中提着的食物。文公返国后，攻下一个叫作原的地方，遂举箕郑为原令。缘由就是认为，他既然能够不顾自己的饥饿而一心保全君主的食物，将来也必不会踞原而叛。但大夫浑轩不以为然。浑轩认为这是仅凭人臣之自善，而不讲御臣之法、术，未必是万全之策。韩非子就此发表的评论，则是重申“不恃人之自善”而“用其不得为非”的主张。面对这个故事，人们大约都会觉得：浑轩、韩非之说固然有理，但箕郑之忠确实令人感佩，文公之举亦颇合乎人情。君臣也是人，人与人之间，岂能毫无情义？岂可完全不讲情义？看来，“自善”与“法禁”，亦当两全而不可偏废。

循名实而定是非，因参验而审言辞

这是强调执法要以事实为依据。

韩非子提出这一条，主要是针对“左右近习之臣”（见《韩非子·奸劫弑臣》）的蔽主擅权，为非作恶。所谓“左右近习之臣”，包括皇亲国戚、后妃宫女、阉宦侍从、当朝权贵等人。一般说来，此一干人者，并无治国安邦之心，唯有敛财自肥之意；虽官职未必很高，却颇得君王崇信。故如韩非子所云：出则仗势而收利于民，入则比周（结党）而蔽恶于君。（见《内储说上·七术》）不信且看下面这个“西门豹治邺”的事例：

> 西门豹为邺令，清剋洁悫，秋毫之端无私利也，而甚简（怠慢）左右；左右因相与比周（结党）而恶之。居期年，上计（考核），君收其玺。豹自请曰：“臣昔者不知所以治邺，今臣得矣，愿请玺复以治邺，不当，请伏斧锧之罪。”文侯不忍而复与之。豹因重敛百姓，急事左右。期年，上计，文侯迎而拜之。豹对曰：“往年臣为君治邺，而君夺臣玺；今臣为左右治邺，而君拜臣。臣不能治矣。”遂纳（交还）玺而去。文侯不受，曰：“寡人曩不知子，今知矣，愿子勉为寡人治之。”遂不受。（未受豹交还之玺）（《韩非子·外储说左下》）

刻苦勤政，清廉奉公，只因怠慢了左右近臣，一年后考核，居然被罢职夺印。

西门豹说："我原来不知道应该怎样治邺，现在知道了。请再宽限我一年，若到期仍然治理不当，甘愿认领死罪。"回去后，"重敛百姓"，极力奉承左右近臣。一年后考核，竟然以政绩优异受到国君的亲自拜迎。西门豹对国君说："我往年是为你治邺，结果却被你夺了印；今年是为左右近臣治邺，结果却受到你的拜迎。算了吧，我不干了。"后来西门豹虽然为国君所挽留，但这件事却清楚地反映了"左右近习之臣"结党营私、蔽主擅权的恶行。

因此，"左右近习之臣"必然会成为依法治国的正直之士的对立面。有名薄疑者，卫国新即位的国君想请他仕卫，许以进爵为上卿，并赐田万顷。而薄疑不受。为什么？他说：我家有个老巫，称蔡妪，"疑母甚爱信之"。家中之事，"已与疑言者，亦必复决之于蔡妪"。而后言道：

今疑之于人主也，非子母之亲也，而人主皆有蔡妪。人主之蔡妪，必其重人也。重人者，能行私者也。夫行私者，绳之外也；而疑之所言，法之内也。绳之外与法之内，雠也，不相受也。(《韩非子·外储说右上》)

所谓"重人"就是当朝权贵，本书第一章已有交代。正直之士奉法，而左右权贵行私，法与私岂能相容？而"人主皆有蔡妪"，即使有贤能正直之士进善言于人主，人主也还是要"复决"于自己的"蔡妪"。如此，进善言又有何用？恰如韩非子所云：

人主之左右不必智也，人主于人有所智而听之，因（然后。下同）与左右论其言，是与愚人论智也。人主之左右不必贤也，人主于人有所贤而礼之，因与左右论其行，是与不肖论贤也。智者决策于愚人，贤士程（评定）行于不肖，则贤智之士羞而人主之论悖矣。(《韩非子·孤愤》)

智者之言决策于左右之"愚人"，贤士之行评定于近习之"不肖"，智者、贤士的善言善行岂能不被葬送！且不仅如此，自古以来，诸多贤智之士的生命，就葬送在这帮愚不肖的"左右近习之臣"的手里！韩非子愤然说道：

昔关龙逄说桀而伤其四肢，王子比干谏纣而剖其心，子胥忠直夫差而诛于属镂（zhǔ lòu，剑名）。此三子者，为人臣非不忠，而说非不当也。然不免于死亡之患者，主不察贤智之言，而蔽于愚不肖之患也。今人主非肯用法术之士，听愚不肖之臣，则贤智之士孰敢当三子之危而进其智能者乎！此世之所以乱也。（《韩非子·人主》）

关龙逢、比干、伍子胥，是古代三位著名的贤臣，最后均惨遭杀害。其所以然者，皆“主不察贤智之言，而蔽于愚不肖之患也”。

然则“左右近习之臣”何以能够得到人主的宠信？韩非子分析道：“凡奸臣皆欲顺人主之心，以取信幸之势者也。是以主有所善，臣从而誉之；主有所憎，臣因而毁之。凡人之大体，取舍同者则相是也，取舍异者则相非也。今人臣之所誉者，人主之所是也，此之谓同取；人臣之所毁者，人主之所非也，此之谓同舍。夫取舍合而相与逆者，未尝闻也。此人臣之所以取信幸之道也。”（《韩非子·奸劫弑臣》）简言之，就是逢迎阿谀，投其所好。

另一方面，人主又何以会宠信“左右近习之臣”？韩非子又分析道：“夫奸臣得乘信幸之势以毁誉进退群臣者，人主非有术数以御之也，非参验以审之也，必将以曩之合己信今之言，此幸臣之所以得欺主成私者也。”（《韩非子·奸劫弑臣》）简言之，就是因为与他们气味相投而偏听偏信，不加“参验”。下面这段话，进一步揭示了人主对“左右近习之臣”的偏听偏信所造成的严重危害：

不课（考核）贤不肖，论有（有无）功劳，用诸侯之重（他国诸侯之所重），听左右之谒。父兄大臣上请爵禄于上，而下卖之以收财利，及以树私党。故财利多者买官以为贵，有左右之交者请谒以成重。功劳之臣不论，官职之迁失谬。是以吏偷官（渎职）而外交（拉关系），弃事而财亲。是以贤者懈怠而不劝，有功者隳（颓）而简（轻慢）其业，此亡国之风也。（《韩非子·八奸》）

任人不辨贤与不肖，行赏不论有无功劳，只看他国诸侯之态度，只听左右亲近之请谒。于是近习之臣上请爵禄而下卖官职，借以“收财利”而“树私党”。于是有钱财者可以花钱买官，有关系者可以“走后门”得势。于是赏罚失当，升迁荒谬，官吏玩忽职守而全神贯注地拉关系、抛下工作而不择手段地捞钱财，贤者无用武之地，功臣亦丧气灰心。总之，官场有如赌场，政坛几近黑市：“此亡国之风也。”

那么，如何改变这种“亡国之风”？韩非子提出两点。一是严明纪律，加强对近习之臣的管理：

> 明君之于内（宫内）也，娱其色而不行其谒（不听从她们的意见），不使私请。其于左右（近侍）也，使其身必责其言（禁其多言），不使益辞。其于父兄大臣也，听其言也必使以罚任于后（不实则任罚，承担后果），不令妄举。其于观乐玩好也，必令之有所出（有法规依据），不使擅进，不使擅退，群臣虞其意（揣测其好恶）。其于德施也，纵（发放）禁财（国库之财物），发坟仓（大仓，国家粮仓），利于民者必出于君，不使人臣私其德。其于说议也，称誉者所善，毁疵者所恶，必实其能，察其过（察实被毁誉之人的真实情况），不使群臣相为语（串联煽动）。（《韩非子·八奸》）

这可以说是古代的“关于政治生活的若干规定”。由于时代不同，情势颇异，其中有些条款已不适于今。但对于“左右近习”人员“不使私请”“不使益辞”“不令妄举”的规定仍然有参考价值。对于官员的“观乐玩好”“必令之有所出”的规定则更有现实意义。对于涉及毁誉的“说议”必须加以察实的规定就更加不可或缺了。另一点就是注重核实，一切要通过严格的检验。用韩非子的原话来说，就是“循名实而定是非，因参验而审言辞”：

> 人主诚明于圣人之术，而不苟于世俗之言，循名实而定是非，因参验而审言辞。是以左右近习之臣知伪诈之不可以得安也，必曰：我不去奸私之行，尽力竭智以事主，而乃以相与比周，妄毁誉以求安，是犹负千钧之

> 重，陷于不测之渊而求生也，必不几矣。百官之吏亦知为奸利之不可以得安也，必曰："我不以清廉方正奉法，乃以贪污之心枉法以取私利，是犹上高陵之巅，堕峻谿之下而求生，必不几矣。"安危之道若此其明也，左右安能以虚言惑主，而百官安敢以贪（遗"污"字）渔下！是以臣得陈其忠而不弊，下得守其职而不怨。此管仲之所以治齐，而商君之所以强秦也。（《韩非子·奸劫弑臣》）

若一切都通过严格的检验，则"左右近习之臣"的"伪诈"之计必不能得逞，只得"尽力竭智以事主"；而"百官之吏"的"奸利"之行亦必将会暴露，只得"以清廉方正奉法"。左右不能"以虚言惑主"，百官不敢"以贪污渔下"，官场、政坛自然一片清明。这里提到管仲治齐。《韩非子》书中有云："桓公谓管仲曰：'官少而索者众，寡人忧之。'管仲曰：'君无听左右之请，因能而受禄，录功而与官，则莫敢索官，君何患焉！'"（《韩非子·外储说左下》）与韩非子的主张完全一致。

"以清廉方正奉法"这个引人注目的说法，就出现在这里。儒、墨等家虽不无"清廉方正"之意，但首先明确提出"清廉方正"的，却是法家的韩非子。这或许是因为，法制与"清廉方正"有某种内在的紧密联系。要严格执法就必须"清廉方正"，不"清廉方正"就没有真正的法制可言。也就是说，"清廉方正"是由法的性质所决定了的法自身的要求。韩非子在讲"法术之难行"的时候，就涉及了这一点。见《韩非子·孤愤》篇：

> 人臣之欲得官者，其修士（贤士）且以精洁固身（以品行高洁守身），其智士且以治辩进业（以办事才干进取）。其修士不能以货赂（贿赂）事人，恃其精洁，而更不能以枉法为治，则修智之士不事左右，不听请谒矣。人主之左右，行非伯夷也，求索不得，货赂不至，则精辩之功息，而毁诬之言起矣。（按：这段话似原有讹脱，依王焕镳《韩非子选》校改）

这是说，“法术”之所以“难行”，就是因为推行法术的贤、智之士不肯行贿、不肯枉法、“不事左右，不听请谒”，故而必然会遭到“人主之左右”的抵制和“毁诬”。不言而喻，这同时也就是说，法术是必须且只能靠“清廉方正”的贤、智之士来推行的。所以韩非子也把“清廉方正”直接落实于“奉法”。“奉法”或许并不能完全覆盖“清廉方正”的内容，但是“清廉方正”的基本要求和首要任务却应该是“奉法”。不可想象，难道还会有“枉法”的“清廉方正”吗？在前面引述的那段话里，与“以清廉方正奉法”相对而出的，正是“以贪污之心枉法”。对于政府官员来说，“以清廉方正奉法”而不“以贪污之心枉法”应该成为铁的行为准则。

“因参验而审言辞”的“参验”，义即用事实来检验，是《韩非子》书中频繁出现的一个语汇。除了这里的“因参验而审言辞”，还有如“无参验而必之者，愚也”（《韩非子·显学》），“人主非有术数以御之也，非参验以审之也”（《韩非子·奸劫弑臣》），“今人主不合参验（不等与参验相一致）而行诛，不待见功而爵禄”（《韩非子·孤愤》），等等。其中前两例已见于上文所引。另如下面这些说法：

> 夫听所信之言而子父为人僇（戮），此不参之患也。（《韩非子·内储说上七术》）

> 不以功伐决智行，不以参伍审罪过，而听左右近习之言，则无能之士在廷而愚污之吏处官矣。（《韩非子·孤愤》）

“不参”就是不进行参验。“参伍”之“参”虽读为“三”，但此词的含义是错综比验，亦应属于“参验”的同义词。

前面已经提到，韩非子头脑清醒，注重实际，富于理性。强调“循名实而定是非，因参验而审言辞”，且如此频繁地使用“参验”，正是这种思想特征的突出表现。下面再举几个与此相关的例证：

> 鲁哀公问于孔子曰：“鄙谚曰‘莫众而迷。’今寡人举事与群臣虑之，

而国愈乱，其故何也?”孔子对曰：“明主之问臣，一人知之，一人不知也。如是者，明主在上，群臣直议于下。今群臣无不一辞同轨乎季孙者，举鲁国尽化为一，君虽问境内之人，犹不免于乱也。”(《韩非子·内储说上七术》)

要“与群臣虑之”，须是群臣各抒己见，“直议于下”，这才算名实相符。而今，群臣皆以权贵季孙之马首是瞻，众口一词，则所谓“与群臣虑之”者，已纯属有名无实，“国”怎能不愈“虑”“愈乱”?

薄疑谓赵简主曰：“君之国中饱。”简主欣然而喜曰：“何如焉?”对曰：“府库空虚于上，百姓贫饿于下，然而奸吏富矣。”(《韩非子·外储说右下》)

奸吏“中饱”，则必然国虚民穷。听到“君之国中饱”便“欣然而喜”，其不明实情、不务实际可想而知。“中饱私囊”一语，或即来源于此。

客有教燕王为不死之道者，王使人学之。所使学者未及学而客死。王大怒，诛之。王不知客之欺己，而诛学者之晚也。夫信不然之物，而诛无罪之臣，不察之患也。且人所急无如其身，不能自使其不死，安能使王长生哉!(《韩非子·外储说左上》)

相信有“不死之道”的谎言已经够愚昧的了；教“不死之道”的人死了，而杀掉派去学“不死之道”的人，罪其学得太迟，就更为荒唐了。韩非子说这是“不察之患”，此“不察”也包括不思。不思不疑自然也想不到“察”。

儿说，宋人，善辩者也。持“白马非马也”服齐稷下之辩者。乘白马而过关，则顾白马之赋（交纳马税）。故籍之虚辞则能胜一国，考实按形（情形）不能谩（蒙蔽）于一人。(《韩非子·外储说左上》)

重“实”则不仅不信巫术、不信谎言浮词，也不信貌似高深的诡辩。“白马非马”之说无论如何雄辩，骑着“白马”过关也还是得交“马”税。

在前面的引文中，韩非子称“循名实而定是非，因参验而审言辞”为

“圣人之术”，所以这里还需交代一下“法”“术”“势”的“术”。如果“术”是指方法、技巧，则官际交往也需要讲究方法、技术，适度提倡一下并无不当。而这里的“术”似乎主要是指权术，故历来为人所诟病。实则，技术与权术本难精确区分，韩非子之所谓“术”也包括方法、技术的内容。他对“术”的解释，就有“术者，因任（能）而授官，循名而责实”的话，已见前引。但无须讳言，“法”“术”“势”的“术”的确也包括权术。《韩非子·内储说上七术》是专讲“术”的，共列有“七术”：

“一曰众端参观”，即多方考察。

“二曰必罚明威”，即有过必罚。

“三曰信赏尽能”，即有功必赏。

“四曰一听责下”，即专职专责，不容推诿。

“五曰疑昭诡使”，即故传假诏，以观群臣之心迹。

“六曰挟知而问”，即明知故问，以测群臣之诚伪。

“七曰倒言反事”，即说反话、做反事，以探奸情。

其中后三条就属于权术。韩非子还明确地说过：“君以计畜臣，臣以计事君。君臣之交，计也。”（《韩非子·饰邪》）玩弄权术无疑是令人厌恶的。不过，在古代君主专制的政治环境中，君臣之间、官僚之间必多相互猜疑，钩心斗角、尔虞我诈本属于家常便饭，只是大家都心照不宣、只做不说罢了。谁公开说出来，似乎谁就特别丑恶，其余的人往往还要佯装大惊小怪一番，以示自己的清白。其实，那些只做不说者未必就不丑恶，而且还增加了一层伪善。真正厌恶这套东西，关键在于不做，而不是不说。如果仅仅是厌恶公开说出来，那就只能是照旧只做不说、照旧伪善而已。

刑过不避大臣，赏善不遗匹夫

这是强调在法律面前人人平等。

要严格执法，就必须掌握执法的公正性，当赏则必赏，当罚则必罚。下面的话主要就是阐述这一点：

故群臣陈其言，君以其言授其事，事以责其功。功当其事，事当其言则赏；功不当其事，事不当其言则诛（罚。下同）。明君之道，臣不得陈言而不当（陈言不符合行事）。是故明君之行赏也，暧乎如时雨，百姓利其泽；其行罚也，畏乎如雷霆，神圣不能解（开脱）也。故明君无偷（随便）赏，无赦罚。赏偷则功臣堕其业，赦罚则奸臣易为非。是故诚有功则虽疏贱必赏，诚有过则虽近爱必诛。近爱必诛，则疏贱者不怠，而近爱者不骄也。（《韩非子·主道》）

对于群臣，皆以其言而授其事，以其事而责其功。功就、事成，其言兑现，则赏。功亡、事败，其言落空，则罚。因赏罚分明且有根有据，故行赏则暖如春雨，使臣民得到润泽；而行罚则严若雷霆，即神圣亦无从开脱。为了强调执法的正确性，这里提出了“诚有功，则虽疏贱必赏；诚有过，则虽近爱必诛”的要求，表明了法律面前人人平等的原则。

要严格执法，就必须维护法律的严肃性。法是什么？韩非子认为，法就是政治行为的指南，无论君臣都不能游离于法之外，任何人都没有超于法的权力。他说：

夫人臣之侵其主也，如地形（行路）焉，即渐以往，使人主失端（方向），东西易面而不自知。故先王立司南以端朝夕（代指东西。日朝升于东，夕落于西，故云）。故明主使其群臣不游意于法之外，不为惠（私惠）于法之内（于法内灵活变通），动无非法。（《韩非子·有度》）

佞臣之侵害君主，犹如走长路时引诱君主不知不觉地偏离正确的方向，以至于分不出东南西北。所以“先王”要立“司南”以确定方位。法律就是这样的“司南”。因此，明君之对于群臣，既不准他们离开法律而妄生意见，也不为他们变通法律以另行私惠，一切举措皆以法律为准。现在有句流行的话，叫作“把权力关在法律的笼子里”。韩非子这里所说的“不游意于法之外”“动无非法”云云，岂不就是要“把权力关在法律的笼子里”吗？而且是国君把自己和群臣一起“关在法律的笼子里”。这段话后面，又强调必须严格遵守法律的标准：

> 绳直而枉木斲，准（水平仪）夷（平）而高科（凸出部分）削，权衡县（悬）而重益轻（减重补轻），斗石设而多益少（减多补少）。故以法治国，举措（措施，此指落实法律的统一标准）而已矣。法不阿贵，绳不挠（迁就）曲。法之所加，智者弗能辞，勇者弗敢争。刑过不避大臣，赏善不遗匹夫。故矫上之失，诘（纠察）下之邪，治乱决（判断）缪（谬），绌（黜）羡（多余）齐非，一民之轨，莫如法。（《韩非子·有度》）

凡事皆有一定的尺度、一定的标准。有绳墨才能斫直弯木，有水平仪才能统一高低，有权衡才能称出轻重，有升斗才能量出多少。所谓“以法治国”，就是用法律的统一标准衡量每一个人、每一件事，也就是把法律的统一标准落实于每一个人、每一件事。因此，法不是橡皮图章，不能因人而异，不能知难而退，不能遇坚而曲。这就是法的尊严。没有这种尊严，还叫什么法？从维护法律的严肃性的角度，韩非子再次强调了法律面前人人平等的原则。他郑重宣布：“法不阿贵，绳不挠曲。法之所加，智者弗能辞，勇者弗敢争。刑过不避大臣，赏善不遗匹夫”；而且，不仅“诘下之邪”，还要“矫上之失”。这些话，今日读来，仍觉正气凛然，掷地有声。

任何人都没有超于法的权力，当然也包括法制的倡导者本人：

> 韩昭侯谓申子曰：“法度甚不易行也。”申子曰：“法者，见功而与赏，因能而受官。今君设法度而听左右之请，此所以难行也。”昭侯曰：“吾自今以来知行法矣，寡人奚听（意即谁的谒请都不再听）矣。”一日，申子请

仕其从兄官，昭侯曰："非所学于子也，听子之谒，败子之道乎？亡其（意即不能）用子之谒。"申子辟舍请罪。（《韩非子·外储说左上》）

这个"申子"就是申不害。他辅佐韩昭侯推行法制，任韩国宰相十五年。但即使是他也无权为他的表兄请官。韩昭侯曰："听子之谒，败子之道乎！"这个回答是平和而深刻的：若一旦接受了法制倡导者的谒请，便一举葬送了他所倡导的法制。

晋文公曾问狐偃，怎样"足以战民"，即怎样才能让民众去勇敢地打仗。于是出现了下面的对话和事件：

狐子对曰："信赏必罚，其足以战。"公曰："刑罚之极安至？"对曰："不辟亲贵，法行所爱。"文公曰："善。"明日，令田于圃陆，期以日中为期，后期者行军法焉。于是公有所爱者曰颠颉，后期，吏请其罪，文公陨涕而忧。吏曰："请用事焉。"遂斩颠颉之脊以徇百姓，以明法之信也。而后百姓皆惧曰："君于颠颉之贵重如彼甚也，而君犹行法焉，况于我则何有矣。"文公见民之可战也，于是遂兴兵伐原，克之；……所以然者，无他故异物，从狐偃之谋，假颠颉之脊也。（《韩非子·外储说右上》）

所谓"刑罚之极"，就是严正执法的最高境界。为了让民众为自己打仗而"信赏必罚"，未必值得肯定。仅仅因为奉命参加田猎而迟到，即处斩脊示众，即使这是以田猎名义进行的军事演习，这样的"军法"亦嫌太严。后世竟有人滥杀妻妾以收买军心，那就更显得卑鄙而残忍了。但是，如果确实触犯刑律、罪有应得，则"不辟亲贵，法及所爱"也确实是严正执法的最高境界，而能否"不辟亲贵，法及所爱"则是对能否严正执法的严峻考验。这里，韩非子又从"刑罚之极"即严正执法的最高境界的角度，再次重申了法律面前人人平等的原则。

关于"不辟亲贵，法及所爱"，韩非子还讲了这样一个事例：

荆（楚）庄王有茅门（宫廷中门）之法，曰："群臣大夫诸公子入朝，马蹄践霤（散水）者，廷理（执法官）斩其辀（车辕），戮其御（驾车人）。”于是太子入朝，马蹄践霤，廷理斩其辀，戮其御。太子怒，入为王泣曰：“为我诛戮廷理。”王曰：“法者所以敬宗庙，尊社稷。故能立法从令，尊敬社稷者，社稷之臣也，焉可诛也！夫犯法废令，不尊敬社稷者，是臣乘（侵凌）君而下尚校（下与上抗衡）也。臣乘君则主失威，下尚校则上位危。威失位危，社稷不守，吾将何以遗子孙。”于是太子乃还（转身）走，避舍露宿三日，北面再拜请死罪。（《韩非子·外储说右上》）

太子，可谓至“亲”至“贵”，且肯定是国君之“所爱”。一旦触犯法律，照样依法惩处。这可以说是“王子犯法，与庶民同罪”。而更重要的，是这里所说的所以要这样做的理由。“法者所以敬宗庙，尊社稷。”意思就是：法令是国家的保障，代表着国家的尊严。故“犯法废令”就是“不尊敬社稷”，不尊敬国家。虽然后面的“臣乘君而下尚校”云云，不免把君主等同于国家，但把法律与国家联系起来，把服从法律视为对国家的尊重，却是正确而深刻的。在一定意义上说，国法的确是立国之本。楚庄王之所以能够成为“春秋五霸”之一，大约同他对法的深刻认识和高度重视不无关系。

至此，回过头来看：

诚有功，则虽疏贱必赏；诚有过，则虽近爱必诛。

法不阿贵，绳不挠曲。

刑过不避大臣，赏善不遗匹夫。

不辟亲贵，法及所爱。

韩非子说过多少这样的话啊！而所有这些话都是一个意思，就是法律面前人人平等。法律面前人人平等，这应该是执法量刑的基本原则，甚至可以说是法的生命。没有这个原则就没有公平，没有公平就是滥法、伪法，就等于无法。韩非子关于执法问题的论述，从掌握执法的正确性、维护法律的严肃性，到严正执法的最高境界，都是围绕这个原则展开的。在中国古代，如此执着而突出地高扬这个原则的，韩非子之外，似尚无第二人。如果想到时至今日人们还不得不为坚持这个原则而奔走呼号的话，就不能不感到这一点是何等可贵了。强调法律面前人人平等，这是法家思想最光辉的一面。

第三节 法与德 公与私

上面第一节说的是依法治国，第二节说的是依法治官。而韩非子这两方面的言论，都涉及这样两个问题：一是法与德的关系问题，如谓“吾以是明仁义爱惠之不足用，而严刑重罚之可以治国也”；二是公与私的关系问题，如谓“当今之世，能去私曲、就公法者，则民安而国治；能去私行、行公法者，则兵强而敌弱”。显然，这是两个有关法制的基本问题。

一

法治与德治，是法家与儒墨两家、尤其是与儒家在治国方针上的根本分歧。子曰：“为政以德，譬如北辰，居其所而众星共之。”（《论语·为政》）“道之以政，齐之以刑，民免而无耻；道之以德，齐之以礼，有耻且格。”（《论语·为政》）有人问他：“子奚（怎么）不为政?”他回答：“书云：‘孝乎惟孝，友于兄弟，施于有政。’是亦为政，奚其为为政?”（《论语·为政》）总之，道德即政治，有了道德即可平治天下。孟子亦云：“善政民畏之，善教民爱之；善政得民财，善教得民心。”（《孟子·尽心上》）所谓“教”就是道德教化。这些都是旗帜鲜明的德治主张。韩非子对此，则大不以为然。

如果说德治讲究“利民”“爱民”的话，那么韩非子说，法治并不是不讲“利民”“爱民”，恰恰是为了更根本的“利民”“爱民”：

> 圣人之治民，度于本（考虑根本），不从其欲，期于利民而已。故其与之刑，非所以恶民，爱之本也。刑胜而民静，赏繁而奸生。故治民者，刑胜治之首也，赏繁乱之本也。夫民之性，喜其乱（指赏繁）而不亲其法。故明主之治国也，明赏则民劝（勤勉）功，严刑则民亲法。劝功则公事不犯，亲法则奸无所萌。……故法者，王之者也；刑者，爱之自也。（《韩非子·心度》）

为了便于比较，这里把法治与德治分别约简为“刑胜”与“赏繁”。“刑胜”即刑罚严厉，“赏繁”指施惠太滥，即滥赏。“赏繁”是迎合民众的欲望，因而容易产生奸邪；而“刑胜”则相反，可以使民众谨慎安定。即所谓“刑胜而民静，赏繁而奸生”。民众安定了，国家就会安定；而奸邪滋生，国家就会混乱。故云“刑胜，治之首也；赏繁，乱之本也”。而以法治国，主要就在于“明赏”和“严刑”。“明赏”不是滥赏，而是按法论功行赏。“明赏”则民众勤勉建功，“严刑”则民众谨守法律。民众勤勉建功，国事就会顺利开展（不犯）；民众谨守法律，奸邪就不会产生。这样，不仅可以使国家安定富强，也可以使民众因“明赏”而获得收益，因“严刑”而免于处罚，这正是民众的根本利益之所在。所以这段话开头即云：“圣人之治民，度于本，不从其欲，期于利民而已。故其与之刑，非所以恶民，爱之本也。”最后又云：“法者，王之本也；刑者，爱之首也。”

这种以严刑峻法为“爱之本”“爱之首”的思想，韩非子曾多次以教子为喻来说明：

> 今有不才之子，父母怒之弗为改，乡人谯（诮，呵责）之弗为动，师长教之弗为变。夫以父母之爱，乡人之行，师长之智，三美加焉而终不动，其胫毛不改（丝毫不改）；州部之吏，操官兵，推公法而求索奸人，然后恐惧，变其节（品操），易其行矣。故父母之爱不足以教子，必待州部之严刑者，民固骄于爱听于威矣。（《韩非子·五蠹》）

另一个地方说：“母之爱子也倍父，父令之行于子者十母（十倍于母）；吏之于民无爱，令之行于民也万父母（万倍于父）。父母积爱而令穷，吏用威严而民听从，严爱之策（之优劣）亦可决矣。……故母厚爱处，子多败，推爱也；父薄爱教笞，子多善，用严也。”（《韩非子·六反》）俗话说“棒下出孝子”，“严师出高徒”，这种情况是存在的。但即此而判定“严、爱之策”的优劣，并高调主张“用严”，则未免有些片面。至于把“子”与“民”相提并论，就更不恰当了。

韩非子还曾以持家为喻来说明：

> 今家人之治产也，相忍以饥寒，相强以劳苦，虽犯军旅之难，饥馑之患，温衣美食者必是家也。相怜以衣食（以丰衣美食相怜爱），相惠以佚乐（以安逸娱乐相关怀），天饥岁荒，嫁妻卖子者必是家也。故法之为道，前苦而长利；仁之为道，偷乐而后穷。圣人权其轻重，出其大利，故用法之相忍，而弃仁人之相怜也。（《韩非子·六反》）

勤苦之家常安乐，逸乐之家终受穷，这个道理是对的。韩非子认为，法治与仁治（即德治）这两种治国之道，恰类于此：“法之为道，前苦而长利；仁之为道，偷乐而后穷。”

教子如此，持家如此，治国当然更是如此：

> 子产相郑，病将死，谓游吉曰：“我死后，子必用郑（任郑国执政），必以严莅人。夫火形严，故人鲜灼；水形懦，故人多溺。子必严子之刑，无令溺子之懦。”故子产死，游吉不忍行严形（刑）。郑少年相率为盗，处于雚（huán）泽，将遂以为郑祸。游吉率车骑与战，一日一夜，仅能剋之。游吉喟然叹曰：“吾蚤（早）行夫子之教，必不悔至于此矣！”（《韩非子·内储说上七术》）

火之势威猛，人知避之，故反而少被灼伤；水之势柔和，人易轻忽，故反而多受其溺。子产因此教游吉“严子之刑”，而游吉未从。致使后来“郑少年相率为盗”，酿成一场大祸，游吉苦战一昼夜才勉强平息。他不能不愧悔未能早从子产之教。

总之，严刑峻法虽然拂人之性，“不从其欲”，难免给人带来一些痛苦；但忍此短痛可以避免长痛，吃此小苦将会换来大益。为了强调这种观点，韩非子不吝反复譬说：

> 古者有谚曰：“为政犹沐也，虽有弃发必为之。”爱弃发之费（损

失），而忘长发之利，不知权（权衡）者也。

夫弹（针灸）痤（痤疮）者痛，饮药者苦；为苦惫（痛）之故不弹痤饮药，则身不活病不已矣。（《韩非子·六反》）

夫良药苦于口，而智者劝（勉力）而饮之，知其入而已己疾也。忠言拂于耳，而明主听之，知其可以致功也。（《韩非子·外储说左上》）

洗头虽然会掉几根头发，却有促进头发生长的大利；针灸难免疼痛，却能治好痤疮；良药苦口而能够去病；忠言逆耳却可致大功。与此相似，施行法治正是“爱民”“利民”的长远之计，根本之策。

如果施行法治是更根本的“爱民”和“利民”，那么法与德、严与爱还是针锋相对、水火不容的吗？韩非子用一些具体事例，回答了这个问题。如下面这件事：

孔子相卫，弟子子皋为狱吏，刖人足，所跀（yuè）者守门。人有恶孔子于卫君者，曰：“尼欲作乱。”卫君欲执孔子，孔子走，弟子皆逃。子皋从出门，跀危（跪）引之而逃之门下室中，吏追不得。夜半，子皋问跀危曰：“吾不能亏主之法令而亲跀子之足，是子报仇之时也，而子何故乃肯逃我（使我逃走）？我何以得此（恩德）于子？”跀危曰：“吾断足也，固吾罪当之，不可奈何。然方公之欲治臣也，公倾侧法令，先后臣以言，欲臣之免也甚，而臣知之。及狱决罪定，公憱然不悦，形于颜色，臣见又知之。非私臣而然也，夫天性仁心固然也。此臣之所以悦而德公也。”……

孔子曰：“善为吏者树德，不能为吏者树怨。槩（概，刮平升斗等量器的木板）者，平量者也；吏者，平法者也。治国者，不可失平也。”（《韩非子·外储说左下》）

子皋被追捕逃走时，前门已闭，遂改从后门；而后门的守门者，正是他当年亲施刖刑的那个人，即跀危。跀危引他藏入门下的暗室，因而幸免于难。当夜，子皋问跀危："是我亲自砍掉了你的双脚，现在正是你报仇的好机会，你为什么还要救我逃生？我何以能得到你如此的厚德？"跀危答曰："我被处刖刑，是罪有应得，这无可奈何。而你断案之时，于法令反复斟酌，对我悉心开导，非常希望我能够免罪。定案之后，你的悲伤之情不禁形之于色。这些我都看在了眼里，记在了心里。而你我之间并无任何私交，你这样做完全是出于一颗天生的仁心。这就是我为什么不仇恨你反而敬爱你的原因。"这个故事生动地表明，若能公正地依法判案，未必会使被叛者怀恨在心，反而会令其心悦诚服；而法与仁亦非水火不容，依法判案者未必就心如铁石，或许还有一颗更为博大的仁爱之心。子皋之判处跀危，正体现了法与仁、严与爱的对立而统一。这是否可以启示人们：在一定意义上说，包括立法和执法在内的完善而公正的法制，虽未必言仁，却是最根本的仁。可谓之无爱而大爱，不仁而至仁。套用老、庄"大象无形，大音希声"之类的说法，则是大爱无爱，至仁不仁。

当然，在韩非子的思想中，法与仁、严与爱的统一是有原则的。原则就是仁不碍法，爱不失严。韩非子尝云，儒、墨每以"闻死刑之报，君为流涕"来赞美先王之仁，但"夫垂泣不欲刑者，仁也；然而不可不刑者，法也"(《韩非子·五蠹》)。可以"垂泣"，但"不可不刑"。上面这段话最后借孔子之口对子皋一事所作的评论，也是强调"治国者，不可失平也"。所谓"不可失平"就是不可失法。

所以，韩非子还是不会苟同于儒家所张扬的"仁"。

二

春秋时期，晋国与楚国发生过一场著名的战争，曰城濮之战。韩非子讲述了一个有关城濮之战的故事：

> 晋文公将与楚人战，召舅犯（即狐偃，字子犯，晋文公重耳的舅父）问之，曰："吾将与楚人战，彼众我寡，为之奈何？"舅犯曰："臣闻之，繁礼君子不厌忠信，战阵之间不厌诈伪。君其诈之而已矣。"文公辞舅

犯，因召雍季（不详，当为一个儒臣）而问之，曰："我将与楚人战，彼众我寡，为之奈何？"雍季对曰："焚林而田（田猎），偷（苟）取多兽，后必无兽；以诈遇民，偷取一时，后必无复（不可持续）。"文公曰："善。"辞雍季，以舅犯之谋与楚人战以败之。归而行爵（封赏），先雍季而后舅犯。群臣曰："城濮之事，舅犯谋也。夫用其言而后其身，可乎？"文公曰："此非君所知也。夫舅犯言，一时之权也；雍季言，万世之利也。"仲尼闻之，曰："文公之霸也宜哉！既知一时之权，又知万世之利。"（《韩非子·难一》）

同一个问题："彼众我寡，为之奈何？"两种相反的回答：舅犯曰"诈之而已"；雍季反对"诈之"，曰"诈之"则"后必无复"。而晋文公虽用舅犯之谋与楚人战而胜之，"行爵"之时却首赏雍季、次及舅犯。理由是：舅犯之言不过"一时之权"，雍季之言才是"万世之利"。这受到孔子的称赞："既知一时之权，又知万世之利"，宜其霸也！看来，晋文公确实是英明之主，而孔子之赞亦可谓历史定评，一切都很有道理。

但是，果真如此吗？文公之言与孔子之赞真的有道理、真能站得住脚吗？且看韩非子所作的分析：

雍季之对，不当文公之问。凡对问者有因，因小大缓急而对也。所问高大而对以卑狭，则明主弗受也。今文公问以少遇众，而对曰"后必无复"，此非所以应也。且文公不知一时之权，又不知万世之利。战而胜，则国安而身定，兵强而威立，虽有后复，莫大于此，万世之利，奚患不至？战而不胜，则国亡兵弱，身死名息，拔拂（救）今日之死不及，安暇待万世之利？待万世之利在今日之胜，今日之胜在诈于敌；诈敌，万世之利也。故曰："雍季之对不当文公之问。"（《韩非子·难一》）

这是分析雍季的回答。文公问的是"彼众我寡，为之奈何"，他的回答却是"以诈遇民，后必无复"。可谓答非所问，驴唇不对马嘴。而文公也不辨是非。

像城濮之战这样关键性的大战，若战而胜之，不仅“一时”赢得民安国固，且“万世之利”亦可乘势而为，即或诈敌之术“后必无复”又有何妨？倘若战而不胜，则身危国灭，“拔拂（救）今日之死不及，安暇待万世之利？”韩非子说：“万世之利在今日之胜；今日之胜在于诈敌；诈敌，万世之利也。”应该说，这才是历史的定评，比晋文公和孔子高明百倍。后面还有：

> 且文公又不知舅犯之言，舅犯所谓“不厌诈伪”者，不谓诈其民，谓诈其敌也。敌者，所伐之国也，后虽无复，何伤哉！文公之所以先雍季者，以其功耶？则所以胜楚破军者，舅犯之谋也；以其善言耶？则雍季乃道其后之无复也，此未有善言也。舅犯则以兼之矣。舅犯曰：“繁礼君子不厌忠信”者，忠所以爱其下也，信所以不欺其民也。夫既以爱而不欺矣，言孰善于此！然必曰出于诈伪者，军旅之计也。舅犯前有善言，后有战胜，故舅犯有二功而后论，雍季无一焉而先赏。“文公之霸也，不亦宜乎”，仲尼不知善赏也。(《韩非子·难一》)

这是分析舅犯的回答。舅犯并非不讲“忠信”，而是讲“忠信”与“诈伪”各有其宜，要区分对象。“诈伪”是对待敌人：“战阵之间不厌”，“不谓诈其民，谓诈其敌也”。“忠信”是对待臣民：“繁礼君子不厌忠信”，“忠所以爱其下也，信所以不欺其民也”。难道一定要在“战阵之间”也讲“忠信”、对待敌人也讲“忠信”才算是“忠信”吗？而雍季却故意混淆视听，把以诈对敌转移为“以诈遇民”，以便卖弄他那一套“偷取一时，后必无复”的道德高论。以其所述内容而言，属于无的放矢；以其论辩伎俩而言，几可谓之卑鄙无聊。说到舅犯与雍季二人的功劳，则以胜楚之战果而论，乃出于“舅犯之谋”；即以所谓“忠信”之“善言”而论，舅犯亦已言之于前。故舅犯兼有二功，而雍季了无一当。所以，文公之赏次可谓毫无道理，而仲尼之评论亦属“不知善赏也”。就这样，韩非子以其清晰而有力的辩难，驳斥了不顾实际、不分对象地盲目鼓吹仁义忠信的高论，还原了事物固有的是非。

上面故事中的雍季还只是反对在“战阵之间”“诈其敌”，下面这个故事中的宋襄公就在直接面对战敌的时候大讲“忠信”了：

宋襄公与楚人战于涿谷上，宋人既成列矣，楚人未及济（未完全渡过河）。右司马购强趋（快步上前）而谏曰：“楚人众而宋人寡，请使楚人半涉，未成列而击之，必败。”襄公曰：“寡人闻君子曰：‘不重伤（不攻击已受伤者），不擒二毛（指老人），不推人于险，不迫人于厄（困），不鼓不成列（不进攻尚未摆好阵势的敌军）。’今楚未济而击之，害义。请使楚人毕涉（完全度过河）成阵，而后鼓士进之。”右司马曰：“君不爱宋民，腹心（指国家的中心地带）不完，特（仅仅）为义耳。”公曰：“不反列，且行法。”右司马反列，楚人已成列撰阵（布好阵）矣，公乃鼓之。宋人大败，公伤股，三日而死。此乃慕自亲仁义之祸。（《韩非子·外储说左上》）

宋襄公“闻君子曰”的“君子”不知何许人，但其所“曰”则实在难以苟同。若用于校场比武或西方式的决斗，大概可算不失武士或绅士风度；若用于两军交战，就迂腐得可笑了。其曰“不推人于险，不迫人于厄”，打仗岂不就是“推人于险”“迫人于厄”？否则还打仗干什么？而宋襄公却一定要按照这套似乎非常仁义、非常道德的规则来打仗，而且是在敌众我寡的形势下。谁敢不从，就要军法从事。终至“宋人大败，公伤股，三日而死”，可以说完全是咎由自取。右司马说他“既不爱惜宋国民众，也不关心国土沦丧，只是为了追求仁义的美名”，可谓正中要害。韩非子评为“此乃慕仁义之祸”，也是一语破的。奇怪的是，今天有人却把这里的问题归结为宋襄公“固执地坚持旧的战术”（见中华书局《中华经典藏书·韩非子》节选译注本2007年版第159页），真不知何说。难道“寡人闻君子曰”的那些话是“战术”吗？“旧的战术”，什么时候有过这样的战术？显然，宋襄公的大败根本不是什么“战术”问题；即使不愿采用右司马和韩非子那样一针见血的评论，也只能归结为他的愚蠢。因此，如果说雍季之所论属于盲目的仁义道德的话，那么宋襄公之所为就的的确确是“蠢猪式的仁义道德”了。

除了盲目的仁义道德、愚蠢的仁义道德，还有虚伪的仁义道德。韩非子所举郄献子之所为就在此列：

> 靡笄（山名）之役，韩献子将斩人。郄献子闻之，驾往救之。比至，则已斩之矣。郄子因曰：“胡不以徇（示众）?”其仆曰：“曩（先前）不将救之乎?”郄子曰：“吾敢不分谤乎?”（《韩非子·难一》）

靡笄之役是晋、齐之间的一场战争。晋司马韩献子（名厥）将要斩人。晋中军将郄献子（名克）前往救人，等赶到时人已被斩，遂提出“为什么不拿这个人示众”？他的车夫问道：“先前不是要来救人的吗？”他说：“人既然已经斩了，我就应该为韩献子分谤。”劝而未及，转而分谤，即分担责任和非难，这够仁义的了吧！不然。韩非子说：

> 韩子之所斩也，若罪人则不可救，救罪人，法之所以败也，法败则国乱；若非罪人则劝之以徇，劝之以徇是重不辜（使被斩者蒙受两重冤屈）也，重不辜民所以起怨者也，民怨则国危。郄子之言非危则乱，不可不察也。……且民之望于上也（渴望上有善政）甚矣，韩子弗得（未行善政），且望郄子之得之也；今郄子俱弗得，则民绝望于上矣。故曰：郄子之言非分谤也，益谤也。且郄子之往救罪也，以韩子为非也，不道其所以为非而劝之以徇，是使韩子不知其过也。夫下使民望绝于上，又使韩子不知其失，吾未得郄子所以分谤者也。（《韩非子·难一》）

韩献子之斩人若属滥杀无辜，则人已被斩，谤已注定，无可再分。郄献子“劝之以徇”，则是为韩献子再加一份谤，使自己也得一份谤，何可谓之“分谤”？且“劝之以徇”乃是“重不辜”，“重不辜”必然激起民众对于君国的更加强烈的怨愤。故郄献子的“劝之以徇”，无论对韩献子、对他自己、对于君国，都只是“益谤”，而不是“分谤”；唯一可能的收益，就是他因此获得了讲仁义的美名。巧为“分谤”之说，不过遮掩其求名之实而已。这样造作的仁义道德，岂不虚伪！

还有一种仁义道德，并不虚伪，但是毫无实际意义。上文已述，韩非子称赞伊尹、管仲和商鞅三人为相，使“外无敌国之患，内无乱臣之忧”，乃“足贵之臣”。作为对比，随后便讲到了豫让：

> 若夫豫让为智伯臣也，上不能说人主使之明法术度数之理，以避祸难之患，下不能领御其众，以安其国；及襄子之杀智伯也，豫让乃自黔（黥 qíng）劓，败其形容，以为智伯报襄子之仇；是虽有残刑（形，指身体）杀身以为人主之名，而实无益于智伯，若秋毫之末。此吾之所下也，而世主以为忠而高之。（《韩非子·奸劫弑臣》）

豫让为晋卿智伯的家臣，赵、魏、韩三家分晋，智伯为赵襄子所杀，遂有这里所说的豫让之事。豫让为报赵襄子杀主之仇，黥劓毁容，吞炭致哑，屡谋刺赵；被捕临刑，仍求得赵襄子之衣，拔剑猛刺，而后自杀：无疑是一位可歌可赞的忠臣义士。但韩非子所重视的，乃是伊尹、管仲、商鞅那样的治国安邦的实功实效，而不是以死报君的道德品质。他认为豫让“上不能说人主使之明法术度数之理，以避祸难之患，下不能领御其众，以安其国”，“虽有残刑杀身以为人主之名，而实无益于智伯，若秋毫之末”，亦应说完全属实。这就又落脚到厉行法治、富国强兵的问题上了。厉行法治、富国强兵是韩非子思想学说的基本宗旨，也是他评价人物的基本标准。

总之，在韩非子看来，雍季、宋襄公、郄献子及至豫让，他们那样的仁义道德都不能算真正的仁义道德。那么怎样才算是真正的仁义道德？前面引述过他对“忠臣”的界定：“有忠臣者，外无敌国之患，内无乱臣之忧，长安于天下而名垂后世，所谓忠臣也。”（《韩非子·奸劫弑臣》）再看他对“仁义”的解释：

> 夫仁义者，忧天下之害，趋（赴）一国之患，不避卑辱，谓之仁义。

故伊尹以中国为乱，道为宰于汤；百里奚以秦为乱，道为虏于穆公。皆忧天下之害，趋一国之患，不辞卑辱，故谓之仁义。（《韩非子·难一》）

就是说，既有“忧天下之害，趋一国之患”的仁心和义举，又有使邦国“外无敌国之患，内无乱臣之忧”而“长安于天下”的本领和实绩，这才是真正的仁义道德。

至此可以看到，在法与德的关系问题上，韩非子一方面把明法强国阐释为根本的仁义道德，另一方面又把仁义道德落实为有效的明法强国，从而在明法强国的基础上建立了法与德的统一。换言之，就是以明法强国统一了仁义道德。

毫无疑问，儒家的仁义道德不足以建成一个富强的国家。即使有富强之志，亦须有富强之策，否则就是空谈。何况许多儒者并不以富强为意，而唯以尊卑不乱、长幼有序的礼仪之邦为美。孟子就说过：

城郭不完，兵甲不多，非国之灾也；田野不辟，货财不聚，非国之害也。上无礼，下无学，贼民兴，丧无日矣。（《孟子·离娄上》）

后面还称引孔子曰：“国君好仁，天下无敌”（《孟子·离娄上》）。这几乎可以视为梦呓。在数千年的中国历史上，这种道德治国论从来没有开辟出一个民富国强的太平盛世，而只是酿造了一次次“忠臣误国”的历史悲剧。诸如雍季、宋襄公、郄献子、豫让那样盲目的、愚蠢的、虚伪的、无益的道德故事，直至清末还在上演。从这一方面来说，韩非子的上述议论可以说是破除迂腐的道德万能论的醒世箴言。

但是，韩非子以明法强国统一了仁义道德，实际上也就是用法制取代了道德，乃至取消了道德。而一个只有法制没有道德的社会，必将是一个冷酷无情的社会，甚或是一个惨无人道的社会。且看《韩非子·二柄》篇中的下面几段文字：

昔者韩昭侯醉而寝，典冠者见君之寒也，故加衣于君之上。觉寝而说

(悦)，问左右曰："谁加衣者?"左右对曰："典冠"。君因兼罪典衣杀典冠。其罪典衣，以为失其事也；其罪典冠，以为越其职也。非不恶寒也，以为侵官（越职）之害甚于寒。

前已言及，韩昭侯就是那个以申不害为相厉行法制的国君。分管为他戴帽子的人偶尔为他加了一件衣服，怕他醉寝受寒；他虽然"觉寝而说"，却还要将此人与分管为他穿衣服的人一起问罪，理由是"侵官之害甚于寒"。简直是个冷血的法癖。

秦大饥，应侯（范雎）请曰："五苑草著蔬菜橡枣栗，足以活民，请发之。昭襄王曰：吾秦法使民有功而受赏，有罪而受诛。今发五苑之蔬果者，使民有功与无功俱赏也。夫使民有功与无功俱赏者，此乱之道也。夫发五苑而乱，不如弃枣蔬而治。"(《韩非子·外储说右下》)

大灾之年，臣下请示发放皇家园林中的蔬果以"活民"，居然被拒，理由是不能"有功与无功俱赏"。为坚守法规，宁可"弃枣蔬"而见死不救。这不是以法律代替了道德，而是以法律代替了人性。联系到韩非子把民众看作不懂事的婴儿，因而反对"得民之心"，说"欲得民之心而可以为治，则是伊尹、管仲无所用也"(《韩非子·显学》)，这种重法而轻民的思想也就不足为奇了。

吴起，卫左氏中人也，使其妻织组（丝带），而幅狭于度。吴子使更之，其妻曰："诺。"及成，复度之，果（结果仍）不中度，吴子大怒。其妻对曰："吾始经之（一开始经线就定了）而不可更也。"吴子出（休弃）之，其妻请其兄而索入（求回），其兄曰："吴子，为法者也。其为法也，且欲以与万乘致功，必先践之妻妾，然后行之，子毋几（希冀）索入矣。"(《韩非子·外储说右上》)

织带略窄便被休弃。为推行法制"以与万乘致功"，就得先拿自己的妻妾开刀。大约在吴起之类法家人物的心中，政治功利可以压倒一切，于是身边的妻子就成了预付的牺牲品。而以上这些事例，韩非子都是当作严格执法的正面典型提供出来的。司马迁《史记·老子韩非列传》云：“韩子引绳墨，切事情，明是非，其极，惨礉少恩。”礉，音 hé；惨礉，指施法惨急严酷。此言既不掩其美，亦不赦其恶，可谓千古定论。

所以，如果说道德不是万能的，那么法制同样不是万能的。无论法制还是道德，都不能单独支撑起一个幸福、美好的社会。如果说法是最根本的仁，那么还必须说仁也是更根本的法。仁应该是法的精神，是贯穿在立法与执法的全部活动中的法的灵魂。简言之，仁是法的目的，法是仁的手段。治国理政既须以法行仁，亦须以仁统法。

下面公与私的问题也证明了这一点。

三

在韩非子的观念中，法就是“公”，不合于法就是“私”，施行法制就是为了或者说就是要“废私”。故屡云“去私曲就公法”，“去私行行公法”（《韩非子·有度》），“立法令者以废私也”（《韩非子·诡使》）。在中国古代，大张旗鼓地强调“废私立公”的，韩非子当属首屈一指。

主要问题在于他之所谓“私”究竟是指什么。他说：

> 人臣有私心，有公义：修身洁白，而行公行正，居官无私，人臣之公义也；汙行从（纵）欲，安身利家，人臣之私心也。（《韩非子·饰邪》）

人臣而“汙行从欲，安身利家”，这是以权谋私。这里的“私”是指私利。这样的“私”无疑是应该“废”的。但韩非子之所谓“私”远不止此。他又说：

> 楚之有直躬，其父窃羊而谒之吏。令尹曰：“杀之！”以为直于君而曲于父，报而罪之。以是观之，夫君之直臣，父之暴子也。鲁人从君战，三战三北。仲尼问其故，对曰：“吾有老父，身死，莫之养也。”仲尼以为孝，举而上之。以是观之，夫父之孝子，君之背臣也。故令尹诛而楚奸不上闻，仲尼赏而鲁民易降北。上下之利若是其异也，而人主兼举匹夫之

行，而求致社稷之福，必不几矣。古者仓颉之作书也，自环者谓之私，背私者谓之公。公私之相背也，乃仓颉固以知之矣。今以为同利者，不察之患也。（《韩非子·五蠹》）

其父窃羊而子为父隐，临阵败北以存身养父，这是出于亲情。亲情作为家族之情，亦可谓之私情。因私情而背公义，固然不当；但这种私情亦属天经地义，虽然在某种特殊情况下也需要“大义灭亲”，而在一般情况下则应给予尊重，不应也不可能一破了之。他还说：

夫立名号（如君、臣等称号）所以为尊也（为尊、卑之节制），今有贱名轻实者（轻贱官爵之名与利者），世谓之高。设爵位所以为贱贵基也（贵贱之根据），而简上（傲视权贵）不求见者，世谓之贤。威利（罚与赏）所以行令也，而无利轻威者（不在乎赏罚者），世谓之重（自重，不轻易进身）。法令所以为治也，而不从法令为私善者，世谓之忠。官爵所以劝民也，而好名义不进仕者，世谓之烈士。刑罚所以擅威也，而轻法不避刑戮死亡之罪者，世谓之勇夫。（《韩非子·诡使》）

所列种种，大体上都属于个人的人生志向，或可谓之私志。虽然任官谋职、为国效力或许是通常的生活之路，但人各有志，每个人都有选择自己的生活道路、坚持自己的人格理想的权力。而韩非子却要把所有人都赶上国家的战车，纳入王权的罗网。淡泊名利不行，傲视权贵不行，轻忽赏罚不行，拒绝当官也不行，等等。这样，人生的自由就几乎被全部剥夺了。他更说：

夫立法令者以废私也，法令行而私道废矣。私者，所以乱法也。而士有二心私学，岩居窞（dàn 坑穴）路，讬伏（假托隐居）深虑，大者非世，细者惑下；上不禁，又从而尊之，以名，化（货）之以实，是无功而显，无劳而富也。如此，则士之有二心私学者，焉得无深虑，勉知（深思熟虑，努力治学）诈与诽谤法令，以求索与世相反者也！凡乱上反世者，常士有二心私学者也。……上不禁塞，又从而尊之，是教下不听

上，不从法也。(《韩非子·诡使》)

开头几句就把“法”与“私”绝对地对立了起来，而全段话的主旨则是讨伐“私学”。何谓“私学”？据文意可知，就是指现行的政制和法令之外的一切思想学术。按照韩非子的意见，所有“私学”应该一律“禁塞”。这就不仅剥夺了人的思想自由，而且也扼杀了几乎全部的学术与文化。至此可知，韩非子之所谓“私”，除了官员以权谋私的私利之外，还囊括了从情感到生活、从思想到学术的本应属于个人的一切。

至于韩非子之所谓“公”，似乎就是指国家利益。故云“去私曲、就公法者，则民安而国治”。但在他的意识中，国是君之国，君就代表国，因而也代表“公”。所以他说：“夫令必行，禁必止，人主之公义也。”(《韩非子·饰邪》)

那么，照韩非子之说“废私立公”之后，国家将会变成什么样子呢？他陈述道：

故明主之国，无书简之文，以法为教；无先王之语，以吏为师；无私剑之捍，以斩首为勇。是境内之民，其言谈者必轨于法，动作者归之于功，为勇者尽之于军。是故无事则国富，有事则兵强，此之谓王资(资料、资源)。既畜王资而承(乘)敌国之亹(衅，空隙)，超五帝侔三王者，必此法也。(《韩非子·五蠹》)

“承敌国之亹”就是乘机攻灭敌国。乘机攻灭敌国或许是可能的，但这样的“明主之国”却是可怕的：这里没有书籍，没有学校，没有文化，没有历史，没有学术，没有思想，没有个性，没有自由，只留下一堆枯燥的法律条文。而且举国变成了一座兵营，人人都成了国君的工具，一切都只是国君称霸天下的资料。这就是韩非子所谓“废私立公”的结果，也就是他的“理想国”。

可以想见，如果除了法之外还能多一点道德意识，何至如此！

“公”与“私”的确是两个反义词。但法律之“公”，应该是代表广大民众根本利益的“公”，而不是什么“人主”之“公义”；“人主”个人的“义”只能算作“私”。正因为是代表广大民众根本利益的“公”，所以法律并不与作为民众个人的正当权益的“私”对立；它不是这样的“私”的扼杀者，反而是这样的“私”的维护者。也正因为如此，一般说来，法律只适用于公共事务领域，而不能侵入个人生活，更不应干预思想、学术。韩非子把法之“公”等同于“人主”之“义”，把法之外的一切都归入与法对立的“私”而予以废除。这样，法就成了“人主”的专利和民众的桎梏。韩非子法制思想的君主专制主义性质，于此暴露得极为充分。

所以，似乎有点奇怪的是，本来十分厌恶儒家的仁义道德的韩非子，对于“孝悌忠顺之道”却情有独钟，甚至比儒家更为重视。他说“天下皆以孝悌忠顺之道为是也，而莫知察孝悌忠顺之道而审行之”，“孔子本未知孝悌忠顺之道也”（《韩非子·忠孝》），意思就是孔子和儒家虽然高喊“孝悌忠顺之道”，却未得“孝悌忠顺之道”的真谛。何出此言？他说，儒家所推尊的尧、舜、汤、武，就违背“孝悌忠顺之道”：

> 尧、舜、汤、武或反君臣之义，乱后世之教者也。尧为人君而君其臣，舜为人臣而臣其君，汤、武为人臣而弑其主、刑其尸，……故至今为人子者有取其父之家，为人臣者有取其君之国者矣。父而让子，君而让臣，此非所以定位一教之道也。（《韩非子·忠孝》）

儒家虽倡孝悌忠信，但孝悌忠信之上还有更高的标准，就是仁与道。舜天性至仁，故尧可以让贤；桀、纣暴虐无道，故汤、武可以“革命”。而在韩非子看来，所有这些都不符合君臣定位、天下一统的原则，即所谓“定位一教之道”。按照所谓“定位一教之道”，君与臣、父与子、夫与妇，双方的地位和关系是一旦确定就永不可变的：

> “臣事君，子事父，妻事夫，三者顺则天下治，三者逆则天下乱。此天下之常道也，明王贤臣而弗易也。”则人主虽不肖，臣不敢侵也。（《韩

非子·忠孝》）

这就把君臣、父子、夫妇之间的统治与服从的关系绝对化了。因而，这种说法也就成了汉代大儒董仲舒提出的“君为臣纲、父为子纲、夫为妻纲”的“三纲”说的一个来源，乃至于先声。韩非子发为此论，主要还是为了强调君权的绝对性，故落脚于“人主虽不肖，臣不敢侵也”。但把父权与夫权也拉来一起绝对化，似应与儒家和荀子的影响有关。身为法家的韩非子，早年曾师事儒家荀子。儒家本来就强调君臣、夫子、夫妇间的尊卑、长幼之序，即所谓“礼教”。到荀子则进一步强化了君与父的至尊地位：“君者，国之隆（至尊）也；父者，家之隆也。隆一而治，二而乱，自古及今，未有二隆争重而能长久者。”（《荀子·致士》）顺便提到，韩非子的法论与荀子的礼论有颇多相近之处，此且不赘。

韩非子的法家学说，不避世之恶名，以其力主法制、矢志富强的宗旨和法律面前人人平等的精神，表现了卓越的见识和非凡的勇气；但是，公然提倡君主专制以剥夺个人自由，片面强调严刑峻法而导致惨礉少恩，亦不能不令人生厌。若谓秦国的迅速崛起、一统海内彰显了法家的历史功绩，那么秦王朝的肆行暴政、旋即败亡亦不无法家的理论罪责。在一定意义上说，此可谓成亦法家，败亦法家。而法家留给后世执政者的成功的经验和失败的教训，亦可略见于此。

第六章 举贤授能，不避亲疏

——任人唯贤

治国理政，除了民生、执法以外，另一项重要任务就是举官任人。用今天的话说，叫作人事工作。人事权是大权，也是实权。俗话说“朝里有人好做官”，可见这个权的厉害；如果再加上或明码标价，或私下交易地卖官买官，那就更可怕了。即使这两条都不犯，凭个人好恶安插个亲信，排除个异己，也是轻而易举的事。而且任人远比执法有更大的伸缩性，因而也就更容易掩人耳目。

为了坚持举官任人的基本标准，先秦诸子中儒、墨、法各家都强调“举贤授能”。为了打破特权阶层对政务的垄断和官僚的终身制，墨子提出了“官无常贵，民无终贱”的平等原则。而为了防止任人唯亲和结党营私，韩非子提出了“内举不避亲，外举不避仇”的公正原则。这些都是我国政坛上的优良传统。

第一节 举贤授能

一

孔子是重视人才的。《论语·泰伯》载：

舜有臣五人而天下治。武王曰："予有乱臣（治乱之臣）十人。"孔子曰："才难，不其然乎？唐虞之际（尧、舜之后，指周），于斯为盛。有妇人焉，九人而已。……"

舜有五位能臣而天下太平。尧、舜之后，周的人才最盛。武王有治国之臣十人，还有一位妇女。孔子因而感慨："才难，不其然乎？"这两句，朱熹注曰："才难，盖古语，而孔子然之也。"（《四书章句集注》）因为感到人才难得，所以当他的弟子仲弓向他问政的时候，他就提出，要"举贤才"：

仲弓为季氏宰，问政。子曰："先有司，赦小过，举贤才。"曰："焉知贤才而举之？"曰："举而所知。尔所不知，人其舍诸？"（《论语·子路》）

"季氏宰"是鲁国执政季桓子的家臣，总管内外家务，手下有不少各司其职的属吏，称"有司"。孔子教导仲弓，第一要"身先士卒"，为属吏作出表率；第二要待人宽厚，原谅别人的小错；第三就是要注意选拔优秀的人才。三条之中，大概仲弓觉得最难掌握的，就是"举贤才"。所以特别问道：怎么知道哪些人是贤才而举之呢？孔子对这个问题的回答，楚简本与今本不同，作：

夫贤才不可掩也。举而所知。尔所不知，人其舍之者。

若按今本"举而所知。尔所不知，人其舍诸？"意思是"选拔你所了解的人，至于你所不了解的，难道别人会把他们舍弃吗？"若按楚简本，意思则是"只要是优秀人才，一个都不能埋没，你应举荐你熟悉的人，也应举荐你不熟悉的人，以及被别人忽略的人。"这里所说的"知"是指熟知，不是认不认识。从文义看，楚简本的意思较为合理，"举贤才"怎么能只举荐自己的熟人呢？但又似与仲弓的问话"焉知贤才而举之"不甚吻合。这个问题姑且存疑，反正孔子明确提出，要"举贤才"。

更值得注意的是，孔子特别强调，用人要用正直的人。如《论语·为政》载：

哀公问曰："何为则民服？"孔子对曰："举直错（措，下同）诸枉，则民服；举枉错诸直，则民不服。"

鲁哀公的问题是：怎样才能使民众信服？孔子回答：把正直的人提拔到那些阿谀逢迎、溜须拍马、看风使舵、投机取巧、损人利己、口是心非、专门会讨领导喜欢、一肚子歪门邪道的人之上；如果让此类阿谀逢迎、溜须拍马之徒走红得势，民众就不会信服。"枉"的基本含义就是弯曲、不直。用于人，就是正直的对立面，故多释为"邪曲"。总之，一切不正直的心思、行为、作风都可以"枉"字概之。一个领导者是什么样的人，不需要看他本人，只要看看他喜欢哪些人、重用哪些人、在他的麾下最得意的是哪些人，就足够了。无论他多么会装腔作势，只要他所亲近、重用的是这么一帮子人，民众就绝对不会信服。而官场里这样的人实在太多，其中走红得势者亦不在少数。孔子或即屡见此情，故亦屡发此论。《论语·颜渊》又载：

樊迟……问知。子曰："知人。"樊迟未达。子曰："举直错诸枉，能使枉者直。"樊迟退，见子夏。曰："乡（向，往时）也吾见于夫子而问知，子曰，'举直错诸枉，能使枉者直'，何谓也？"子夏曰："富哉言乎！舜有天下，选于众，举皋陶，不仁者远矣。汤有天下，选于众，举伊尹，不仁者远矣。"

问知就是问智，问怎样才算聪明。孔子说：聪明就在于善于知人、任人，而善于知人、任人就在于"举直错诸枉"，"举直错诸枉"就能使"枉"者服从"直"。这里"能使枉者直"一句，意思大概不是能使"枉者"变"直"，而是使他们不能走红、不能得势。不能走红怎么办？只有走人。看下面子夏对这两句话的理解就明白了：舜从众人中选拔出了皋陶，"不仁者"即"枉者"就远远地滚蛋了；汤从众人中选拔出了伊尹，"不仁者"即"枉者"也远远地滚蛋了。如果说"举直错诸枉"就能使"枉者"变成正直的人，哪儿有那么容易？有的人生就这副德性，打死他也改不了。不滚就只好忍着、屈从罢了。

无疑，孟子也是提倡“尊贤使能”的。他提出的“仁政”措施的第一条，就是“尊贤使能，俊杰在位，则天下之士皆悦而愿立于其朝矣。”（《孟子·公孙丑上》）而且，他特别强调，人主对于贤能之士，必须给予足够的尊重。有一次，他正要去朝见齐王，齐王却派人来说：“我本来该去见你，但不巧着了凉，怕风吹；你如果要见我，等我明天上朝办公的时候来好吗？”孟子一听，生了气，对来人说：“我也不幸有点病，不能去朝廷。”有人觉得他这样做不合乎君臣之礼，对他说：

> 礼曰：“父召，无诺；君命召，不俟驾。”固将朝也，闻王命而遂不果，宜与夫礼若不相似然。

父召，子应回答表示恭敬的“唯”，而不能回答一般的“诺”；君召，臣应不等车马驾好，就立刻等身：这是礼的规定。那么本来要去的，“闻王命”反而不去了，这当然有违于礼。不料孟子却理直气壮地反驳道：

> 岂谓是与？曾子曰：“晋楚之富，不可及也。彼以其富，我以吾仁；彼以其爵，我以吾义。吾何慊（qiàn，缺少）乎哉？”……天下有达尊（公认之尊贵）三：爵一，齿（年纪）一，德一。朝廷莫如爵，乡党莫如齿，辅世长民（治理民众）莫如德。恶得有其一以慢其二哉？故将大有为之君，必有所不召之臣。欲有谋焉，则就之。其尊德乐道不如是，不足与有为也。故汤之于伊尹，学焉而后臣之，故不劳而王；桓公之于管仲，学焉而后臣之，故不劳而霸。……汤之于伊尹，桓公之于管仲，则不敢召。管仲且犹不可召，而况不为管仲者乎？（《孟子·公孙丑下》）

“岂谓是与”，意思是这里的问题不是君臣之礼，而是君应如何待臣。所述曾子的话，表现了儒者以自己之仁义傲视君王之爵禄的骨气。孟子述此语，即在引出下面的话：自己有“辅世长民”所必需的仁义之德，朝廷虽有爵禄亦不能怠慢。随后便举“汤之于伊尹”“桓公之于管仲”之例，提出“将大有为之君，必有不召之臣”，若有事相谋，应该往就，而不能召见。的确，君欲大有作为，必须“尊德乐道”，礼贤下士，而不应高高在上，颐指气使。试想，如果刘备不是“三顾茅庐”，而是颁旨召见，诸葛亮会应命前往吗？三分天下之大业能够成功吗？伊尹、管仲自然也是如此。至于末尾两句，则表现了孟子的高度自负；他有多大本领不知道，反正是不大看得起管仲的。无论如何，“将大有为之君，必有不召之臣”都不失为有关“尊贤使能”的至理名言。

但是，当问题涉及亲情的时候，“尊贤使能”就被置诸脑后了。如对待周公封哥哥管叔监殷一事。周武王灭商后，派自己的弟弟管叔同纣王之子武庚一起治理商地，延至管叔之弟周公摄政时相仍未改。而管叔不服周公，联合武庚等发起叛乱，被周公平定。有人就此提出：“周公使管叔监殷，管叔以殷畔。知而使之，是不仁也；不知而使之，是不智也。”遂请教于孟子曰：“周公何人也？”孟子答曰：“古圣人也。”继而问：“使管叔监殷，管叔以殷畔也，有诸？”答：“然。”又问：“周公知其将畔而使之与？”答：“不知也。”再问：“然则圣人且有过与？”于是孟子作了这样一番解释：

> 周公，弟也；管叔，兄也。周公之过，不亦宜乎？且古之君子，过则改之；今之君子，过则顺之（将错就错）。……（《孟子·公孙丑下》）

意思就是：既然管叔是周公的哥哥，那么周公摄政，派哥哥管叔去监殷，不是很自然、很正常的吗？即使后来“管叔以殷畔”证明这项任命是错的，这错不也是可以理解、可以原谅的吗？何况周公“过则改之”，不像“今之君子”错了不改，还将错就错。不是说“尊贤使能”吗？这会儿怎么不提了？忘了？后面还有许多话，继续畅谈“古之君子”如何“过则改之”，“今之君子”如何“过则顺之”，无非是通过转移话题，把对周公的批评变成对周公的表彰，如果所谓“周公之过，不亦宜乎”也算是批评的话。

二

还有一件事，是舜封他的弟弟象为诸侯的事。传说舜的异母弟弟象，为人傲戾狠毒，多次计谋杀舜。后舜为天子，将其安置在一个叫作有庳的地方。人问："象日以杀舜为事，立为天子，则放（流放）之，何也?"（《孟子·万章上》）孟子曰："封之也，或曰放焉。"那是舜把象封为有庳国的诸侯，被有人说成了流放。人再问：

> 舜流共工于幽州，放驩兜于崇山，杀三苗于三危，殛鲧于羽山，四罪而天下咸服，诛不仁也。象至不仁，封之有庳。有庳之人奚罪焉？仁人固如是乎？在他人则诛之，在弟则封之。

舜流放了不肯臣服的共工和驩兜，杀了敢于反抗的三苗国的国王和治水不利的鲧，谓之"诛不仁"；而"象至不仁"，却封为有庳国的诸侯，有庳国的黎民犯了什么罪吗？难道仁人就是这样处理问题的吗？——同样是不仁，对别人就严惩，对自己的弟弟就封侯？应该说，问得是理直气壮的。而孟子回答：

> 仁人之于弟也，不藏怒焉，不宿怨焉，亲爱之而已矣。亲之欲其贵也，爱之欲其富也。封之有庳，富贵之也。身为天子，弟为匹夫，可谓亲爱之乎？

仁人对于兄弟，是不藏怒、不记仇的，只是一味地"亲爱之"。既"亲爱之"，当然要让他们富贵，所以怎么能自己做了天子，却还让弟弟当个平民百姓哪！说得振振有词，但是这真有道理吗？哥哥当了官，就也得封弟弟一个官？这不是公然鼓吹任人以亲吗？还谈什么"尊贤使能"！而且，这等于肯定"在他人则诛之，在弟则封之"的做法是应该的、正当的，等于承认"仁人固如是"！"仁人固如是"，还算什么"仁人"？

孟子宣扬亲情至上真可谓不遗余力。这里顺便再说一件事。

> 桃应（孟子弟子）问曰："舜为天子，皋陶为士（法官），瞽瞍（舜之父）杀人，则如之何?"孟子曰："执之（抓起来）而已矣。""然则舜不禁与?"曰："夫舜恶得而禁之？夫有所受（有根据）之也。""然则舜如之何?"曰："舜视弃天下犹弃敝屣也。窃负而逃，遵海滨而处，终身䜣（欣）然，乐而忘天下。"（《孟子·尽心上》）

舜的爸爸瞽瞍杀了人，法官逮捕了他，舜没有以天子的身份进行干预，还算是有点法律意识的。但孟子给舜出的主意却馊得很：天下不要了，偷偷背起自己的爸爸，逃到遥远的海边住下来，终身逍遥，忘掉天下。藏匿罪犯都是犯法，何况带着杀人犯潜逃。孟子的法律意识几乎等于零。舜“视弃天下犹弃敝屣”可以，但他爸爸的杀人罪怎么办？也就一跑了之了？孟子想高度赞扬舜对他爸爸的孝，却完全忽略了被杀害的人的冤仇，完全忘记了被杀害的人也有他的爸爸或者儿子，他的爸爸或者儿子也有亲情，也有权讲慈孝。如果他的儿子也要为被人杀死的爸爸尽孝，那该怎么办呢？“杀人之父，人亦杀其父”（《孟子·尽心下》），就该追到海边把舜的爸爸杀死。这算怎么回事！

亲情是神圣的，为了亲情可以牺牲一切。但这一切必须仅限于自己的一切，不能为自己的亲情牺牲他人的权益，牺牲公共的权益。我们民族的家庭意识、家族意识很强，强到泛滥于企业、官场。家庭、家族意识强未必是坏事，但任其泛滥也未必是好事。别的且不论，孟子“身为天子，弟为匹夫，可谓亲爱之乎”的话是对官场说的，如果政坛官场还时兴这一套，那么他人的权益、公共的权益就会成为某些官员的亲情的牺牲品，像上面所说的那种任人以亲，乃至徇私枉法的事也就不可避免了。

在选官任人的问题上，孟子既主张“尊贤使能”，又提倡任人以亲，他似乎从未感觉到这之间有什么矛盾。他的意思，可能是按照亲疏之别，亲者就讲任人以亲，疏者就讲“尊贤使能”。或者是先行任人以亲，先给自己的亲属、至少是直系亲属安排个适当的位置，然后再讲“尊贤使能”，让各路贤才也能各得其所。因为“亲亲”与“尚贤”都是他的“仁”的义项。但是既“亲亲”，又“尚贤”，这是不是在任人选官上的双重标准？

孔子“举贤才”的“贤”，笼统地说就是优秀。分析起来，应该包括德行与才能或德行与才智两个方面，而更多地侧重于德行。孟子提出“尊贤使能”，就把德与才两方面分开而并言了。到了荀子，则更明确地强调，必须

“仁”与“智”即德与才两方面兼具，缺一不可。他说：

为人主者，莫不欲强而恶弱，欲安而恶危，欲荣而恶辱，是禹、桀之所同也。要此三欲，辟（避）此三恶，果何道而便？曰：在慎取相，道莫径（直接、便捷）是矣。故知（智，下同）而不仁不可，仁而不知不可，既知且仁，是人主之宝也，而王霸之佐也。不急得，不知；得而不用，不仁。无其人而幸有其功，愚莫大焉。(《荀子·君道》)

人主若欲强、安、荣而避免弱、危、辱，最直接的道路就是“慎取相”。那么什么样的人是最适合的相材，即所谓“人主之宝”“王霸之佐”？就是“既智且仁”。“智而不仁”或“仁而不知”都不行。不仅相材必须“既知且仁”，人主亦应如此：不以得“既知且仁”之人为急，就是不智；得“既知且仁”之人而不用，就是不仁。这些言论虽无多少新意，但作为对孔、孟之意的更清晰的阐发，亦不无价值。

荀子在任人方面的主要理论建树，是就“人治”与“法治”的关系问题，明确提出了儒家的观点。主张人治、反对法治是儒家的基本思想。孔、孟都罕言“法”，而大讲德治或礼治。其要义就是由道德君子，通过道德教化，使国家成为礼仪之邦。道德君子在这里起着主导的、决定性的作用。所以德治和礼治都必然导致人治，或者说实际上就是人治。不过孔子和孟子都没有明确论述过人治与法治的关系。荀子言“法”远比孔、孟为多。他虽然主要是讲“礼”，但他之所谓“礼”实际上颇近于“法”，故往往“礼”“法”并提。如称：“故非礼，是无法也”。“故学也者，礼法也。”(《荀子·修身》）这样，作为儒家的他，就有必要阐明人治与法治的关系了。他的基本观点，是人治重于法治，人治决定法治。用他自己的话说，叫作“有治人，无治法”：

有乱君，无乱国；有治人，无治法。羿之法非亡也，而羿不世中；禹之法犹存，而夏不世王。故法不能独立，类（律例）不能自行，得其人则存，失其人则亡。法者，治之端（末端）也；君子者，法之原也。故有君子则法虽省，足以遍矣；无君子则法虽具，失先后之施，不能应事之变，足以乱矣。不知法之义而正法之数（具体条文）者，虽博，临事必乱。故明主急得其人，而闇主急得其执。急得其人，则身佚而国治，功大而名美，上可以王，下可以霸；不急得其人而急得其执，则身劳而国乱，功废而名辱，社稷必危。(《荀子·君道》)

开头四句，意思是说：有乱国之君，而无自乱之国；有使国家得治之人，而无使国家自治之法。接着是他的论证：后羿的射箭之法没有亡失，但并非历代都有后羿那样的射手；大禹的治水之法仍然存在，但并非历代都有大禹那样的贤君。此即可证法律不能独立自行，必赖执法之人才能生效。后面则是对这一观点的反复申说，无非是强调应“急得其人”，而不必急得其法，人比法重要。荀子在另一个地方，把这种“有治人，无治法”的观点表述得更为简明突出：

无土则人不安居，无人则土不守，无道法则人不至，无君子则道不举。故土之与人也、道之与法也者，国家之本作（基本事物和事务）也，君子也者，道法之总要也，不可少顷旷（缺）也。得之则治，失之则乱；得之则安，失之则危；得之则存，失之则亡。故有良法而乱者有之矣，有君子而乱者，自古及今，未尝闻也。(《荀子·致士》)

“国家之本作”的“本作”，就是本物或本务。荀子的意思是说：土地、人口、道和法，是一个国家的基本事物或基本事务；而无论事物还是事务，都必须由人来掌管；而“君子”就是掌管国家事务的人，故云“无君子则道不举”，“君子也者，道、法之总要也”。后面的话还是强调法律无关紧要，而“君子”则不可或缺。

这种观点似乎不无道理。法是由人来建立，并由人去执行的。以立法而言，无其人即无其法；以执法而言，有其法而无其人，法也不过是一纸空文。但是，作为两种治国理念，法治与人治的实际分歧不在这里。没有哪个法治论者认为可以忽略立法和执法之人，认为法律可以自行建立和贯彻；那样也就不需要，甚至不会有什么法治论者了。法治与人治的实际分歧，在于治国者究竟依据什么来治国。是依据公之于众的、有章可循、亦有案可查的法律，还是依据自己的主观意志？若无必据之法，即使治国者人人都是标准的道德君子，实际上也还是且只能是依据自己的主观意志来治国。所以，以人治国的实质就是治国者以己治国。要想避免治国者以己治国，就必须走以法治国的路。那么，如何发挥道德在治国中的作用？道德应该是体现于法律之中的一种仁爱精神，以及作用于法律之外的一种补充手段：这就是法治与德治的统一。

可见，荀子“有治人，无治法”的观点似是而非，只能说是儒家的偏见。正是出于这种偏见，他才会说“有良法而乱者有之矣，有君子而乱者，自古及今未尝闻也”。实则，“有良法而乱者”容或有之，而“有君子而乱者，自古及今未尝闻也”则纯属无稽之谈。“自古及今”，“有君子而乱者”正经不少。

三

在任人选官的问题上，墨、法两家与儒家并无大异。他们也都十分强调这个问题的重要性，而且也都主张贤与能、德与才应该并重。只是在德与才的细节上，因各有不同的学术宗旨，故亦各有不同的侧重。

墨子强调，一个国家的贫富、人口的多寡、刑政的治乱，均取决于“为政于国家者”是否能够“尚贤事能”：

> 子墨子言曰：古者王公大人为政于国家者，皆欲国家之富，人民之众，刑政之治。然而不得富而得贫，不得众而得寡，不得治而得乱，则是本失其所欲，得其所恶，是其故何也？
>
> 子墨子言曰：是在王公大人为政于国家者，不能以尚贤事能为政也。是故国有贤良之士众，则国家之治厚；贤良之士寡，则国家之治薄。故大人之务，将在于众贤（使贤者众）而已。（《墨子·尚贤上》）

这就是说，“贤良之士”是国家政权的根基，“贤良之士”的众寡，决定着国家的根基是雄厚还是薄弱。而要使“贤良之士众”，就要给他们以应有的富贵和荣誉。如其所说“贤良之士厚乎德行，辩乎言谈，博乎道术”，有德有才，是“国家之珍，而社稷之佐”；所以“必且富之、贵之、敬之、誉之，然后国之良士，亦将可得而众也”。总之一句话，“尚贤者，政之本也”（《墨子·尚贤上》）。

墨子在选官任人上的一个突出特点，是强调“义”。且看下面这段话：

> 是故古者圣王之为政也，言曰：“不义不富，不义不贵，不义不亲，不义不近。”是以国之富贵人闻之，皆退而谋曰：“始我所恃者，富贵也。今上举义不辟（避，下同）贫贱，然则我不可不为义。”亲者闻之，亦退而谋曰：“始我所恃者，亲也。今上举义不辟亲疏，然则我不可不为义。”近者闻之，亦退而谋曰：“始我所恃者，近也。今上举义不辟远，然则我不可不为义。”远者闻之，亦退而谋曰：“我始以远为无恃。今上举义不辟远，然则我不可不为义。”逮至远鄙郊外之臣、阙庭庶子（宫廷侍卫）、国中之众、四鄙之萌（甿，农夫）人，闻之皆竞为义。是其故何也？曰：上之所以使下者，一物也；下之所以事上者，一术也。（《墨子·尚贤上》）

要想富、贵、亲、近，一律以“义”为准。不论贵贱、亲疏、远近，一律唯“义”是举。这里，“义”是唯一的、普适的标准和条件，没有孟子那样的“亲”“贤”二元论。后面所说的“一物”“一术”，都是指“义”。而此所谓“义”，显然不是子路标榜的那种狭隘的、特定的“不仕无义”的君臣之义，而是遍涵于“正义”“道义”“仁义”等概念之中的广谱的、一般的“义”。这样的“义”，古来定义曰：“义者，宜也。”（《礼记·中庸》）“行而宜之之谓义。”（韩愈《原道》）它的特殊意趣在于：一、“宜”，即严格遵循、坚守某种原则，与之一致；二、“行”，不是知，不是说，而是做，具有践履性的品格。所以文天祥在就义之前作《绝命词》曰：“孔曰成仁，孟曰取义；唯其义尽，所以仁至。”未尽于“义”，即未至于“仁”。前已述及，墨学之所重，是为民“兴利除害”的实际行动，而不是游说人主。因此在各种公认的道德规范中，特别强调“义”。《墨子》书中专著《贵义》一篇，云“万事莫贵于义”，并记述了这样一件事：

> 子墨子自鲁之齐，即过故人，谓子墨子曰：“今天下莫为义，子独自苦而为义，子不若已（停止）。”子墨子曰：“今有人于此，有子十人，一人耕而九人处，则耕者不可以不益急矣。何故？则食者众而耕者寡也。今天下莫为义，则子如劝我（应该鼓励我）者也，何故止我？”

正因为“今天下莫为义”，才需要有人“自苦而为义”。在选官任人上提倡唯“义”是举，是同这样的宗旨分不开的。

韩非子亦提倡“所举者必有贤，所用者必有能”：

> 明主者推功而爵禄，称能而官事；所举者必有贤，所用者必有能；贤能之士进，则私门之请止矣。夫有功者受重禄，有能者处大官，则私剑之士安得无离于私勇而疾（奋力于）距（拒）敌，游宦之士焉得无挠（背离）于私门而务于清洁（保持节操、清白）矣。此所以聚贤能之士，而散私门之属也。（《韩非子·人主》）

他建议明主用高官厚禄把天下的“贤能之士”都从“私门”那里吸引过来，集中起来，以便为国家效力。这些话表明，战国之际，豪杰之人为得到用武之地，多投奔于“好士”的“私门”，成为所谓“游侠”或“食客”，亦即这里所说的“私剑之士”、“游宦之士”；而他们正是治国安邦的“贤能之士”。

而作为法家的韩非子，最为欣赏的人才，是那些既有远见卓识，又能顽强进取的人。如其所说：“智术之士，必远见而明察，不明察不能烛私；能法之士，必强毅而劲直，不劲直不能矫奸。”（《韩非子·孤愤》）法家锐意于变法革新，因而也多处于险峻的政治环境。没有“远见而明察”的智慧和“强毅而劲直”的性格，显然是无法胜任的。

第二节 选官任人的误区

举贤授能是选官任人的基本标准。这一点不仅儒、墨、法诸家思想一致，似乎任何人都不会提出异议，没有人会主张举奸邪、授不能。但到了实际的选官任人的时候，就往往是另一回事了。由于各色人等的复杂性，再加上掌权者的私心杂念，有些人未必真贤真能却常被提拔重用，有些人未必不贤不能却常被排斥冷落。姑且把这叫作选官任人的误区。

这个问题，围绕下面这几种不同类型的人来谈。

“令之俯则俯，令之仰则仰”

墨子讲过这样一段话：

> 鲁阳文君谓子墨子曰：“有语我以忠臣者，令之俯则俯，令之仰则仰，处则静，呼则应，可谓忠臣乎?”子墨子曰：“令之俯则俯，令之仰则仰，是似景（影子）也。处则静，呼则应，是似响（回声）也。君将何得于景与响哉？若以翟之所谓忠臣者，上有过则微（稍，适度）之以谏，己有善（良策）则访（谋）之上，而无敢以告（告诉他人）外，匡其邪而入其善，尚同而无下比（朋比，比周），是以美善在上而怨雠在下，安乐在上而忧戚在臣。此翟之所谓忠臣者也。”（《墨子·鲁问》）

“令之俯则俯，令之仰则仰，处则静，呼则应”：这种人似乎没有自己的思想，因而也从不会提出不同的意见，只知道唯君王之命是从。有人以为这是“忠臣”。但是，选臣任官是为了辅佐朝政、治国安民，要这种只会听话的“忠臣”何用？墨子非常精辟地称这样的人为“似景”和“似响”，即影子和回声，并追问“君将何得于景与响哉?”他认为忠臣应该是这样的：对上，能够适度规劝君王的过失，积极提出自己的建议；对下，能够匡正歪风从而树立正气，团结众人而不拉帮结派；赞誉与安乐归君王所有，怨声与忧患由自己承担。墨子对忠臣的规定已未必适合于当今，但他对只会听话的人的“似景”和“似响”，即影子和回声的评论却有跨时代的意义。似乎历代许多长官在考虑用人的时候，都以听话为美，都喜欢选择自己的影子和回声。故不妨把墨子的提问写下来，作为各级长官的座右铭：“君将何得于景与响哉?”

这是一种类型：老实听话型。

“巧言令色”

孔圣人教导我们说：

> 巧言令色，鲜矣仁!(《论语·学而》)

巧言：花言巧语，油嘴滑舌。令色：谄媚于人的，故作和悦的容色；“令”本来是美好、和悦的意思，但这里是装出来的。鲜矣仁：很少有仁德。整句话的意思就是：花言巧语、媚色可掬的人，很少是有仁德的。孔子讲话，大都含蓄、宽容，留有余地。他只说“鲜矣”，其实“巧言令色”之徒中不是很少，而是根本没有、也不可能有仁德之人，因为他们缺乏起码的真诚，他们从不会认真地反思自己，认真地对待自己的人格。对于他们来说，只有如何谄媚取宠、投机获利的问题，没有如何做人的问题。当然，他们不是不会说仁德的话，说起来可能比谁都要动听，但从来也不会想到去做；如此利用仁德的语言，只会糟蹋仁德、败坏仁德。所以孔子又说“巧言乱德”(《论语·卫灵公》)。既然“巧言令色”本来就是为了谄媚取宠，那么，必然还会有一种既蕴含在“巧言令色”之中、又洋溢于“巧言令色”之外的表现，那就是十足地恭敬。如孔子下面的话所说：

> 巧言、令色、足恭，左丘明耻之，丘亦耻之。(《论语·公冶长》)

花言巧语，媚色可掬，再加上十足地恭敬，刻画出了这种人的姿态。有些人可能会觉得这种姿态很招人喜欢，很可爱。但是，孔子却觉得很可耻！这里提到的左丘明究竟是谁，已无从确考。据文意，当是与孔子大体同时或略早的人，故肯定不会是著《左传》和《国语》的那个左丘明；且《左传》和《国语》为左丘明著也只是传说。但左丘明究竟是谁并不重要，重要的是孔子把这种人视为无耻之徒。

倒是那种似乎与“巧言令色”之徒完全相反的人，孔子比较喜欢：

> 子曰：“刚毅木讷，近仁。”(《论语·子路》)

“木”，看似迟钝，实则朴拙。“讷”，不善言辞，不爱多嘴。刚强、坚毅、朴拙、寡言，这样的人，孔子以为接近于仁。这句话同“巧言令色，鲜矣仁”形成鲜明的对照，表现了孔子对这两种人的近乎截然相反的态度。孔子是对的，他的这种态度代表了一切正直的人对这两种人的态度。

荀子在论人臣之善恶的时候，曾经讲到一种“态臣”。言曰：

> 内不足使一民（以国家法令治理民众），外不足使距难（抵御患难；距同拒），百姓不亲，诸侯不信，然而巧敏佞说（悦），善取宠乎上，是态臣者也。(《荀子·臣道》)

内政、外交、文韬、武略都不行，就是特别善于以巧妙而敏捷的奉承来取悦于人，“取宠乎上”。之所以称之为“态臣”，前人注曰“以佞媚为容态”（王先谦《荀子集解》)，可谓允当。显然，这种“态臣”也就是孔子所说的“巧言令色”之徒。只是荀子没有说这种“态臣”可不可耻，而是直截了当地宣布：“用态臣者亡”，“态臣用则必死”(《荀子·臣道》)。

荀子曰“用态臣者亡”，韩非子也讲到过一种“亡国之臣”，也颇类似于“态臣”。他对这种人的描述是：

> 言是如非，言非如是；内险以贼，其外小谨，以徵（表现）其善；称道往古，使良事沮（jǔ，败坏）；善禅（通擅，专）其主，以集精微（以至精细），乱之以其所好，此夫郎中左右之类者也。(《韩非子·说疑》)

“言是如非，言非如是”，岂不巧舌如簧？“内险以贼，其外小谨，以徵其善”，正是佞幸小人伪装贤良的心态。“善禅其主，以集精微”两句，前人注曰：“言平日擅专其主，无毫发之可间也。”（王先慎《韩非子集解》）“乱之以其所好”一句，前人注曰：“投其所好，引为不善也。”这里，除了指责“称道往古，使良事沮”一条带有法家色彩、与儒家不契之外，其余所述均与孔子所说的“巧言、令色、足恭”之徒亦即荀子所说的“态臣”相似，而且是骨子里相似。

看来儒、法两家都不喜欢“巧言令色”之徒。不仅如此，就连道家的庄子也说：“狗不以善吠为良，人不以善言为贤，……”（《庄子·徐无鬼》）

那么，这种以“巧言、令色、足恭”为特长的人适合于干什么？或者说他们在朝廷里大都是任什么的？这一点韩非子已经说了：“此夫郎中左右之类者也”。所谓“郎中左右”就是为人主服务的近侍之臣，用今天的话来说大概就是秘书。可见，虽然孔子觉得他们可耻，荀子、韩非子乃至庄子也都不喜欢他们，但还是有人很喜欢他们的。要不他们之中怎么会有那么多人当上了秘书，而且还有不少人得到了提拔呢？

这是又一种类型：伶俐乖巧型。

“乡原”

还是圣人的教导：

> 乡原，德之贼也。（《论语·阳货》）

“乡”即乡下；一般说来，乡下较为闭塞，见识有限。“原”通“愿”；“愿”，注家多释为谨厚，即恭谨仁厚，本来是个好词，但与“乡”合为“乡原”，就成了无原则、无是非的所谓“老好人”的意思。孔子很不喜欢这样的人。据孟子说，孔子说过这样的话：“过我门而不入我室，我不憾焉者，其惟乡原乎！”（《孟子·尽心下》）孔子很注意发现人才，尺度也相当地宽；如前所述，即使是那些对他不以为然，甚至不大恭敬的隐士、高人，他都以未能结交恳谈为憾。但唯独对这种人，他显得毫无兴趣。他为什么如此讨厌这样的人？就是嫌他们没原则、没是非。且看下面这段话：

> 子贡问曰："乡人皆好之，何如?"子曰："未可也。""乡人皆恶之，何如?"子曰："未可也。不如乡人之善者好之，其不善者恶之。"(《论语·子路》)

"乡人皆好之"的，就是乡愿。他们因为没有原则、没有是非，所以不分善恶，对谁都说好好好；别人未曾认真考察，自然也就无论贤愚，对他们都说好好好。孔子说，这种"乡人皆好之"的人不行，那种"乡人皆恶之"的人也不行，只有好人说他好、坏人说他坏，即"乡人之善者好之，其不善者恶之"的人才行。这就是强调做人要有原则、有是非，好人都是善恶分明的。所以，他主张看人要慎重，不能听信传言，人云亦云，要自己加以考察："众恶之，必察焉；众好之，必察焉。"(《论语·卫灵公》)但是，何以厌恶到这种程度，说乡原是"德之贼也"？"贼"是破坏、败坏的意思。这就要看看孟子的说明了。

人问："一乡皆称原人（即乡原）焉，无所往而不为原人，孔子以为德之贼，何哉?"孟子作了如下的说明：

> 非之无举也，刺之无刺也，同乎流俗，合乎污世，居之似忠信，行之似廉洁，众皆悦之，自以为是，而不可与入尧舜之道，故曰德之贼也。孔子曰："恶似而非者：恶莠，恐其乱苗也；恶佞（善辩），恐其乱义也；恶利口（能说会道），恐其乱信也；恶郑声，恐其乱乐也；恶紫，恐其乱朱也；恶乡原，恐其乱德也。"(《孟子·尽心下》)

想非议他们却举不出缺点，想指责他们又似乎无可指责，只是与俗世同流合污。平居好似忠信，行事好似廉洁，故"众皆悦之"。他们因此而自以为是，但也正因为如此而不能走入尧舜之道。后面所引"孔子曰"，今本《论语》作：

> 子曰："恶紫之夺朱（红）也，恶郑声之乱雅乐也，恶利口之覆邦家者。"（《论语·阳货》）

多出来的文字不知是另有所据，还是孟子的发挥，不过大意无不同。朱与紫相近，但朱为正色，紫为杂色、或称间色，故厌恶以紫色混同朱色。郑、雅都是乐，但郑声为俗乐，故厌恶以郑声混同雅乐。利口能说会道，但也假话连篇，故孔子说厌恶利口可能会颠覆邦家，孟子说恐其以假乱真。孟子所引多出来的几句，莠是野草，但与谷苗极似，故"恐其乱苗"；佞人善辩，讲歪理亦似头头是道，故"恐其乱义"；至于第一句"恶似而非者"，大概是孟子之言，因为这是对下面所有这些"恶"、包括"恶乡原"的概括。下面所有这些"恶"，都在于似是而非。"乡原"正是如此："居之似忠信，行之似廉洁"，颇似有德之人；但这些都是假象，其实若不是糊里糊涂，不辨是非，就只能是怕得罪人，有意讨好众人，而讨好众人当然是为了有利于已。这是道德上的似是而非，也最容易在道德上以假乱真。未臻于道德者尚可使之有道德，而伪道德者则以伪为德，自奔邪路，不可救药，故"不可与入尧舜之道"。伪道德冒充为道德，便糟蹋了道德，败坏了道德，千真万确乃"德之贼也"！

孟子在与人讨论"乡原"时，还曾原其心态拟其口吻曰："生斯世也，为斯世也，善斯可矣。"意思是：生在这个世道，就得迎合这个世道，被这个世道说好就行了。随后一针见血地评论道："阉然媚于世也者，是乡原也。"（《孟子·尽心下》）"阉然"：曲意逢迎貌。这就是本质的揭露了。

人们日常谈到"乡原"，大都以为就是"老好人"。但按照孟子的揭露，则应该说是装的好人、伪好人。这种人因为谁都不得罪、人人都说好，所以不仅有些领导喜欢任用，在选举中还容易得到最多的选票，如果已经被列入候选人名单的话，不大会有人特意把他的名字×掉。故孔子"乡原，德之贼也"的话，至今仍不失为一句警语。

如果说“令之俯则俯，令之仰则仰”是因人俯仰的话，那么“乡原”就应该说是因世俯仰了。所以“乡原”类人物可以称作：与世俯仰型。

关于“狂狷”

这是一种同前三种迥然不同的人格类型，其间有质的差别。但在选官任人之时，也经常会遇到这样的人，因而也有个应该如何对待的问题。

问题是由孔子提出的。下面也是孔子的一段很著名的话：

> 子曰：“不得中行而与之，必也狂狷乎！狂者进取，狷者有所不为也。”（《论语·子路》）

这里有三个关键词，就是“中行”“狂者”和“狷者”。“狂者”和“狷者”比较简单，容易理解：“狂者”就是狂放的人，“狂者进取”是说狂放的人志向高远，勇于进取；“狷者”即所谓狷介之士，“狷者有所不为”是说狷介之士洁身自好，不入流俗。问题在于“中行”。

“中行”的“行”可理解为“道”，孟子称引此语时，“中行”即作“中道”。“行”亦可理解为“行为”，那么“中行”就是行为合乎中庸，或者说行为合乎中正。而儒家经典《中庸》曰：“中者，天下之正道；庸者，天下之定理。”可知“中道”“中正”其实也就是“中庸”或“中庸之道”；具体到“不得中行而与之”这句话里，当是指合乎中庸之道的人。

说到“中庸”，就非常值得注意了。因为孔子说过：

> 中庸之为德也，其至矣乎！民鲜久矣。（《论语·雍也》）

“其至矣乎”的“至”就是极、或极致。按这句话，中庸乃是道德的最高境界，是道德的极致；而且很久以来已经很少有人能达到这样的境界了。《论语·中庸》更引“子曰”云：

> 子曰：“天下国家可均也，爵禄可辞也，白刃可蹈也，中庸不可能也。”

子曰："……君子依乎中庸，遯（遁）世不见知而不悔，唯圣者能之。"

这就说得更严重了。治平天下国家，辞爵禄而去，迎白刃而上，都是很难的。尤其是最后一条，那是要把生死置之度外的，当然就更难。但比起中庸之德来，这些还算是容易的，要真正达到中庸的道德境界，比所有这些更难。所以，即使不被世人理解而依然坚持不悔，只有圣人才能做到。这些话是否确为"子曰"，已不得而知；但大意与孔子"中庸之为德也，其至矣乎"的说法一致，或许就是从这句话发展而来。可知，在孔子的心目中，"中庸"是非常高、非常难的，在现实世界中臻于"中庸"之德的人是极为罕见的。"唯圣者能之"：连孔子自己都说"若圣与仁，则吾岂敢？"（《论语·述而》）天下能有几个？"中庸"在很大程度上只是一种理想。

至此，再回到孔子关于"中行"和"狂""狷"的那段话。既然在现实世界中很难找到合乎"中行"、即合乎"中庸"之德的人，那就只能寄希望于"狂""狷"之士。在道德修养上，"狂者"志向高远，勇于进取，会坚决走向上一路；"狷者"洁身自好，不入流俗，则绝不会走向下一路。他们是最接近于"中行"、最易于走上"中行"之路的人。这段话，表明了孔子对"狂""狷"之士的深刻理解和高度重视。

后来，孟子也谈到关于"狂狷"的问题。见《孟子·尽心下》：

万章问曰："孔子在陈曰：'盍（何不）归乎来！吾党之士狂简，进取，不忘其初（不改初衷）。'孔子在陈，何思鲁之狂士？"

所述孔子之言，见(《论语·公冶长》)，但有出入：

子在陈曰："归与！归与！吾党之小子狂简，斐然成章，不知所以裁之。"

"狂简"，朱熹注："志大而略于事也。"（《论语集注》）"斐然成章"，朱熹注："言其文理成就，有可观者。"孔子的话，大意是说：我的那些学生志向远大但处事疏阔，学业虽已初见成就，不知怎样裁制才能使他们成为真正的有用之才。万章之问，显然是把孔子谈“狂狷”和谈“吾党之小子”的两段有关联的话混在一起了。所以，孟子的回答就引述了孔子谈“狂狷”的那段话：

> 孔子“不得中道而与之，必也狂狷乎！狂者进取，狷者有所不为也。”孔子岂不欲中道哉？不可必得，故思其次也。

万章因而又问：“何以谓之狂也？”孟子继云：

> 其志嘐（xiāo）嘐然，曰古之人，古之人。夷考其行，而不掩焉者也。狂者又不可得，欲得不屑不洁之士而与之，是獧（狷）也，是又其次也。孔子曰：“过我门而不入我室，我不憾焉者，其惟乡原乎！乡原，德之贼也。”

“嘐嘐然”是高言大志的样子。“曰古之人，古之人”是动辄以古人自命。“夷考其行，而不掩焉”意思是待考察他的行为，则与其所言不符；即所谓行不掩言，言行不一。这段话有两点值得注意。一是“其志嘐嘐然，曰古之人，古之人。夷考其行，而不掩焉者也”云云，全是孟子自己的话，是孟子对狂者的看法，于孔子言中并无根据。二是在“狂”“狷”之后紧接着便说到“乡原”，这既不是万章所问之题，也不是孔子论人之序（孔子论“狂狷”在《子路》篇，论“乡原”在《阳货》篇），而是孟子自己特意要这样论说、这样安排。于是万章又提出：“何如斯可谓之乡原矣？”孟子说道：

> 何以是嘐嘐也？言不顾行，行不顾言，则曰古之人，古之人。行何为踽踽凉凉？生斯世也，为斯世也，善斯可矣。阉然媚于世也者，是乡原也。

这段对“何如斯可谓之乡原”的答话，开头数句显得很突兀，不知与“乡原”何干，亦不知从何说起。为解此谜，朱熹臆释为：自“何以是嘐嘐也”至“古之人，古之人”，乃“乡原讥狂者曰”；自“行何为踽踽凉凉”至“善斯可矣”，乃“乡原”“又讥狷者曰”。即这些都是由孟子复述的“乡原”的话。

如此臆释，似较为可通，故今人多从之；但人问何可谓之“乡原”，却毫无交代地直以“乡原”对“狂者”和“狷者”的讥评作答，亦颇显勉强。此姑且不论，非常惹眼的是：这里所述的“乡原”对“狂者”的讥评，与上文所引孟子自己对“狂者”的批评，几乎完全一致。难道在对待“狂者”的态度上，孟子与“乡原”是一鼻孔出气的吗？

疑《孟子》此章文字或有讹误。如其不然，就只能认为孟子对“狂者”的态度，实际上已与对“乡原”的态度合流，而与孔子分道了。这也不是不可能的。且看孟子论“狂者”的话，除了引述孔子时不得不保留“狂者进取”一言之外，其余全是贬词。而其特意于“狂”“狷”之后答非所问地牵出“乡原”来相提并论，虽然三者之间尚有等而下之的排序，然亦已不无黜“狂”“狷”与“乡原”为一大类之意了。

再到朱熹，对《论语》谈“狂狷”一章，全以孟子解孔子。有曰：“狂者，志极高而行不掩。狷者，知未及而守有余。盖圣人本欲得中道之人而教之，然既不可得，而徒得谨厚之人，则未必能自振拔而有为也。故不若得此狂狷之人，犹可因其志节而激励裁抑之，以进于道；非与其终于此（止于狂狷）而已也。”接着便全文引述了孟子对“狂狷”的评论。将这些解释同《论语》本文比较，不难看出，虽大意似乎无别，实则褒贬之倾向、扬抑之色彩已迥然有异。孔子的话基本上是褒、是扬；而这里的话基本上是贬、是抑。

对“狂狷”的态度虽只一例，亦不能不令人深思。孔子作为儒家学派的开创者，胸襟毕竟博大，既有知人之明，亦有容人之量。自孟子至朱熹，虽称亚圣与大儒，其胸襟、气量却一路萎缩下来，已远不如其先师之地负海涵了。前述管仲之事亦一例。

“狂者”与“狷者”都不是完人，都有缺点，都有圭角。既不能“令之俯则俯，令之仰则仰”，又绝无“巧言令色”之乖巧，更不如“乡愿”之随和。故往往不招领导喜欢，甚至让领导很不待见；提拔重用的事甭想，即使有能力、有水平也白搭。但如果领导者真的有决心“守死善道”、开创新局的话，则不妨重温一下孔子的教诲：“不得中行而与之，必在狂狷乎！狂者进取，狷者有所不为也。”只是不知他们有没有孔子那样的眼光和气量了。

第三节　举官任人的原则

为了避免陷入上面所说的误区，真正坚持唯贤是举的标准，先秦诸子对举官任人之事也提出了一些很好的意见，可以称作举官任人的几项原则。这方面的贡献，主要是墨子和韩非子做出的。

官无常贵，民无终贱

上文谈到，墨子在举官任人的标准方面，特别突出一个“义”字，提出“上举义不辟贫贱”“上举义不辟亲疏”“上举义不辟远近”，此可谓之“三不避”。而在不避“贫贱”“亲疏”和“远近”的“三不避”中，墨子最强调的是“不避贫贱”。所以他鲜明地提出，“官无常贵，民无终贱”：

> 古者圣王之为政，列德而尚贤。虽在农与工肆之人，有能则举之。高予之爵，重予之禄，任之以事，断予之令（给予决断的权力），曰：“爵位不高则民弗敬，蓄禄不厚则民不信，政令不断则民不畏。”举三者授之贤者，非为贤赐也，欲其事之成。故当是时，以德就列，以官服事，以劳殿（评定）赏，量功而分禄。故官无常贵，而民无终贱，有能则举之，无能则下之。举公义，辟私怨，此若言之谓也。（《墨子·尚贤上》）

无论为官为民，身份贵贱，一律“有能则举之，无能则下之”。“虽在农与工肆之人”，只要确有贤能，即“高予之爵，重予之禄，任之以事，断予之令”，使之有职有权。这不是为了赏赐贤者，而是为了国家利益。所谓“举公义，辟私怨”，说的就是这个意思。墨子还举例说，自古圣王之举贤授能，皆“不避贫贱”：

> 故古者尧举舜于服泽（不详某地。下“阴方”同）之阳，授之政，天下平；禹举益于阴方之中，授之政，九州成；汤举伊尹于庖厨之中，授

之政，其谋得；文王举闳夭、泰颠于罝（jū，捕兔器）罔（捕鱼网）之中，授之政，西土（西部各诸侯国）服。（《墨子·尚贤上》）

尧之继承者舜、禹之继承者伯益，皆举于偏僻之地。商汤的贤相伊尹，乃来自厨师。周文王的名臣闳夭、泰颠，本出身于渔猎。而“授之政”，皆建立了不朽的丰功伟绩。在这些圣王眼中，何贵贱之有！墨子还摆事实、讲道理，无可辩驳地痛斥了那种以“贱人之所为”为不足用的等级偏见：

子墨子南游于楚，献书惠王，惠王以老辞，使穆贺见子墨子，子墨子说穆贺，穆贺大说（悦），谓子墨子曰：“子之言则成（诚）善矣，而君王天下之大王也，毋乃曰‘贱人之所为’而不用乎？”子墨子曰：“唯其可行。譬若药然，草之本（根），天子食之以顺其疾，岂曰‘一草之本’而不食哉？今农夫入其税于大人，大人为酒醴粢盛（皆祭品），以祭上帝鬼神，岂曰‘贱人之所为’而不享（享用）哉？故虽贱人也，上比之农，下比之药，曾不若一草之本乎？且主君亦尝闻汤之说乎？昔者汤将往见伊尹，令彭氏之子御，彭氏之子半道而问曰：‘君将何之？’汤曰：‘将往见伊尹。’彭氏之子曰：‘伊尹，天下之贱人也。君若欲见之，亦令召问焉，彼受赐矣。’汤曰：‘非女所知也。今有药于此，食之则耳加聪、目加明，则吾必说（悦）而强食之。今夫伊尹之于我国也，譬之良医善药也，而子不欲我见伊尹，是子不欲吾善也。’因下彭氏之子（令彭氏之子下车），不使御。……

吾言足用矣。舍言（舍吾言）革思（变更吾之思想）者，是犹舍获（舍弃收割）而攈粟（拾谷穗）也。以其言（他人之言）非吾言者，是犹以卵投石也，尽天下之卵，其石犹是也，不可毁也。”（《墨子·贵义》）

治病的药，出之于草木，可谓贱矣；然岂能以其贱而废弃乎？祭祀之酒食，来自于农夫，亦可谓贱矣；然岂能以其贱而不用乎？商汤往见伊尹之事，更说明了圣主是如何礼遇国家所需要的“天下之贱人”的。此事恰合孟子“大有为之君，必有不召之臣”之论，故亦为孟子所引；但墨子所说，旨在强调伊尹的“天下之贱人”的身份，远非孟子的礼贤下士之义所可涵盖。后面说的是，吾虽为“贱人”，但吾言乃“足用”之言，“非吾言者”犹如以卵击石。

墨子这个“官无常贵，民无终贱”的观点，不仅废除了官僚的终身制，而且打破了举官任人上的等级制，具有鲜明的平等意识和平民意识。这种平等意识和平民意识，同儒家那种严申“贵贱有等”（《荀子·礼论》）的等级意识和贵族意识形成了鲜明的对比，是墨家学说最为宝贵的品质。孔子公然宣扬：“耕也，馁在其中矣；学也，禄在其中矣。”（《论语·卫灵公》）使当官从政成了“君子”或所谓“士”的专利。孟子进而确定“劳心者治人，劳力者治于人；治于人者食人，治人者食于人”（《孟子·滕文公上》）。在“劳心者”与“劳力者”之间掘出了一条“治人”与“治于人”的人为的“天堑”。孟子还把这称作“天下之通义”（《孟子·滕文公上》）。这不是什么“天下之通义”，而只是贵族之私义。只有墨子的平等意识和平民意识，才是真正的“天下之通义”。

内举不避亲，外举不避仇

先说说《荀子·君道》篇里发表的一段相当长的议论：

> 人主欲得善射，射远中微者，县（悬。下同）贵爵重赏以招致之，内不可以阿（偏袒）子弟，外不可以隐（埋没）远人，能中是者取之，是岂不（岂非。下同）必得之之道也哉！虽圣人不能易也。欲得善驭速致远者，一日而千里，县贵爵重赏以招致之，内不可以阿子弟，外不可以隐远人，能致是者取之，是岂不必得之之道也哉！虽圣人不能易也。……然而求卿相辅佐，则独不若是其公也，案唯便嬖（宠幸）亲比（亲近）己者之用也，岂不过甚矣哉！

这里以选拔“善射”者和“善驭”者作为类比，两次提出“内不可以阿子弟，外不可以隐远人"，随后批评"求卿相辅佐"却"独不若是其公"，而"唯便嬖亲比己者之用"，"岂不过甚矣哉!"这很有点墨子所谓"不辟亲疏"的意思。下文还详尽地评述了周文王举用姜太公的故事，以为榜样：

> 夫文王非无贵戚也，非无子弟也，非无便嬖也，倜然乃举太公于州人而用之，岂私之也哉！以为亲邪？则周姬姓也。而彼姜姓也，以为故邪？则未尝相识也。以为好丽邪？则夫人行年七十有二，齫（yǔn）然（无牙状）而齿堕矣。然而用之者，夫文王欲立贵道，欲白贵名，以惠天下，而不可以独也，非于是子莫足以举之，故举是子而用之。(《荀子·君道》)

"州人"当为"舟人"，姜太公本为渔父，垂钓于渭水之滨。的确，文王也有他的贵戚、子弟和宠爱的人，但却一概不用，而从渔父中选择了姜太公作为军师。他与姜太公之间，没有任何私交和私情。既不是同族，又未尝相识，而且姜太公当时已七十有二，牙都掉了，更谈不到"好丽"。"然而用之者"，完全是为了周王朝的长治久安。所谓"欲立贵道""欲白贵名"，就是要为周王朝树立起高明的治道和显赫的名声，以惠及天下，而不独霸。而姜太公乃是最合适的人选。这可以说是选官任人"不辟亲疏"的典范了。

但是在解释为什么应该这样做的时候，荀子说的是，不这样则"不利于所私"：

> 故明主有私人以金石珠玉，无私人以官职事业，是何也？曰：本不利于所私也。彼不能而主使之，则是主闇也；臣不能而诬（谎称）能，则是臣诈也。主闇于上，臣诈于下，灭亡无日，俱害之道也。(《荀子·君道》)

就是说，高明之主，对于自己亲爱的人，可以给他们金石珠宝，而不宜给他们官职政事；给他们官职政事，对他们反而是不利的。如果他们无能而人主任之，说明人主的糊涂；如果他们无能而谎称有能，则是他们的欺诈。而"主阍于上，臣诈于下”，都是害国之道，距离灭亡也就没多久了。然后又说到，正因为周文王选用了姜太公——

> 于是乎贵道果立，贵名果明，兼制天下，立七十一国，姬姓独居五十三人，周之子孙苟不狂惑者，莫不为天下之显诸侯，如是者，能爱人也。故举天下之大道，立天下之大功，然后隐（私惠）其所怜所爱，其下犹足以为天下之显诸侯。故曰：“唯明主为能爱其所爱，阍主则必危其所爱。”此之谓也。（《荀子·君道》）

周王朝的高明之道、显赫之名果然树立起来了，因而得以遍制天下。分封的七十一个诸侯国中，姓姬的王族就独占了五十三个；姬氏子孙，只要不疯不傻，都成了天下显贵的诸侯。这样才算真正能爱自己的亲眷。总之，只有“内不阿子弟，外不隐远人”，不避亲疏地举贤授能，才能“举天下之大道，立天下之大功”，使自己的王朝长治久安；只有使自己的王朝长治久安，才能让自己的“贵戚”“子弟”“便嬖”等一切“所怜所爱”得到享受不尽的荣华富贵，就连其中最低劣的人也“足以为天下之显诸侯”。所以说，只有“明主”才能真正“爱其所爱”，而“阍主”恰恰只会“危其所爱”。

“内不可以阿子弟，外不可以隐远人”，说得多好啊！但是，如果提出这种主张不是为了在选官任人上坚持公正无私的原则，而只是为了更好地“利于所私”“爱其所爱”，那就不过是一条深谋远虑的营私之计罢了。所谓“求卿相辅佐独不若是其公”，也只是假公以济私而已。

真正从公正无私地选官任人的原则出发，强调不避亲疏乃至不避亲仇的，不是儒家的荀子，而是法家的韩非子。他说：

> 故曰：“谄谀之臣，唯圣王知之；而乱主近之，故至身死国亡。”圣王明君则不然，内举不避亲，外举不避仇。是在焉从而举之，非在焉从而罚之。是以贤良遂进而奸邪并退，故一举而能服诸侯。其在记曰：“尧有丹朱，而舜有商均，启有五观，商有太甲，武王有管、蔡。”五王之所诛者，

皆父兄子弟之亲也，而所杀亡其身残破其家者何也？以其害国伤民败法类也。观其所举，或在山林薮泽岩穴之间，或在囹圄（牢狱）緤绁（xiè xiè）缧索（皆捆缚罪犯或奴隶的绳索）之中，或在割烹（厨师）刍牧（放牧）饭牛（喂牛）之事。然明主不羞其卑贱也，以其能，为可以明法，便国利民，从而举之，身安名尊。（《韩非子·说疑》）

这里强调的是：举官任人，一以是非、善恶为标准，“是在焉，从而举之；非在焉，从而罚之”；不论亲疏远近，不杂个人恩怨，“内举不避亲，外举不避仇”。“内”是指自己人，如子弟、亲戚、师友等；“外”即指外人。下文是以尧、舜、夏启、商汤、周武王等“五王”之“所诛”和“所举”的范例，来论证这个观点。“其在记曰”即古籍所载。如《国语·楚语上》有云：“尧有丹朱，舜有商均，启有五观，汤有太甲，文王有管、蔡。是五王者皆元德也，而有奸子。”丹朱为尧之子，尧以其傲慢、荒淫而废之，禅位于舜。商均为舜之子，舜以其不肖而废之，使禹继帝位。五观为夏启之子，亦以无德被废。太甲为商汤之子，因不遵国法，纵欲暴虐，为伊尹所放逐。管、蔡即管叔、蔡叔，皆周文王之子、周武王之弟，因不服其弟周公摄政，发动叛乱，结果管被杀，蔡被放逐。所以说“五王之所诛者，皆父兄子弟之亲也”。而诛杀的缘由，就是“害国、伤民、败法”之类。而“五王”之所举者“或在山林薮泽岩穴之间”，指的是江湖隐逸之人，如姜太公隐钓于渭水之滨，而周文王举以为太师；“或在囹圄緤绁缧索之中”，指本为罪犯或奴隶，传说伊尹本来就是一个家奴，而商汤举以为相；“或在割烹、刍牧饭牛之事”，指出身于社会下层的微贱职业，如墨子所称文王举闳夭、泰颠于渔猎之中即是。这三种人均非名门显贵，故特别强调“然明主不羞其卑贱也”。

在《韩非子》书中，还讲了好几个“内举不避亲，外举不避仇”的故事。如春秋时晋国的名臣赵武：

中牟无令，鲁平公问赵武曰：“中牟，三国之股肱，邯郸之肩髀，寡人欲得其良令也，谁使而可？”武曰：“邢伯子可。”公曰：“非子之雠（仇）也？”曰：“私仇不入公门。”公又问曰：“中府（朝廷内府，即国库）之令，谁使而可？”曰：“臣子可。”故曰：“外举不避仇，内举不避子。”赵武所荐四十六人于其君，及武死，各就宾位（客位），其无私德若此也。（《韩非子·外储说左下》）

晋国之重镇中牟没有行政长官，晋平公要大臣赵武荐人。赵武推举了自己的仇人邢伯子。当平公问他何以推举自己的仇人时，他回答：“私仇不入公门。”这是一句非常讲原则的话。举官任人是国家的公务，任何个人的恩仇、好恶都不能掺杂其中。随后，晋平公再让他推荐一位适合掌管国库的人，他又毫不避嫌地推荐了自己的儿子。之所以毫不避嫌，就因为毫无私心。这叫作“外举不避（雠）仇，内举不避子”。赵武在朝，前后共举荐了四十六人；及武死前来吊唁，“各就宾位”，表明皆与他非亲非故。所以称赞他：“其无私德若此也。”

晋国大夫叔向，曾在赵武手下任职。一次晋平公问叔向：“群臣孰贤？”叔向回答：“赵武。”晋平公顺口说道：“子党于师人。”意思是你偏向你的老上级。叔向答道：

武立如不胜衣，言如不出口，然其所举士也数十人，皆令得其意，而公家甚赖之。况武子之生也不利于家，死不讬于孤，臣敢以为贤也。（《韩非子·外储说左下》）

赵武很像个文弱书生，站立时好像自己穿的衣服都负担不起，说话时好像自己心里的话都难于出口；但他举荐的几十个人，个个都能胜任自己的工作，国家的事完全依靠他们。而且他生前从不谋求自家的私利，临终也没有把自己的孤儿托付给他所提拔的官员，所以叔向敢说他是群臣中最贤正的人。看来，赵武之举官任人，真正做到了一心为公。

又如下面的故事：

> 解狐荐其雠（仇）于简主以为相，其雠以为且幸释己也，乃因往拜谢。狐乃引弓迎而射之，曰：“夫荐汝公也，以汝能当之也；夫雠汝吾私怨也，不以私怨汝之故壅汝于吾君。”故私怨不入公门。一曰：解狐举邢伯柳为上党守，柳往谢之，曰：“子释罪，敢不再拜。”曰：“举子，公也；怨子，私也。子往矣（走吧），怨子如初也。”（《韩非子·外储说左下》）

解狐亦春秋末晋国人。简主即赵鞅，又称赵简子，时为晋卿。解狐向赵鞅举荐他的一个仇人为相，这个人因此以为解狐已经尽释前嫌，不再恨自己了，于是前往拜谢。没想到解狐一见他，拉开弓便要射，口云：“举荐你，是从公事考虑，认为你能够胜任；而恨你，是我的私怨，我不能因为我对你的私怨而把你挡在国君的视野之外。”“壅”，堵塞，阻挡。这里又提出了“私怨不入公门”。下一段，“一曰”当是指同一件事的另一种说法，但所述与上一件事有所不同：一是明确点出了解狐的仇人的姓名，即邢伯柳；二是所荐之职不是国相，而是上党守，即今山西长治一带的地方官。因此，也有可能是解狐的另外一件事。而解狐的回答：“举子，公也；怨子，私也。”也显得更为简洁、更为经典。

“私怨不入公门”，“私恩”当然也不能“入公门”。下面这个管仲的故事即明此义：

> 管仲束缚，自鲁之齐，道而饥渴。过绮乌（地名）封人（守边境人）而乞食。乌封人跪而食之，甚敬。封人因窃谓仲曰：“适幸，及齐不死而用齐，将何报我？”曰：“如子之言，我且贤之用，能之使，劳之论，我何以报子？”封人怨之。（《韩非子·外储说左下》）

前已言及，管仲本为公子纠的家臣，曾助公子纠与齐桓公争夺君位，据说还曾射中齐桓公的带钩；所以齐桓公即位后，令人将当时在鲁国的管仲捆缚押回齐国。遂有这里所说的“管仲束缚，自鲁之齐”之事。管仲路上饿了，向绮乌的守边人乞食。守边人跪送饭食，表现得非常恭敬。而后窃谓管仲曰：“如果你回到齐国不被处死，还被重用，你怎样报答我？”管仲的回答是：“如果确如你所说，我被齐国重用的话，我将用贤、使能，论功行赏，你说我怎么报答你？”那个守边人听了，当然很不满。或许管仲可以用自己的“金石珠玉”报答这个守边人的私恩，却不能封官赏功。这可以叫作“私恩不入公门”。

韩非子所讲的这些故事，都可以说是古代政坛上的佳话。而这样的故事，当以《左传·襄公三年》所载的“祁奚荐贤”最为典型：

> 祁奚请老。晋侯问嗣焉，称解狐——其仇也。将立之而卒。又问焉，对曰：“午也可。”于是羊舌职死矣，晋侯曰：“熟可以代之？”对曰：“赤也可。”于是使祁午为中军尉，羊舌赤佐之。君子谓，祁奚于是能举善矣：称其仇，不为谄；立其子，不为比；举起偏，不为党。《商书》曰：“无偏无党，王道荡荡。”其祁奚之谓矣。解狐得举，祁午得位，伯华得官：建一官而三物成，能举善也。夫唯善，故能举其类。《诗》云：“惟其有之，是以似之。”祁奚有焉。

晋国的中军尉祁奚，告老请退。晋侯问他由谁来接替中军尉的职务，他举了解狐。解狐是他的仇人。但解狐在将要就任时死了，晋侯又问，他回答说祁午可以。祈午是他的儿子。这时任中军尉佐的羊舌职死了，晋侯问谁可以代之，他回答说羊舌赤（字伯华）可以。羊舌赤是羊舌职的儿子。于是祈午做了中军尉，羊舌赤当了中军尉佐。君子都称赞祁奚在这种事情上能够“举善”：荐其仇，不是为了谄媚；立其子，不是出于偏私；举其下级，也不是为了结党。《尚书·洪范》（相传为商臣箕子作，故称《商书》）曰：“无偏心，不结党，王道浩浩荡荡。”祁奚就是这样的人。晋国立了他一个中军尉，而使三个人得到了举任，就因为他能够唯善是举，不避亲仇。也正因为他自己善，所以才能举其同类。《诗》（《诗经·小雅·裳裳者华》）云：“只有有道德的人，才能举荐像他一样的人。”祁奚就是一个有道德的人。

而“内举不避亲，外举不避仇”的精神，还应该包括另一种情况。如韩非子所述：

少室周者，古之贞廉洁慤（què；诚实）者也，为赵襄主力士，与中牟徐子角力，不若也，入言之襄主以自代也。襄主曰：“子之处（地位），人之所欲也，何为言徐子以自代？”曰：“臣以力事君者也，今徐子力多（胜于）臣，臣不以自代，恐他人言之而为罪也。”（《韩非子·外储说左下》）

这或许可以叫作“举贤不避己”吧。一般来说，“内举不避亲，外举不避仇”不会直接影响到自己；说得更明白一点，就是不会直接威胁到自己。但是，这个口号所代表的，是在举官任人上的公正无私的精神。按照这种精神，如果发现有人比自己更胜任自己的职务，毫无疑问，应该主动让贤，举以自代。当然，做到这一点显然更难。有的人似乎也能举贤，但所举者都是不如自己的人，也就是即使举上来也还是在自己之下的人。既博得了举贤之名，又避免了威胁自己，考虑不可谓不周。然而，相比于韩非子所述的这位少室周之所为，则真伪自见矣。

总之，“内举不避亲，外举不避仇”的公正无私的精神，本是中国政坛上的一个优良传统，而韩非子正是这个优良传统的积极阐扬者。这是除了呼吁法律面前人人平等之外，韩非子在中国政治思想史上的又一个重大贡献。

宰相必起於州部，猛将必发於卒伍

这也是韩非子在举官任人方面的一个重要主张。他指出，当时各国，大多崇言辩、重名声，而不问实际功能，正是这种风气造成了国家政乱兵弱的局面。即(《韩非子·五蠹》）篇所云：

今人主之于言也，说（悦）其辩而不求其当焉；其用于行也，美其声（名声）而不责其功焉。是以天下之众，其谈言者务为辩而不周于用，故举先王言仁义者盈廷，而政不免于乱；行身者竞于为高而不合于功，故智士退处岩穴，归（归还）禄不受，而兵不免于弱。政不免于乱，此其故何也？民之所誉，上之所礼，乱国之术也。今境内之民皆言治，藏商、管之法者家有之，而国愈贫，言耕者众，执耒者寡也；境内皆言兵，藏孙、吴之书者家有之，而兵愈弱，言战者多，被甲者少也。故明主用其力不听其言，赏其功必禁无用，……

当时"人主"，对于人的言论，"说其辩，而不求其当"；对于人的行为，"美其声而不责其功"。故"谈言者"竞为高论以争宠，而"不周于用"；"行身者"退处岩穴以争名，而不务实功。人皆言治，"藏商、管之法者家有之"，却都是光说不练；人皆言战，"藏孙、吴之书者家有之"，却无非纸上谈兵。似这样"言耕者众"而"执耒者寡"，"言战者多"而"被甲者少"，国岂能不"愈贫""愈弱"！所以他强烈呼吁："用其力不听其言，赏其功必禁无用"。

如果说上面这段话主要是讲道理，那么《韩非子·显学》篇的下面这段话就主要是举事实了：

澹台子羽，君子之容也，仲尼几（几乎，将要）而取（以为可信、可用）之，与处久而行不称其貌。宰予之辞，雅而文也，仲尼几而取之，与处而智不充其辩。故孔子曰："以容取人乎，失之子羽；以言取人乎，失之宰予。"

这是这段话开头的一小段话。澹台子羽是孔子的学生，他看上去很有君子风度，孔子也几乎相信了他是个君子；但相处得久了，才发现他的实际行为并不符合他看上去的样子。宰予也是孔子的学生，他的言词很文雅，孔子也几乎相信了他是个文雅的人；但相处得久了，才发现他的实际修养远低于他的言谈。所以孔子说："我以貌取人，错认了子羽；以言取人，错认了宰予。"下面，接着就说到当时的"世主"，即各诸侯国的国君了：

故以仲尼之智而有失实之声（认人失实的传闻）。今之新辩滥乎宰予，而世主之听眩乎仲尼，为悦其言，因任其身，则焉得无失乎！是以魏任孟卯之辩而有华下之患，赵任马服（地名；赵国名将赵奢以战功被封为马服君，此指其子赵括）之辩而有长平之祸，此二者任辩之失也。(《韩非子·显学》)

连孔子这样的智者都会有认人失实之事，何况今人时髦的辩说比宰予更为花哨，而人主之听话比孔子更容易被迷惑，“为悦其言，因任其身”，用错人的事怎么可能避免呢？下面是两个“为悦其言”而用错了人的实例：一是魏国的孟卯，因为能说会道而受到重用，遂率兵伐韩，结果为前来救韩的秦军大败于华阳，被迫割地求和；二是赵国的赵括，以名将赵奢之子的身份和善于纸上谈兵的名声，率兵抗秦，结果大败于长平，损兵四十余万。这都是“任辩之失”，即“以言取人”之失。前面说的孔子认人之失，除了“以言取人”“失之宰予”，还有“以容取人”“失之子羽”。文章接下来就说到这一点：

夫视锻锡而察青黄，区冶（即欧冶，铸剑名匠）不能以必剑；水击鹄雁，陆断驹马，则臧获（奴仆）不疑钝利。发齿吻形容，伯乐不能以必马；授车就驾而观其末涂，则臧获不疑驽良。(《韩非子·显学》)

铸剑须钢中加锡，还要掌握火候；但仅看加料和火色，即使欧冶这样的名匠也难于判断是不是宝剑；只有通过实际使用，若能在水中砍杀禽鸟、在陆上刺杀马匹，即使是不会铸剑的奴仆也能知道剑的好坏。相马要看牙口和体形；但单看牙口和形体，即使是最善相马的伯乐也难于断定是不是宝马；只有通过实际使用，驾车奔跑，直至终点，即使是不会相马的奴仆也能知道马的驽良。“以容取人”就是只看外表，而只看外表是无法判断人或物的优劣的。最后，韩非子得出了这样的结论：

观容服，听辞言，仲尼不能以必士（认定为贤德之士）；试之官职，课其功伐（考察其功绩），则庸人不疑于愚智。故明主之吏，宰相必起于

> 州部，猛将必发于卒伍。夫有功者必赏，则爵禄厚而愈劝（勉力）；迁官袭级（逐级提拔），则官职大而愈治（愈有治国才能）。夫爵禄大而官职治，王之道也。(《韩非子·显学》

举官任人，不能“观容服，听辞言”即看外表、听说话，而必须经过“试之官职，课其功伐”，即实践检验。上一章就谈到，韩非子注重实际，讲究实功实效，这是他的法家学说的一个重要特点。因此，在举官任人的问题上，他也特别强调实践检验和实践经验。提出“宰相必起于州部，猛将必发于卒伍”，就是这种思想的突出表现。虽然“迁官袭级”即逐级提拔亦不可过于机械，应当允许有个别的例外；但一般而言，没有基层或地方工作经验的人肯定当不好宰相，没有当过兵、打过仗的人肯定当不好将军。所以，“宰相必起于州部，猛将必发于卒伍”仍不失为一条举官任人的普遍原则。而且，在举官任人方面如此强调实践经验的重要性，韩非子之外，似尚无第二人。

强调实践检验，不仅可以堵住那些靠说空话、做样子骗官的人的路，还可以堵住那些靠厚脸皮直接要官的人的嘴。这是管仲说的，不过是韩非子引述的：

> 桓公谓管仲曰：“官少而索者众，寡人忧之。”管仲曰：“君无听左右之请，因能而受禄，录功而与官，则莫敢索官，君何患焉！”(《韩非子·外储说左下》)

凭本事说话：有多大本事给多少俸禄，有多大贡献给多大的官。谁还敢轻易张嘴要官？可见强调实践检验和实践经验还是很管用的，至少为走后门当官设置了一道难以逾越的障碍。

关于举官任人的原则，上面一共讲了三条。墨子的“官无常贵，民无终贱”可以说是平等原则，韩非子的“内举不避亲，外举不避仇”可以说是公正原则，韩非子的“宰相必起於州部，猛将必发於卒伍”可以说是实践原则。有了这几条原则，“举贤授能”就增加了一些保障，举官任人也会公平许多。尤其是“内举不避亲，外举不避仇”，如前所述，这是韩非子的名言，是中国政坛上的一个优良传统。人们有理由期待，在今天的政坛上，这些原则和传统能够得到更好的贯彻和弘扬，“祁奚荐贤”“赵武举仇”“少室周举贤自代”那样的佳话也时而传出，成为民间街头巷尾、茶余饭后的美谈。

第七章 知足不辱

——戒奢、戒贪、戒争

从本章起，进入官员的个人道德领域。这里所谓个人道德，当然是指作为官员在官位上的道德。当了官，有了权，最容易出现的问题是什么？大概就是贪得。本来没有的，现在得到了；现在还没有的，想点办法也不难得到。于是欲望膨胀，消费升级，超出了正常的需要，就成了穷奢极欲。而欲无止境，得无止境，再越过了合法的界限，就身不由己地陷入了贪污纳贿。但说不定哪一天，东窗事发，便从趾高气扬的大领导，瞬息转身为拱手被铐的阶下囚。此时或能醒悟：如若当初安分知足，不争不贪，哪会有今日之辱？然则悔之晚矣！当然，也未必真悔。这是自古以来政坛上久演不衰的连续剧。所以无论儒、墨、道、法，先秦诸子各家，都曾谆谆嘱告：要戒奢、戒贪、戒争。

第一节 俭节则昌，淫佚则亡

一

先谈戒奢。孔子说：“士志于道，而耻恶衣恶食者，未足与议也。”（《论语·里仁》）大意是，一个有文化的人，自称有志于道，却又以吃粗茶淡饭、穿破衣旧衫为耻，那就不值得同他谈论什么了。谈论什么，是指谈学论道。因为这种人虽然以“志于道”为标榜，实际上心中所想的，只是荣华富贵。虽然“志于道”者亦未必要永远“恶衣恶食”，那就成了“犬儒主义”；但是“志于道”与志于荣华富贵，作为两种人生志向，却是俨然异趣而不能兼容的。志于荣华富贵者不可能真正“志于道”，“志于道”者亦不屑于追求荣华富贵，故亦不耻于有时会“恶衣恶食”。这就在人生志向这个根本问题上，划清了“志于道”与追求奢华的鸿沟界限。

孔子还从这种观点出发，评论过两个人。一个是他的弟子子路：

> 子曰：“衣敝缊袍，与衣狐貉者立，而不耻者，其由（子路字仲由）也与？”（《论语·子罕》）

穿着破旧的棉袍子和穿着华贵的狐皮袍子的人站在一起，而不觉得有什么不光彩的，大概只有仲由吧？孔子对子路多所批评，但这却是一条很重要的表扬。即使有再多的缺点，只要有这一条，子路就不愧为一个“志于道”的君子。另一个是卫国公子荆：

> 子谓卫公子荆，“善居室。始有，曰：‘苟合矣。’少（稍稍）有，曰：‘苟完矣。’富有，曰：‘苟美矣。’”（《论语·子路》）

卫国的公子荆，刚刚有了点家产，就说：“差不多已经够了。”稍稍多了一些，便说：“差不多已经齐备了。”更多了一些，又说：“这可以算是完美了。”这本来是一件小事，甚至应该说是一件琐事；但作为一个贵公子，如此懂得知足而不求奢华，却很是难能可贵。所以孔子也说得津津有味，夸奖他“善居家”、即善于持家过日子，喜欢之情溢于言表。

子路、公子荆还是普通的“士”，若一位君王能够尽心国事而自奉节俭，那就更值得赞颂了。孔子认为，大禹就是这样一位：

> 子曰：“禹，吾无间（jiàn）然矣。菲饮食，而致孝乎鬼神；恶衣服，而致美乎黻冕［黻（fú）冕：祭祀时穿的礼服、礼帽］；卑宫室，而尽力乎沟洫（xù）。禹，吾无间然矣。”（《论语·泰伯》）

“无间然”就是无可非议、无可挑剔。大禹自己的饮食很菲薄，而孝敬鬼神的祭品却十分丰盛；自己平时的衣服很破旧，而祭祀时的礼服却衣冠华美；自己居住的宫室很低隘，却全力以赴地修渠治水。不能认为孝敬鬼神和祭祀是无意义的迷信活动，这在当时是关乎族群兴旺的国家大事。在说了上述三件事之后，出于对大禹这种品格的由衷的钦敬，孔子情不自禁地重复道：“吾无间然矣！”

可以说，孔子这些言论，奠定了我国历来以节俭为荣、以奢华为耻的思想原则。

二

如果说孔子只是奠定了尚俭反奢的原则，那么墨子就是不厌其详地具体申说了。

墨子是大力倡导节俭、反对奢华的。他指出，只有节俭，才能抵御不时发生的各种自然灾害，做到有备而无患：“故虽上世之圣王，岂能使五谷常收，而旱水不至哉！然而无冻饿之民者，何也？其力时急（抓紧农时），而自养俭（自用节俭）也。故《夏书》曰‘禹七年水’，《殷书》曰‘汤五年旱’，此其离（罹）凶饥甚矣，然而民不冻饿者，何也？其生财密（多），其用之节也。”（《墨子·七患》）

不仅如此，他还指出，“去其无用”，即省去奢华无用的花费，可以使财富增加一倍：

> 圣人为政一国，一国可倍也；大之为政天下，天下可倍也。其倍之，非外取地也，因其国家，去其无用，足以倍之。（《墨子·节用上》）

圣人治理一国，可使一国的财富增加一倍；若大到治理天下，可使天下的财富增加一倍。这增加的一倍，并不是靠领土扩张，从外边掠夺来的，而是就在国内，“去其无用”的奢费节省出来的。所谓“无用”主要是指的什么？这篇文章后面便说道：“去大人之好聚珠玉、鸟兽、犬马，以益衣裳、宫室、甲盾、五兵（戈、矛等五种兵器）、舟车之数，于数倍乎，若则不难。”如果去掉王公大人们喜好而集聚的珠玉、鸟兽、犬马等奢侈无用的玩物，用来增加衣裳、宫室、甲盾、五兵、舟车之数，即可使其数增加一倍，这并不是什么难事。

更值得重视的是，针对当时统治者的骄奢淫逸之风，墨子具体而详尽地论述了去奢节用的五个方面。一是“宫室”：

> 子墨子曰：古之民未知为宫室时，就陵阜而居，穴而处，下润湿伤民。故圣王作，为宫室。为宫室之法，曰：室高足以辟（避）润湿，边足以圉（御）风寒，上足以待雪霜雨露，宫墙之高足以别男女之礼，谨此则止。凡费财劳力不加利者，不为也。是故圣王作，为宫室便于生，不以为观乐也。……当今之主，其为宫室则与此异矣。必厚作敛（“作”当为籍，“厚籍敛”即多征赋税）于百姓，暴夺民衣食之财，以为宫室台榭曲直之望、青黄刻镂之饰。为宫室若此，故左右皆法象之。是以其财不足以待凶饥，振（赈）孤寡，故国贫而民难治也。君实欲天下之治而恶其乱也，当为宫室，不可不节。

大意是说，建造宫室，本来是为了便于居住、生活，而不是为了观赏、玩乐；所以只要能避潮湿、御风寒、挡雨雪、别男女就足够了，凡属劳民伤财而没有什么实用价值的，都应该禁止。而“当今之主”，则必横征暴敛，夺民衣食，繁为楼阁台榭以求曲直相望，侈饰雕梁画栋以为观赏之美。左右之臣亦争相效仿。致使财力耗尽，赈灾济困且不足，更何论其他。国贫而民怨起矣。二是“衣服”：

> 古之民未知为衣服时，衣皮带茭（jiāo，草绳），冬则不轻而温，夏则不轻而清（qìng，凉爽）。圣王以为不中人之情，故圣人作，诲妇人治丝麻，梱（kǔn，织）布绢，以为民衣。为衣服之法：冬则练帛（素帛）之中（中衣），足以为轻且暖；夏则絺綌（chī xì，葛布）之中，足以为轻且清。谨此则止。……当今之主，其为衣服，则与此异矣。……必厚作

敛于百姓，暴夺民衣食之财，以为锦绣文采靡曼之衣，铸金以为钩，珠玉以为珮，女工作文采，男工作刻镂，以为身服（用作国君身上的服饰）。……以此观之，其为衣服，非为身体，皆为观好。是以其民淫僻而难治，其君奢侈而难谏也。夫以奢侈之君御好淫僻之民，欲国无乱不可得也。君实欲天下之治而恶其乱，当为衣服，不可不节。

大意是说，制作衣服，本来是为了保护身体，便于穿着；所以冬天轻而暖和、夏天轻而凉快就够了。而“当今之主”，则必横征暴敛，夺民衣食，务求精美华丽。“铸金以为钩，珠玉以为珮，女工作文采，男工作刻镂”，只是为了装饰国君一人之身。这样奢侈的国君必然难以劝谏，而他的国民也会跟着变得“淫僻而难治”。以奢侈之君统摄淫僻之民，想要国家不乱是不可能的。三是“饮食”：

古之民未知为饮食时，素食而分处。故圣人作，诲男耕稼树艺，以为民食。其为食也，足以增气充虚，强体适腹而已矣。故其用财节，其自养俭，民富国治。今则不然，厚作敛于百姓，以为美食刍豢，蒸炙鱼鳖，大国累百器，小国累十器，前方丈，目不能遍视，手不能遍操，口不能遍味。冬则冻冰，夏则饰（当为“餲”，音 ài）饐（yì；餲饐：食物腐败变味）。人君为饮食如此，故左右象之。是以富贵者奢侈，孤寡者冻馁，虽欲无乱，不可得也。君实欲天下治而恶其乱，当为食饮，不可不节。

“素食而分处”是说各自觅草木蔬果为食。后来人们学会了耕耘种植，生产食物。那时的人们，对于食物，只求能够增加力气、补充空腹、强壮身体、适于消化，如此而已。所以使用财物节省，自己生活俭朴，民富而国治。现在则大不同了。人主对百姓横征暴敛，用来享受美味的猪羊，蒸烤的海鲜。大国的国君要上百个菜盘，小国的国君也要十多个菜盘，摆满了前面方丈的范围，眼睛都看不过来，手也夹不过来，嘴也尝不过来。冬天饭菜会结成冰，夏天则发霉变臭。人君如此，群臣效之。所以“富贵者奢侈，孤寡者冻馁，虽欲无乱，不可得也”。四是“舟车”：

> 古之民未知为舟车时，重任不移，远道不至。故圣王作，为舟车，以便民之事。其为舟车也，全（完整）固轻利，可以任重致远。其为用财少而为利多，是以民乐而利之。法令不急而行，民不劳而上足用，故民归之。当是之时，坚车良马不知贵也，刻镂文采不知喜也。何则？其所道之然（圣王引导使然）。当今之主，其为舟车与此异矣。全固轻利皆已具，必厚作敛于百姓，以饰舟车。饰车以文采，饰舟以刻镂。女子废其纺织而修文采，故民寒；男子离其耕稼而修刻镂，故民饥。人君为舟车若此，故左右象之。是以其民饥寒并至，故为奸邪。奸邪多则刑罚深（深重），刑罚深则国乱。君实欲天下之治而恶其乱，当为舟车，不可不节。

舟车的发明，当初只是为了运物和远行；所以只要轻便耐用，能够任重致远也就可以了。这样，用财少而好处多，民众喜欢用；法令传送得更快，民众减轻了劳苦，朝廷也有足够的财用，民心也就归顺了。那时，人们并不追求更高级的车马，也不喜欢再加上华丽的雕饰。而“当今之主”则大不然，轻便耐用都具备了还不满足，还要对百姓横征暴敛，以装饰他的舟车。“饰车以文采，饰舟以刻镂。女子废其纺织而修文采，故民寒；男子离其耕稼而修刻镂，故民饥。”左右之臣也群相效仿。于是民众“饥寒并至”，难免图谋不轨；图谋不轨增多，刑罚益加深重；刑罚益加深重，国家亦随之陷于混乱矣。五是妇女。文章说：“当今之君，其蓄私也，大国拘女累千，小国累百。是以天下之男多寡无妻，女多拘无夫。”妇女在当时似乎也是一种财物，故有权有钱者可以成百上千地“蓄私”。这种现象虽然至今并未完全过时，但与蓄房、蓄车之类已有迥然不同的性质，故且从略。

而上述四项，即已全面涵盖了“衣、食、住、行”等日常生活的各个方面。把一切发明创造都归功于“古之圣王”，这是历史的局限性。只讲实用、完全排斥审美，则是墨学的片面性。但这篇文章的中心，则是对统治者“暴夺民衣食之财”以追求奢华无度的淫佚生活的揭露和批判，因而具有毋庸置疑的正义性。而且如此认真、细致地关注这个问题的，也只有真正热心于为民“兴利除害”的墨子。文章最后，向统治者提出了严重的警告：“俭节则昌，淫佚则亡。”

三

在尚俭反奢方面态度最彻底的，乃是道家。老子的下面这段话就很典型：

> 五色令人目盲；五音令人耳聋；五味令人口爽；驰骋田猎，令人心发狂；难得之货，令人行妨。是以圣人为腹不为目。故去彼取此。（《老子·十二章》）

“五色”即红黄蓝白黑，“五音”或曰“五声”即宫商角徵羽，“五味”即酸甜苦辣咸。这些色、声、味的巧妙搭配，构成了美色、美声和美味。所以自古以来，“五色”“五音”“五味”就被视为三种令人舒适的享受。如荀子即云：“刍豢稻粱，五味调香，所以养口也”，“雕琢、刻镂、黼黻、文章，所以养目也；钟鼓、管磬、琴瑟、竽笙，所以养耳也”（《荀子·礼论》）。而这里老子却反说“五色令人目盲，五音令人耳聋，五味令人口爽”。“口爽”的“爽”，古注：“差失也。失口之用，故谓之爽。”（王弼《老子道德经注》）这岂不是很荒谬吗？未必。且从这最后一句说起。追求“五味”之美，必然要胡吃海喝，还得不断地变换口味，今天果子狸、明天福寿螺、后天禾花雀，等等。这样吃下去，过不了许久，即使没有吃出病来，也会觉得似乎什么样的“美味”都吃过了，但吃什么样的“美味”却都没味了。反不如整日粗茶淡饭、寻常进餐的人，倒顿顿吃得津津有味。这不正是“五味令人口爽”吗？“五色”“五音”也与此类似。整天的五彩缤纷、八彩缤纷，会让人眼花缭乱、头晕目眩。而像那种被人称作“声音轰炸”式的所谓音乐，一听便震耳欲聋，再听、三听还不真聋！“驰骋畋猎令人心发狂”，这也没错。“驰骋畋猎”令人兴奋、亢奋，亢奋不已必然躁动不安，不“狂”何待！至如“难得之货令人行妨”，那就更对了。多少人为了金银珠宝等“难得之货”变得贪婪无耻，甚至走上了杀人越货的道路。何谓“行妨”？“行妨”就是品性败坏。万事皆有个度。超过了这个度，美变为丑，利变为害，得变为失，一切好事都会变为坏事。老子就这样彻底否定了一切超出基本的生活需要的奢华享乐，并提出了弃绝物欲追求，安于温饱而已的生活主张。即所谓“圣人为腹不为目，故去彼取此”。

老子有一句话，叫作“正言若反。”（《老子·七十八章》）他的很多话正是如此。如上面这段话，看上去违反常识，近于反话。但也仅仅是“若反”，略一思索便不难发现：在这“若反”的背后，包涵着远非浅近的常识所可比拟的深层的真理，实属“正言”。如果不懂得这一点，就难读《老子》。

庄子又从维护人的健全的自然本性出发，强化了老子的否定奢华享乐的思想。他比喻说：“百年之木，破为牺尊（一种贵重的酒器），青黄而文之，其断（余下被弃的断木）在沟中。比牺尊于沟中之断，则美恶有间矣，其于失性一也。”（《庄子·天地》）一棵大树，砍断了做成酒器，再画上彩色的花纹，同被抛弃在沟中的断木比较，显得漂亮多了；但二者都丧失了原来的自然本性。而后说道，人亦如此：

> 且夫失性有五：一曰五色乱目，使目不明；二曰五声乱耳，使耳不聪；三曰五臭薰鼻，困惾中颡（嗓）；四曰五味浊口，使口厉（病）爽；五曰趣舍滑心，使性飞扬，此五者，皆生之害也。（《庄子·天地》）

除了老子说的“五色”“五声”、“五味”，这里还多了两项：“五臭”和“趣舍”。“五臭”即嗅觉感到的气味，一般指膻、薰（熏蒸之气味）、香、腥、腐。“困惾（zōng）”意指堵塞不通，“中颡”意指自鼻腔直至咽喉，“困惾中颡”意即从鼻腔到咽喉，都被堵塞而不通。“趣舍”即取舍、指好恶得失，“滑心”即迷乱不定。“趣舍滑心，使性飞扬”是说由于患得患失而使心神迷乱，性情躁动。庄子强调，这五种追求都会使人丧失本性，危害人的生命。他因而指出，对身外之物的追求和迷恋，就是“丧己于物，失性于俗”：

> 古之所谓得志者，非轩冕之谓也，谓其无以益其乐而已矣。今之所谓

> 得志者，轩冕之谓也。轩冕在身，非性命也，物之傥来（偶或来临），寄（寄存）者也。寄之，其来不可圉（禦），其去不可止。故不为轩冕肆志，不为穷约趋俗，其乐彼与此同，故无忧而已矣。今寄去则不乐，由是观之，虽乐，未尝不荒（慌）也。故曰，丧己于物，失性于俗者，谓之倒置之民。（《庄子·缮性》）

“轩冕”本指官员乘的车和穿的制服，这里指荣华富贵。这段话前几句是说，以往之所谓得志，不是指荣华富贵，而是指不依赖于身外之物的快乐；而今天之所谓得志，就是指荣华富贵。后面是说，即或荣华富贵在身，也并不是自己的生命，而只是偶然寄存在自己身上的外物。作为偶然的寄存之物，它来了难于拒绝，它去了也无法阻止。所以不需要为荣华富贵而纵情得意，也不应该因贫穷困难而趋附世俗。无论富贵还是贫困都一样快乐，也就没有忧虑了。而今天的人，失去了身外之物便不快乐，可知他们即使在快乐的时候也会因为担心失去身外之物而恐慌。这岂不是把自己丧失于身外之物，使本性迷失在世俗之中吗？这只能叫作本末倒置之人。“丧己于物，失性于俗”这两句话，深刻而警策地提示着人们，如何在“滔滔者天下皆是也”的物欲洪流之中，保持自己独立的人格。

曾受到老子思想的影响，却远比老、庄更为关心治国理政的韩非子，则从国家命运的高度揭示了追求奢华的问题的严重性。《老子·五十二章》有谓“见小曰明”。《韩非子·喻老》篇中就此阐发说：

> 昔者纣为象箸而箕子怖。以为象箸必不加于土铏（汤盆），必将犀玉之杯；象箸玉杯必不羹菽藿，则必旄（牦）象豹胎，旄象豹胎必不衣短褐而食于茅屋之下，则锦衣九重，广室高台。吾畏其卒（后果），故怖其始。居五年，纣为肉圃，设炮烙，登糟丘，临酒池，纣遂以亡。故箕子见象箸以知天下之祸。故曰：“见小曰明。”

箕子这个名字前文已出现多次，是商纣王的叔父，古代有名的贤臣。他见纣王弄了一副象牙筷子，便担忧了。象牙筷子不能与陶制的器皿并用，必须配上犀牛角或美玉做成的杯盘。牙筷、玉杯也不能用来吃豆叶做的汤菜，必须吃牦牛、大象、豹子的胎儿那样的高级食品。这样的高级食品也不能穿着粗布短衣、坐在茅屋里吃，必须穿上多层织锦的衣服，住进豪华的高台广厦。箕子担心必将产生的严重后果，故而从一开始就忧心忡忡。过了约五年，纣王摆起了肉林，设置了烤肉架，登上酒糟山，临眺美酒池；遂亦旋即败亡。“箕子见象箸以知天下之祸”，这就叫“见小曰明”。一双小小的象牙筷子，居然成了殷商王朝走向败亡的起点。这即使只是一个故事，也是一个十分精彩的故事。韩非子就以这个故事证验了墨子“俭节则昌，淫佚则亡”的警告，同时也发出了他的在奢华问题上必须防微杜渐、未雨绸缪的警告。

在一条高速公路旁边，高高地耸立着一座钢筋混凝土的广告牌，远远地就看见上面赫然的六个大字：“创造中国至奢。”“奢”不就是奢侈吗？印象之中，“奢侈”似乎一直是个贬义词，什么时候变成了褒义词？变成了人们追逐、“创造”的目标？虽然近些年许多词语也时尚化了，但查证新版《现代汉语词典》，“奢”的注解还是“奢侈”，举例曰“穷奢极欲”；“奢侈”的注解是“花费钱财过多，享受过分”。看来至今还是贬义词。所以，自古以来，虽然有不少人在实际上很奢侈，却很少有人像这个广告牌这样，公然以“奢侈”为标榜、以“奢侈”为荣耀，而且不满足于一般的“奢”，还要“至奢”。如果“奢”与“奢侈”仍然是贬义词，也就是说仍然是“耻”而不是“荣”的话，那么“至奢”不就是“至耻”吗？“至耻”也要“创造”？创造点什么不好，何必非要创造“至耻”？

但这已经是几年前的事了。幸好，现在，豪华的楼堂馆所被叫停了，公费大吃大喝被制止了，超标的高级轿车被封存了。墨子所提出的要求，至少有住、食、行三条正在得到落实，故聊可告慰墨子的在天之灵。只不知那“至奢”是否还在“创造”。

第二节　祸莫大于不知足，咎莫大于欲得

反奢必然反贪。先秦诸子各家皆严词拒斥贪财受贿，只是立论的出发点有所不同。大致而言，孔、孟、荀的出发点是“义理”，强调“非其义也，一介不取”。老、庄、韩的出发点是“知足”，提出“知足不辱，知止不殆”。

一

子曰：“饭疏食饮水，曲肱而枕之，乐亦在其中矣。不义而富且贵，于我如浮云。”（《论语·述而》）这是孔子的一段非常有名的话。吃粗粮，喝凉水（古时“水”即指凉水，热水叫“汤”），弯过胳膊来当枕头，实在够穷困的了。但只要道义在身，问心无愧，便可泰然处之，自得其乐。那种背离道义的富贵，犹如天边的浮云，与己毫不相干；不仅不会要，想都不会想。“不义而富且贵，于我如浮云”，说得何等坚决，又何等洒脱，真是拒一切贪腐之事于千里、万里之外。这句话应该成为所有公职人员的座右铭，也应该成为包括公职人员在内的一切正直、正派的人必须严防死守而不可稍有松动的道德底线。

还有第一章所引的那段话：“富与贵是人之所欲也，不以其道得之，不处也；贫与贱是人之所恶也，不以其道得（应为‘去’，说见前）之，不去也。”（《论语·里仁》）后面接着说：“君子无终食之间违仁，造次必于是，颠沛必于是。”可知拒绝有违于道义的富贵，坚守道义在身的贫贱，是“仁”这个儒家道德总纲的基本要求。“贫与贱”不以其道去之则“不去”这句话，与“饭疏食饮水，曲肱而枕之，乐亦在其中”是一个意思，都是强调为了道义要守得住“贫贱”。守得住就不会沦入贪腐，可一些人就是守不住。孔子还有一句话，就突出强调了这一点，即所谓“君子固穷，小人穷斯滥矣”。见下：

> 在陈绝粮，从者病，莫能兴（起）。子路愠见曰：“君子亦有穷乎？”子曰：“君子固穷，小人穷斯（则，就）滥矣。”（《论语·卫灵公》）

孔子一行周游列国，有一次在陈国断了粮。随行的弟子都饿病了，起不来了。子路生气地问孔子："怎么君子也会有这样穷困的时候？"孔子回答："君子能够安守穷困，而小人一遇到穷困就守不住应有的道德底线了。""滥"即失控、失去自我节制的能力。这里的"固穷"是指为了固守道德底线而固守穷困，所以关键是固守道德底线，而不是固守穷困。无论穷还是富，都应该固守非义不取的道德底线，而不能"滥"。

这就是儒家的"义利之辨"。在《论语》中，多次出现这样的警示：

> 见利思义(《论语·宪问》)
>
> 见得思义(《论语·子张》)
>
> 义然后取，人不厌其取。(《论语·宪问》)

这些话，或为孔子所说，或为孔子弟子所说，总之都是儒家提倡的道德信条。几千年来，正是这些信条如中流砥柱一般，支撑起了诸多国人在"利欲"冲击下的道德人格。但愿它们永远不被种种裹挟着"利欲"滚滚而来的"大潮"冲垮。

孟子和荀子也都是儒家"义利之辨"的阐扬者。

孟子称赞商朝的贤相伊尹，就说过："非其义也，非其道也，禄之以天下，弗顾也；系马千驷，弗视也。非其义也，非其道也，一介不以与人，一介不以取诸人。"(《孟子·万章上》）已见第一章所引。他在齐国，齐王送给他精金百镒（一镒二十两)，他不受。人问所以，他说：

> 若于齐，则未有处也。无处而馈之，是货之也。焉有君子而可以货取乎？(《孟子·公孙丑下》)

"未有处"即没有原因，没有正当的理由。"货"在这里的意思就是贿赂、收买。孟子的话意思是："没有正当的理由而馈送金钱，就是想收买我。哪有君子会被人收买的呢？"这是说他自己。实际上，"君子"被人行贿收买的似乎并不少见，当然这也证明了他们并不是真正的"君子"。不过，"君子"被人行贿收买，也就难逃身败名裂的下场了。如孟子下面这段话所言：

诸侯之宝三：土地，人民，政事。宝珠玉者，殃必及身。(《孟子·尽心下》)

不仅诸侯，任何人，“宝珠玉”而不顾道义，都会“殃必及身”。

荀子则突出揭示了理义与物欲的对立。《荀子·正名》篇云：“志轻理而不重物者，无之有也；外重物而不内忧者，无之有也；行离理而不外危者，无之有也；外危而不内恐者，无之有也。”“理”就是儒家仁义道德的义理，而“物”就是财物。这些话是说，思想轻视义理的人必然会重视外在的财物，重视外在的财物必然会有内在的忧虑；行为背离义理的人必然会遭遇外在的危险，遭遇外在的危险必然会导致内心的恐惧。用简单的公式来表示，就是：

内心轻视义理——重视外在的财物——内心的忧虑

行为背离义理——遭遇外在的危险——内心的恐惧

两条线都落脚于内心的忧恐，因此下文便是对由于背弃义理、追逐财物而导致的内心忧恐之状的具体描述了：

心忧恐则口衔刍豢而不知其味，耳听钟鼓而不知其声，目视黼黻而不知其状，轻煖（暖）平簟（diàn，竹席）而体不知其安。故向（享；下同）万物之美而不能见嗛（qiè，通“慊”，满足）也，假（即使）而得间（间或）而嗛之，忧恐则不能离也。故向万物之美而盛（极；下同）忧，兼万物之利而盛害。如此者，其求物也，养生也？粥（鬻，卖）寿也？故欲养其欲而纵其情，欲养其性而危其形，欲养其乐而攻其心，欲养其名而乱其行。如此者，虽封侯称君，其与夫盗无以异；乘轩戴绕（冕），其与无足（衣食不足）无以异。夫是之谓以己为物役矣。(《荀子·正名》)

一个内心充满了忧虑和恐惧的人，嘴里嚼着小猪的肉也会不知其味，耳朵听着钟鼓之乐也会不闻其声，眼睛看着锦绣花纹也会不见其形，穿着轻暖的衣服、躺在平滑的竹席上身体也不会觉得舒适。也就是说，虽然享受着万物之美，却得不到满足；即或偶尔有一点满足，也驱散不了内心的忧恐。或者说，得到的万物之美，都变成了自己的大忧；拥有的万物之利，都变成了自己的大害。那么，似这般追逐财物，究竟是为了养生，还是为了损命？想满足愿望却放纵了情欲，想保养生命却伤害了身体，想增加快乐却摧毁了心情，想培养名望却败坏了品行。以其实际处境而言，这样的人，就算封侯称君，也与盗贼无异；即使乘轩戴冕，亦同乞儿一般。这一番话，可以说几乎道尽了那些弃义逐利、“不义而富且贵”的人的真实的生存状态。不知这些人的现代同行们，读后做何感想。

相反，如果固守义理，如孟子所说的“非其义也”，“一介不取”，则即使没有“万物之美”和“万物之利”，乃至处于一般生活水平之下，由于“心平愉”，亦可安乐度日。即荀子在上面那段话之后所说：

> 心平愉，则色不及佣（通“庸”，指一般水平；下同）而可以养目，声不及佣而可以养耳，蔬食菜羹而可以养口，粗布之衣、粗紃（麻绳）之履而可以养体，局室（狭窄的屋子）、芦帘（芦苇做的帘子）、葭稾（gǎo）蓐（茅草做的褥子）、敝机筵（破旧的几桌和竹席）而可以养形（体）。故无万物之美而可以养乐，无势列之位而可以养名。如是而加天下焉，其为天下多，其私乐少矣，夫是之谓重己役物。（《荀子·正名》）

的确，幸福安乐，虽与财物有关，但绝不与财物成正比。一身正气，两袖清风，何乐而不可有！“如是而加天下焉，其为天下多，其私乐少矣”，是说把天下交给这样的人治理，他们会多为天下着想，而少谋一己私利。

鉴于背弃义理、追逐财物所招致的“虽封侯称君，其与夫盗无以异”的严重后果，荀子告诫人们，在欲、利面前，要慎重权衡：

> 欲恶取舍之权：见其可欲也，则必前后虑其可恶也者；见其可利也，则必前后虑其可害也者；而兼权之，孰（熟）计之，然后定其欲恶取舍。如是，则常不失陷矣。凡人之患，偏伤也。见其可欲也，则不虑其可恶也

者；见其可利也，则不顾其可害也者。是以动则必陷，为则必辱，是偏伤之患也。(《荀子·不苟》)

“欲恶取舍之权”就是好恶取舍的权衡。见到自己所好的东西，要思前想后，考虑是否会带来可怕的后果；见到于己有利的东西，也要思前想后，考虑是否会带来有害的后果。经过利害得失的全面权衡（兼权）、深思熟虑（孰计），而后再决定取舍。“凡人之患”，多是由于考虑的片面造成的（偏伤）。见所好而不虑所恶，见所利而不顾所害，“是以动则必陷，为则必辱”。话说得相当温和，但亦不失为平实而有益的提醒。

二

《老子·四十四章》可以说是专论自身与外物的关系问题，也就是得失问题的：

名与身孰亲？身与货孰多（贵重）？得与亡孰病？

是故甚爱必大费，多藏必厚亡。

故知足不辱，知止不殆，可以长久。

第一行的三句全是提问，本书第一章已经引用过，并略作解释说：名声与自身生命哪个更亲近？自身生命与财富哪个更宝贵？名利之得失与生命之存亡哪个更严重？答案不言自明。第二行的两句是对第一行提出的问题的论证，意思是：追求得越甚，耗费也会越大；积存得越多，损失也会越重。这也就是说，所有对于身外之物的过分追求，都会走向自己的愿望的反面。第三行的三句就是结论了：只有懂得知足，才能免遭惨败，不至于太过丢脸；只有懂得节制，才能有所保存，不至于彻底破产。这样才能安乐无虞，长久不衰。这里包含着关于人生的得与失深刻的辩证逻辑。“知足不辱，知止不殆”就是这种逻辑的精练概括。或许因为贪得无厌而从座上官一下子跌为阶下囚的各位，对此倍有感受。

《老子·四十六章》的后半章也是谈这个问题的：

祸莫大于不知足，咎（罪过）莫大于欲得。故知足之足，常足。

明白了上面所说的“知足不辱，知止不殆”，也就明白了这里所说的前两句话：灾祸没有比不知足更大的了，罪过没有比贪得更大的了。这是同一个意思从反面来说，当然也是对这个意思的进一步深化。但何以谓“知足之足，常足”？所谓“知足”之“足”，似并无确然一定的标准，据《老子》中的相关话语来看，当是指以满足基本的生活需要为“足”，即以得到温饱为足。如前引“圣人为腹不为目”即此义。如果以得到温饱为满足，而此外并无更多的奢求，当然最容易得到长久的满足。所以说“知足之足，常足矣”。例如那个受到孔子称赞的卫公子荆，刚刚有了点家产，就说“差不多已经够了”。稍稍多了一些，便说：“差不多已经齐备了。”这不就是“常足”吗？

老子在这方面的一个更高的提法，叫作“知足者富”（《老子·三十三章》）。如果说“知足常足”的提法就已经令常识费解，那么这个提法就更是对常识的挑战了。知足者，温饱而已矣，何可曰“富”？不然。知足者往往比那些不知足者更为安定、快乐，而不会像他们那样永远处在你争我夺、患得患失的紧张与危险之中，说不定哪一天就会倾家荡产；知足者也往往会有远比那些不知足者更为丰富、有益的思想情趣和生活内容，而不会像他们那样单调而贫乏，除了追名逐利便一无所知，除了金钱财富便一无所有；而且，“富”也并没有绝对的客观标准，永不知足就是永远都得不到满足，永远都觉得“穷”，反不如知足者温饱之外别无他求，衣食无忧就觉得已经够“富”了。总起来说，岂不是“知足者富”了吗？

从“知足不辱”，到“知足常足”，再到“知足者富”，这可以说是老子学说的“知足三部曲”。心中有了这“知足三部曲”还会没命地去贪吗？

三

《韩非子·解老》篇，对上述《老子·四十六章》作了详细的解释。但韩非子所依据的文本与今本有所不同，前三句是：

祸莫大于可欲。……祸莫大于不知足。……咎莫僭（“惨”之借字）于欲利。

他对这三句话作了逐句的阐发，可谓文详而意尽。

“祸莫大于可欲”：

人有欲则计会（算计、思虑）乱，计会乱则有欲甚，有欲甚则邪心胜，邪心胜则事经（径；事径即行事规则）绝，事经绝则祸难生。由是观之，祸难生于邪心，邪心诱于可欲。可欲之类，进则教良民为奸，退则令善人有祸。奸起则上侵弱君，祸至则民人多伤。然则可欲之类上侵弱君而下伤人民。夫上侵弱君而下伤人民者，大罪也。故曰：“祸莫大于可欲。”是以圣人不引（被引诱）五色，不淫（沉溺）于声乐；明君贱玩好而去淫丽。

这段话的中心是告诫人们：切不可放纵自己的欲望。所谓“人有欲”，就是指人受欲望的支配。人受欲望的支配，思想就会混乱；思想越混乱，欲望就越强盛；欲望强盛起来，邪心就占了上风；邪心占了上风，行为准则就会弃之不顾；行为准则弃之不顾，灾祸也就不可避免地降临了。由此反推上去，灾祸乃生于邪心，而邪心则生于欲望。所谓“可欲”和“可欲之类”，字面上是指引起人的欲望的各种事物，实际上是指人对引起欲望的各种事物的放肆追求，简言之就是放纵自己的欲望。放纵自己的欲望，进而言之会使好人“为奸”学坏，退而言之会使善人惹祸遭灾。“奸起”则上侵君主，“祸至”则下害百姓。放纵自己的欲望所导致的上侵君主、下害百姓的行为，都是大罪。所以老子说：“祸莫大于可欲。”因此，圣人不陶醉于声色之美，不沉溺于感官享乐；明君鄙视声色犬马之娱，弃绝侈丽淫靡之物。就个人的人生道路而言，放纵自己的欲望，的确可以说是一切灾祸的根源。

“祸莫大于不知足”：

人无毛羽，不衣则不犯（胜）寒。上不属天，而下不著地，以肠胃为根本，不食则不能活。是以不免于欲利之心，欲利之心不除，其身之忧也。故圣人衣足以犯寒，食足以充虚（饥），则不忧矣。众人则不然，大为诸侯，小余千金之资，其欲得之忧不除也。胥靡（囚犯）有免，死罪时活，今不知足者之忧，终身不解，故曰："祸莫大于不知足。"

这段话的中心是告诫人们：应该"知足"。从中可以看到，韩非子并不是禁欲主义者。他清醒地认识到：人没有鸟兽的皮毛或者羽毛，故不能不衣；人也不能像树木那样，靠天上的阳光和地下的养分为生，故不能不食。而不能不衣不食，就"不免于欲利之心"，这可以说是人的与生俱来的忧患。所以他强调的只是：人应该节制这种"欲利之心"，"欲利之心"，因饥寒而生，亦应得温饱而足，而不应贪得无厌，永不知足。他所理解的圣人就是如此："衣足以犯寒，食足以充虚"，即无忧无虑，不再过分奢求。而世人往往昧此，大至当了诸侯，小亦家财千金，"其欲得之忧不除也"。这段话最后指出：囚犯还会有免死、释放的时候，而这种"不知足者之忧，终身不解"。这种说法同老子的"祸莫大于不知足"一样发人深省。

"咎莫憯于欲利"：

故欲利甚于（据文义当为"则"）忧，忧则疾生；疾生而智慧衰，智慧衰则失度量；失度量则妄举动，妄举动则祸害至；祸害至而疾婴内，疾婴（侵犯）内则痛，祸薄（迫加）外则苦。苦痛杂于肠胃（据文义当为"内外"）之间，则伤人也憯，憯则退而自咎（自责、自省），退而自咎也生于欲利，故曰"咎莫憯于欲利。"

这段话主要是讲"欲利"之害，准确地说是追求"欲利"而不知足所带来的危害。从开头"欲利甚于忧，忧则疾；疾生而智慧衰"到"妄举动则祸害至"数句，可以用一个简单的成语来概括，那就是"利令智昏"。"利令智昏"，这就是追求"欲利"而不知足者之"疾"，也是所有这类人的"通疾"。从"祸害至而疾婴内"到"伤人也憯（惨）"数句，也可以用一个简单的成语来概括，那就是“内外交困”。“内外交困”是“利令智昏”的必然结果。待“祸害”降临，恐惧、忧愁内袭于心，惩处、刑罚外加于身，这种“内外交困”的煎熬，不可谓不惨。然则回头自省，当知如此惨痛的后果，即源于当初永不知足的“欲利”之求，这就只能用另一个成语来概括，叫作“咎由自取”了。所以说“咎莫憯于欲利”。

《韩非子·解老》篇还详释了《老子·五十四章》。本章原文为：

善建者不拔，善抱者不脱，子孙以祭祀不辍。

修之身，其德乃真；修之于家，其德乃余；修之乡，其德乃长；修之于邦，其德乃丰；修之于天下，其德乃普。

故以身观身，以家观家，以乡观乡，以邦观邦，以天下观天下。吾何以知天下之然哉？以此。

本章是讲“修身”即道德修养的。但“修身”的具体内容究竟是指什么，这里并未明言；或以为是指养护自己的身体，此解亦略嫌笼统。而《韩非子·解老》篇却有十分详明的解释。对第一段的解释是：

人无愚智，莫不有趋舍（取舍）。恬淡平安，莫不知祸福之所由来。得于好恶，怵（音 xù，诱惑）于淫物，而后变乱。所以然者，引于外物，乱于玩好也。恬淡有趋舍之义（标准，原则），平安知祸福之计（策）。而今也玩好变之，外物引之，引之而往，故曰“拔”。至圣人不然，一建其趋舍，虽见所好之物不能引，不能引之谓“不拔”。一于其情（情志专一），虽有可欲之类神不为动，神不为动之谓“不脱”。为人子孙者，体此道以守宗庙，宗庙不灭之谓“祭祀不绝”。

这里对“善建者不拔，善抱者不脱，子孙以祭祀不辍”三句，都是从树立心志、决定弃取的道德修养的角度去理解的。而这个道德修养问题的关键，就在于能否抵御供人享乐、玩乐的身外之物的诱惑。能够坚守自己的心志，不受身外之物的诱惑，即为“不拔”“不脱”；否则，“引于外物，乱于玩好”，或曰

“玩好变之，外物引之而往”，就是“拔”和“脱”。以一个家族而言，若能世代如此，即可“子孙祭祀不辍”。此中原理，就是“恬淡平安，莫不知祸福之所由来；得于好恶，怵于淫物，而后变乱”。祸患的根源就在于为“淫物”所引诱，为物欲所支配。对二、三两段的解释是：

身以积精（积蓄精气）为德，家以资（生）财为德，乡国天下皆以民为德。今治身而外物不能乱其精神，故曰：“修之身，其德乃真。”真者，慎之固也。治家者，无用之物不能动其计，则资有余，故曰：“修之家，其德有余。”治乡者行此节，则家之有余者益众，故曰：“修之乡，其德乃长。”治邦者行此节，则乡之有德者益众，故曰：“修之邦，其德乃丰。”莅天下者行此节，则民之生莫不受其泽，故曰：“修之天下，其德乃普。”修身者以此别君子小人，治乡治邦莅天下者各以此科适（从，顺）观息（生长）耗（损耗），则万不失一。故曰：“以身观身，以家观家，以乡观乡，以邦观邦，以天下观天下。吾奚以知天下之然也？以此。”（《韩非子·解老》）

这里的“身”“家”和“乡、国（邦）、天下”之前都省略了一个“治”字，是指治身、治家、治乡、治国、治天下。治身以积蓄精气为德，治家以生殖财富为德，治理乡、国、天下皆以养民为德。而实现所有这些德业的关键，都在于能够拒绝身外之物的诱惑，做到“外物不能乱其精神”。能否拒绝身外之物的诱惑，以修身而言，这是君子与小人的分界；以治乡、治国和治天下而言，这是观察乡、邦、天下之兴衰、治乱的征兆。这样，韩非子就把从修身、齐家到治国、平天下的这一系列德业统一了起来。统一于何处？统一于节制自己的物欲，坚决拒斥享乐玩好等一切身外之物的诱惑。

关于节制物欲、拒绝诱惑，韩非子还讲过这样一个发人深省的故事：

公仪休相鲁而嗜鱼，一国尽争买鱼而献之，公仪子不受。其弟谏曰：“夫子嗜鱼而不受者何也？”对曰：“夫唯嗜鱼，故不受也。夫即受鱼，必有下人之色；有下人之色，将枉于法；枉于法则免于相，虽嗜鱼，此不必能自给致我鱼，我又不能自给鱼。即无受鱼而不免于相，虽嗜鱼，我能长自给鱼。”此明夫恃人不如自恃也，明于人之为己者，不如己之自为也。（《韩非子·外储说右下》）

公仪休身为相国而“嗜鱼”，自不免“一国尽争买鱼而献之”，但公仪休“不受”。何以“嗜鱼”而不“受鱼”？公仪休回答：正因为“嗜鱼”，所以才不“受鱼”。如果接受了别人送来的鱼，面对他们时就会面有惭色，面有惭色就会迁就他们，放弃原则；而迁就他们、放弃原则就会枉法；枉法就会被罢相。那时，别人不再给我送鱼，我自己也买不起鱼，虽嗜鱼又有什么办法？像现在这样，我不受鱼，因而也不会被罢相，“嗜鱼”了就自己去买，还怕没有鱼吃吗？这就叫作依靠别人不如依靠自己。公仪休的回答似乎还不够高尚，但他的想法却足够高明。身居国相之高位的他，依然保持了清醒的头脑。一个身居高位的官员，如果能保持这样清醒的头脑，就不会如上面所说的“智慧衰则失度量，失度量则妄举动”，也就可以长期保持正常的生活待遇，包括某些正常的个人嗜好了。

四

《庄子·盗跖》篇里，有一大段话描摹“今富人”的生存状态，并概括为迷乱、劳苦、有病、取辱、忧虑、恐惧六条特征。这段话文字障碍较多，现于文中简要夹注，再于文后通释大意如下：

平为福，有馀为害者，物莫不然，而财其甚者也。今富人，耳营（萦绕）钟鼓管籥之声，口嗛（xián，通衔）于刍豢醪醴之味，以感其意，遗忘其业，可谓乱矣；侅（gāi）溺于冯（píng）气（冯，通凭，涨，满；句意谓因争财斗富而呃逆涨气），若负重行而上坂（坡），可谓苦矣；贪财而取慰（慰藉），贪权而取竭（极致），静居则溺，体泽（肥亮）则冯，可谓疾矣；为欲富就利，故满若堵（墙）耳而不知避（句意为积财高于墙而不知止)，且冯而不舍，可谓辱矣；财积而无用，服膺(爱恋)而不舍，满心戚醮(烦恼)，求益而不止，可谓忧矣；内(在家)则疑劫请(取)之贼，外(外出)则畏寇盗之害，内周楼疏(建围楼以守望)，外不敢独行，可谓畏矣。此六者，天下之至害也，皆遗忘而不知察，及其患至，求尽性(用尽心思)竭财(花尽钱财)，单(仅)以反一日之无故(平安无事)而不可得也。故观之名则不见，求之利则不得，缭意绝体(意即倾心献身)而争此，不亦惑乎!

开头交代了一个平凡而确实的真理：平平常常是福，多余过盛是祸，凡事皆然，而以钱财为最。而后便转至描摹“今富人”的状态了：他们耳朵里要装满钟鼓管籥的乐声，嘴巴里要塞满大肉美酒的味道，以满足自己的欲望，遗忘自己的正业，这只能叫作迷乱。他们为争财斗富而呃逆喘息，气愤填膺，就像负重爬山一般，这又不可不谓之劳苦。他们只能靠贪财获得慰藉，靠贪权获得极乐，平日即陶醉于嗜欲，肥胖则盛气以凌人，这应该看作有病。他们为了追求富有，家财堆积如墙仍不知足，继续贪求而不止，这就成为自取其辱了。他们积聚财富而无所用，却又爱好而不舍，满心焦躁只求无限增多，因此财富反而转化成了忧虑。他们在家则担心有窃贼来偷，外出又害怕被劫匪刺杀，家里四周筑起望楼以守备，离家即不敢一人而独行，万贯家财所带来的只是恐惧。迷乱、劳苦、有病、取辱、忧虑、恐惧，这六条乃天下共知的人生大害，却被他们遗忘而不知省察。等到灾祸降临，即使用尽了心机、荡尽了家产，想过一天平安无事的日子也不可得。既没有争到名，也没有得着利，却倾心献身、不遗余力地去争夺，这不是糊涂吗!

描摹贪得无厌的“富人”的生存状态，先秦文献中并不罕见，但这段文字大概是其中篇幅最长、形容最尽的一段。从这段文字来看，一些人之所以贪财好富，既不是因为穷，也不是为了用，而只是因为贪、为了富，可以说是因贪而贪、为富而富。贪财好富似乎已经成了他们的本性，他们的生命，非如此便不知何为，便无所事事。他们活着，似乎就是要为荀子的“性恶”论提供证据。这大概就是为什么有些人会沾手即贪、屡教不改了。

上述老、韩、庄的反贪言论，中心思想都是强调“知足”。或许有人会说：以今天的眼光来看，他们“知足”的标准似乎太低了、过时了：怎么能仅仅满足于温饱呢？难道不应该步步登高吗？这其实是思想混乱。首先，任何时候，温饱都是人生的基本需要，无所谓过时不过时，区别只在于解决温饱的具体方式。其次，就社会公众的生活水平而言，无疑是应该步步登高的，这也正是治国理政者的一项基本任务，但这里所说的根本不是这个问题。再次，作为治国理政的公务人员，在自己的生活水平问题上，任何时候都应该“知足”，因为“不知足”就意味着贪得无厌，就潜伏着以权谋私。这才是这里所说的问题，也才是问题的关键。对于一个公务人员来说，提高公众的生活水平和提高自己的生活水平，这是两个不完全对立但性质完全不同的问题。把这两个问题混淆起来，把自己致富的问题带到自己的公务中来，就是以权谋私。“让一部分人先富起来”绝不意味着让有权的、当官的人先富起来。曾经一度流行的“领导干部应该带头致富”的口号，纯粹是一个以权谋私的口号、一个号召贪腐的口号。公务人员的口号，无论任何时候都应该是“先天下之忧而忧，后天下之乐而乐”。

也不能只要求公务人员，“贪”是不少人的通病。近些年来，诈骗的事时有发生。诈骗者固然可恨，有些被诈骗者似乎也不大光彩。一听说钱影在前，就怦然心动，“智慧”迅即衰竭，智商立刻“归零”，天上掉馅饼也信，白纸能变钱也信。还辩解说：现在科技这么发达，什么事不可能？从这里倒可以明白为什么现在诈骗犯这么多了，一个重要原因就是：现在施行诈骗太容易了。有些人是做好了充分的准备，随时等着乃至上赶着让人诈骗的。谈的是“为政之德”，本不该牵连百姓，只是忽然想到，但也就此打住。

第三节 善利万物而不争

一

孔子有个口号，叫作“君子无所争”：

> 子曰：“君子无所争，必也射乎！揖让而升，下而饮，其争也君子。”（《论语·八佾》）

孔子以及儒家是明确反对“争”的，包括争名逐利、争强好胜等。孔子说过：“君子矜而不争。”（《论语·卫灵公》）“矜”是自尊，自尊未必要与人争。荀子亦引周公语曰：“君子力如牛，不与牛争力；走如马，不与马争走；知（智）如士，不与士争知。”（《荀子·尧问》）所以这里孔子说：君子没有什么要与人争的。要说有争的话，那就一定是射箭了。此所谓“射”是指那种游艺性的射箭比赛，也是一种礼仪活动。两人一组，坐在堂下，轮流升堂而射；射者揖让后升堂射箭，射后还要揖让而下；两人射毕，胜者罚负者饮酒，也要揖让。揖让而升，揖让而下，揖让而饮，三次揖让，彬彬有礼。所以孔子说这是君子之争。这只是一种娱乐性、象征性的争，除此之外，君子就“无所争”了。

孔子还曾赞许地特别讲到一个人的一件事：

> 子曰：“孟之反不伐，奔而殿。将入门，策其马，曰：‘非敢后也，马不进也。’”（《论语·雍也》）

“伐”是自我炫耀、自夸。孔子说：“孟之反这个人不炫耀自己。在一次打仗败退时，他走在最后，掩护大家；将要入城门回到本营了，他一边扬鞭策马一边解释说：‘不是我勇于断后，是我的马跑不动啊。’”这就不仅是不争功、不争名，而是谦逊地避功、避名了，怪不得受到孔子的赞许。

《论语》载，有一次孔子与弟子颜渊、子路一起聊天，“各言尔志”。颜渊曰："愿无伐善，无施劳。"（《论语·公冶长》）"无伐善"就是不夸耀自己的长处，"无施劳"就是不显摆自己的劳绩。这也是谦让而不争。颜渊是个很谦逊的人。孔子喜欢他，一个重要原因即在于此。

但孔子以及儒家在这方面的言论并不很多。就"戒争"这种思想的深度与广度而言，孔子远不及道家的老子。

"戒争"是老子思想的一个要点，《老子》书中有好几章谈到这个问题。最著名、也最重要的，大概就是《老子·八章》了：

> 上善若水。水善利万物，又不争。处众人之所恶，故几于道。
>
> 居善地，心善渊，与善人，言善信，政善治，事善能，动善时。夫唯不争，故无尤。

"上善"就是最高的善、至善。"上善若水"这句话，近年来出现频率颇高，几乎可以说无人不知、无人不讲。但何以云"上善若水"？水善在哪里？下一句就是回答"水善利万物，又不争。处众人之所恶"。这里的"善"与前一个"善"含义有所不同，前一个"善"是善良，这里的"善"是善于，或曰擅长、能够。水生育万物，滋养万物，造福万物，人们说水是生命的源泉，一点不假；但水却从不为自己争利，从不与万物争高，而甘愿处于世上最低下、最卑微，也是众人最不屑、最厌恶的地方。俗话说："人往高处走，水往低处流。"这话当然没错。但"高处"究竟是指什么？名誉？地位？权势？富贵？荣华？如果仅仅是指这些的话，那就成为纯粹物欲主义、功利主义的人生观了，争名逐利、争权夺势、争豪斗富也就成了人生的唯一主题，而穷奢极欲、贪得无厌也就成了这个主题的题中应有之义，还谈得到什么"戒奢""戒贪"？还有什么道德之可言？"衣敝缊袍，与衣狐貉者立"，应该立即愧死，怎么可能"不耻"？（见前引孔子语）须知：道德的高处，往往正在功利的低处。正因为"水善利万物而不争，处众人之所恶"，即"水往低处流"，才成就了水的"上善"。在个人的名誉、地位、权势、富贵、荣华等事情上，只有"人往低处走”，才能走向道德的高处，走向人品的“上善”。

“水善利万物，又不争。处众人之所恶”，这是水的品质，也是道家之“道”的品质，所以老子说水“几于道”。引几句道家讲“道”或讲“圣人”的话，一看便知：

道生之，德畜之，……生而不有，为而不恃，长而不宰，是谓玄德。（《老子·五十一章》）

万物恃之以生而不辞，成功不名有。爱养万物不为主，……（《老子·三十四章》）

是以圣人……生而不有，为而不恃，成功不居。（《老子·二章》）

夫道，覆载万物者也，……不拘一世之利以为己私分，不以王天下为己处显。……（《庄子·天地》）

这些话均已见前面各章所引。可知，如果说“道”之化育万物“为而弗恃，功成而弗居”是一种形而上的精神，那么水的“水善利万物而不争，处众人之所恶”就是这种精神的形而下的体现。可以说，水是“道”之“玄德”的象征。

讲“水”是为了讲人。所以第二段“居善地”云云，看似讲水“水善利万物，又不争”的具体内容，实际上是讲人应如何像水那样“水善利万物而不争”。一共讲了七个方面，可谓之“七善”。“七善”的“善”都是善于、擅长或能够的意思。一是“居善地”，这是讲自处，自处要避高处下，甘居于恶地。二是“心善渊”，这是讲存心，存心要深邃宁静。三是“与善人”，这是讲待人，待人要善于和睦相处，善待众人，“善者，吾善之；不善者，吾亦善之”。四是“言善信”，这是讲说话，说话要有征而不爽，做到言而有信。五是“政善治”，这是讲理政，理政要以简驭繁，善于“无为而天下治”。六是“事善能”，这是讲处事，处事要遵循客观规律，善于因势利导。七是“动善时”，这是讲行动，行动要善于把握时机，因时而动。有此“七善”，深邃而平和，高明而谦逊，一心利人而从不利己，大有作为而毫不张扬：显然，这是一个“善利万物而不争”的人。

“夫唯不争，故无尤”，“尤”即过失，祸患。一个“善利万物”而与世无争的人，还会有前述那些争名逐利、贪得无厌者的祸患吗？

二

读了上面老子这段关于水的颂词，不禁想到孔子和儒家也是很欣赏水的。最著名的大概就是孔子“知（智）者乐水，仁者乐山”（《论语·雍也》）这两句话了。智者何以乐水？朱熹解释道：“知者达于事理而周流无滞，有似与水，故乐水。仁者安于义理而厚重不迁，有似于山，故乐山。”（《四书集注》）这大约是符合孔子的原意的，因为孔子这两句话后面紧接着说的是“智者动，仁者静”。水是动的，“周流无滞”；君子之于事理，亦当灵活周到，而不可滞于一隅。孔子还有一句话：

> 子在川上，曰：“逝者如斯夫！不舍昼夜。”（《论语·子罕》）

这是对水的奔流不息、锲而不舍的精神的赞叹。后来，有人问孟子：“仲尼亟称于水，曰‘水哉！水哉！’何取于水也？”孟子回答：

> 原泉混混，不舍昼夜。盈科（坎）而后进，放乎四海，有本者如是，是之取尔。苟为无本，七八月之间雨集，沟浍（kuài，渠）皆盈；其涸也，可立而待也。故声闻过情（名声超过实情），君子耻之。（《孟子·离娄下》）

这是以“有本”之水的奔流不息、直达大海作比，强调君子亦应敦其根本，而不务浮名。儒家这些话，都是用水的某些特点来比拟人、主要是君子的某种道德，可称为水的伦理学。但是水的一个最突出的特点、也是老子最强调的一点——水往低处流，却被他们忽略了，或者说却为他们所不取。《论语·子张》篇里有子贡曰：“君子恶居下流，天下之恶皆归焉。”“下流”就是下游。儒家是很在乎自己的名声的，唯恐居下流而被诬为脏水。老子则不同。除了上面这段颂词，他还讲道：

江海所以能为百谷王，以其善下之，故能为百谷王。(《老子·六十六章》)

天下柔弱莫过于水，而攻坚；强莫之能先。其无以易之。(《老子·七十八章》)

这些话虽然也是以水喻人，但宗旨都在于对高与低、上与下、强与弱等对立面的辩证关系的思考，蕴含着更深刻的人生哲理，可称作水的哲学。

像水那样善下而不争，正是老子的处世哲学。从《老子》一书中可以看到：

他不贪图富贵功名：

持而盈之，不若其以。

揣而锐之，不可长保。

金玉满堂，莫之能守。

富贵而骄，自遗其咎。

功成、名遂、身退，天之道。(《老子·九章》)

有学者对于本章全章的含义，作了这样的阐释：“钱财，搁手里，不满足，得让钱生钱，利生利，越攒越多。这种想法，特无聊，不如趁早拉倒。聚敛无已，到头来，总是保不住。就算金玉满堂，又怎么样？也不可能永远搂在自己怀里。富贵了就神气，一阔脸就变，是自找倒霉。功成身退，才符合天道。”(李零《人往低处走》) 这个阐释十分精彩，只是不知当下的人们是否爱听。

他不在乎声誉地位：

故贵以贱为本，高以下为基。……故致数车无车。不欲琭（lù）琭如玉，落（luò）落如石。(《老子·三十九章》)

“琭琭”，光彩华丽貌。“落落”，粗朴坚硬貌。“高”、“贵”者最引人注目，也最容易得到人们的赞誉；但“贵以贱为本，高以下为基”，所以最应该得到赞誉的是“低”“贱”者，而他们不需要、也不稀罕人们的赞誉。这就叫至誉无誉。老子甘愿做低贱的顽石，而不愿做高贵的美玉。

他不屑于张扬自我：

曲则全，枉则正；洼则盈，弊则新；少则得，多则或。是以圣人抱一为天下式。不自见，故明；不自是，故彰；不自伐，故有功；不自矜，故长。夫惟不争，故天下莫能与之争。古之所谓“曲则全”，岂虚语？故成全而归之。(《老子·二十二章》)

委曲反能保全，屈就反能伸直，低洼反能充满，破旧反能更新，少取反能多得，贪多反而迷惑。老子认为这是天地之道的基本原则，圣人即坚守这一原则以垂范天下。所以，人不自我表现反而显明，不自以为是反而彰著，不自我夸耀反而有功，不自我矜持反而长久。正因为与人无争，故亦无人能与之争。古之所谓“曲全”并非虚语，确实是万全之策。

企者不久，夸者不行，自见不明，自是不彰，自伐无功，自矜不长。其在道，曰余食赘行，物或有恶之，故有道不处。(《老子·二十四章》)

这是从反面立论，继续阐发《二十二章》提出的道理。踮起脚跟以求高，则站不住；跨出大步以求快，则走不远。自我表现反而不显，自以为是反而不彰，自我夸耀反而无功，自我矜持反而不长。以道观之，一切多余和赘加的饮食、行为，都惹人厌恶。故有道者不为。

现在，时尚界与娱乐圈有个非常流行的口号，就叫“张扬自我”，或美其名曰“张扬个性”。其实那“自我”或所谓“个性”本来就“相当”浅薄和低俗，还要竭力“张扬”；“张扬”出来的，只能是“自我”和整个时尚界与娱乐圈的加倍的浅薄和低俗。

他认为只有“善下”才能有成：

天长地久。天地所以能长久者，以其不自生，故能长久。是以圣人后其身而身先，外其身而身存。以其无私，故能成其私。(《老子·七章》)

天地所以能够长久，就因为天地只生长万物，而不生长自己。所以圣人先人而后己，天下反敬而先之以为长（zhǎng）；把自己置之度外，天下反拥而护之使其存。总之，正因其无私，所以才成就了自己。

> 江海所以能为百谷王，以其善下之，故能为百谷王。是以圣人欲上人，必以言下之；欲先人，必以身后之。是以圣人处上而人不重，处前而人不害，是以天下乐推而不厌。以其不争，故天下莫与之争。（《老子·六十六章》）

江海何以能够使百川归赴？就因为善于处下。所以圣人要在上面统领民众，必须谦而下之地对待民众；要在前面引导民众，必须使为自己着想后于为民众着想。这样，圣人虽处于上位而民众不会感到沉重，虽站在前面而民众不会感到威胁。所以天下百姓乐于拥戴，而毫无不满。即因其与民无争，故天下民众也不会与之争。

“后其身而身先，外其身而身存”，这是千百年来，无数历史事实证明了的真理。史载汉代大将军李广之事曰：“广之将兵，乏绝之处，见水，士卒不尽饮，广不近水，士卒不尽食，广不尝食。宽缓不苛，士以此爱乐为用。”（《史记·李将军列传》）这可以说是一个“后其身而身先，外其身而身存”的典型事例。领军有这种精神，何愁士卒不效死！理政有这种精神，何患民众不拥戴！

他提倡与而不取，“为而不争”：

> 圣人不积，既以为人己愈有，既以与人己愈多。
>
> 天之道，利而不害。圣人之道，为而不争。（《老子·八十一章》）

“既以为人”“既以与人”的“既”，当理解为尽，尽力或尽量。圣人不积蓄财物。越是尽力帮助他人，自己就越富有；越是尽量给予他人，自己就越丰盛。自然之道，只利物而不害物；圣人之道，只作为而不争竞。一句话：只奉献而不索取。这已经超越了谦下退让的处世原则的层次，达到了人们可以想象的最高且不能再高的精神境界。儒家所倾心追慕的“爱人利物”的“仁”的境界也不过如此，而老子这里连“仁”的名誉也不要。他所想到的是：天地之道只是化育万物而并不据为己有，而万物越是兴旺天地就越加繁荣，岂不正是“既以为人，己愈有；既以与人，己愈多”吗？既然天道如此，那么人何以不应如此？至此，老子的“不争”哲学也就达到了它的逻辑进程的顶点。

从为政之德的角度来看，戒奢、戒贪、戒争，都是同以权谋私相关的道德问题。而如上文之所述，在这方面，墨子的“俭节则昌，淫佚则亡”、孔子的“不义而富且贵，于我如浮云”、孟子的“宝珠玉者，殃必及身”、韩非子的“见象箸以知天下之祸”、庄子的“勿丧己于物”、荀子的“重己役物”，尤其是老子的“知足不辱”和“为而不争”，先秦诸子们讲了多少发人深思的道理，提出了多少语重心长的警示啊！难道所有这些都抵挡不住钱财的诱惑吗？

那就只有等待法律的惩处了。

第八章 居处恭 执事敬 与人忠

——职场伦理

《论语·子路》载："樊迟问仁。子曰：'居处恭，执事敬，与人忠。虽之夷狄，不可弃也。'""居处恭"是指自处，或曰律己，要恭谨庄重地对待自己；"执事敬"是指处事，要严肃认真地对待工作，也就是敬业；"与人忠"是指待人，要忠实诚信地对待他人。而这三条，恰恰是一个公职人员在自己的工作岗位上应该注意的事情。后两句是说，即使到了偏远的夷狄地区，这三条也不能丢。

政务属于公务，不是自由职业，不是个人行为，而是一种严格意义上的有组织的集体工作。处于这个有组织的工作集体中，人有上级、同事、下级之分，事都是关系国计民生的大事。这就需要其中的工作者正确对待自己，正确对待他人，正确对待工作。这可以称作"职场伦理"。前一章所讲的戒奢、戒贪、戒争主要是为了避免犯错误、走邪路，而要想成为一个好的、胜任愉快的公职人员，还必须做到这三个正确对待。

儒学基本上是伦理学说，且以出仕从政为主要的职业选择，职场伦理正是它的强项。所以，这方面的资源主要是由儒家、尤其是孔子提供的，虽然道、法诸家亦不无贡献。

第一节 居 处 恭

“居处”就是指日常的举止仪容。“恭”的含义则较为复杂，《论语》中曾多次用到这个字，可约略考知。如本书第三章所引：“子曰：‘无为而治者，其舜也与？夫何为哉，恭己正南面而已矣。’”（《论语·卫灵公》）“恭己正南面”就是庄重地面朝南正襟危坐。朱熹说“恭己者，圣人敬德之容。”（《四书章句集注》）又如本书第四章所引：“子谓子产，‘有君子之道四焉：其行己也恭，其事上也敬，……’”（《论语·公冶长》）“行己”就是立身、律己，“行己也恭”就是自己立身行事谦逊而庄重。此外，《论语·阳货》篇，孔子提出五种美德，第一种就是“恭”：

> 子张问仁于孔子。孔子曰：“能行五者于天下，为仁矣。”请问之。曰：“恭、宽、信、敏、惠。恭则不侮，宽则得众，信则人任焉，敏则有功，惠则足以使人。”

所谓“恭则不侮”，意思当是：自己谦逊、谨慎，就不会受到侮辱。《论语·泰伯》篇，孔子论礼的作用，亦云：

> 恭而无礼则劳，……

意思当是：谦逊、庄重的表现亦应合乎礼节，否则会辛劳而不讨好。《论语·学而》篇，有孔子弟子有子的话：

> 恭近于礼，远耻辱也；……

这是“恭而无礼则劳”的正面表述，意思当是：举止谦逊、庄重而合乎礼节，就可以避免耻辱。从上述这些例句可以看出：第一，“恭”都是对自己而言，都是对自己的要求，即所谓“行己”；第二，“恭”的含义，大致包含谦逊、谨慎、庄重、自尊等。那么，所谓“居处恭”，大意就是自己的举止仪容要谦逊、谨慎、庄重、自尊。换言之，就是要正确对待自己，严格要求自己。

具体说来，在要求自己方面，孔子和儒家所强调的主要是以下几条：

一是谦逊好学

“由（子路名仲由）！诲女（汝）知之乎？知之为知之，不知为不知，是知也。”（《论语·为政》）这是孔子教育子路的话，也是家喻户晓的名言。只有知道自己知道什么，同时又知道自己不知道什么，知道自己的不足和局限，这才是真正的“知”。略知一二，乃至对一二也只有一知半解，便以为自己有了知识，踌躇满志，说东道西，这其实是无知，而且是浅薄的无知。孔子这句话，就是教人谦逊地、实事求是地看待自己。因此，他还劝诫人们：“毋意，毋必，毋固，毋我。”（《论语·子罕》）这就是所谓“四毋”，意思是不要凭空臆测，不要一意孤行，不要固执己见，不要自以为是。这是教人谦逊地、以开放而无成见的心态对待各种事务和问题。此外，孔子还从反面警告人们：“如有周公之才之美，使骄且吝，其余不足观也已。”（《论语·泰伯》）即使有周公那样出色的才华，如若骄矜而狭隘，也就没有什么可称道的了。

笃志好学之士，难免会有不为人知的郁闷。在这一点上，孔子大概是感触最深的了。《论语·宪问》载：

> 子曰：“莫我知也夫！”子贡曰：“何为其莫知子也？”子曰：“不怨天，不尤人。下学而上达。知我者其天乎！”

孔子感叹道：“没有人了解我啊！”子贡问：“为什么没有人了解您呢？”孔子下面的话，并不是对子贡的问话的回答，而只是表明他面对这种处境的态度。“为什么没有人了解”，这个问题其实是无法回答的。社会在任何时候都不可能完全公正地对待每件事和每个人，其中的原因非常复杂，谁能说得清。所以一个人的社会处境，在很大程度上只能归结于命运。他当然可以抗争，但却很难改变。在这种情况下，一个人唯一能够决定的，就是自己面对这种处境的态度。孔子的态度就是：既不怨天，也不尤人，无愠无怒，无忧无悔，一往直前地继续走自己的路。“下学而上达”一句，旧注多解释为下学人事，上达天理或上达天命；时贤有谓“在人伦日用中学习，以求上达仁道的至高境界”（黄克剑《论语解读》）；总之是脚踏实地，由低到高、由浅入深地不断攀登。最后一句“知我者，其天乎”，只不过是为平息心潮而做的自我安慰。孔子是诚实的，真知卓识、奔走呼号而“莫我知也”，谁能完全做到心如止水？如果说处境如此而尚怀希望的话，那么“知我者，其天乎”的“天”就只能是历史的未来了。

孔子“莫我知也”的感慨令人不平，他的“不怨天，不尤人”的态度又令人敬佩。但也有一些人，其实未必有多少真才实学，只因为自视过高，也在那里叫嚷“人不知己”，且又怨天尤人，耿耿于怀，这就只能说是缺乏自知之明了。孔子结合自己的亲身感受，对他们进行了不厌其烦的开导：

> 子曰：“不患人之不己知，患其不能也。”（《论语·宪问》）
>
> 子曰：“不患人之不己知，患不知人也。”（《论语·学而》）
>
> 子曰：“君子病无能焉，不病人之不己知也。”（《论语·卫灵公》）
>
> 子曰：“不患无位，患所以立；不患莫己知，求为可知也。”（《论语·里仁》）
>
> 子曰：……“人不知而不愠（恼怒），不亦君子乎？”（《论语·学而》）

这里“患”和“病”是一个意思，都是指忧虑、发愁。孔子认为，真正应该忧虑的，不是别人是否知道自己，不是自己应有什么样的地位，而是自己究竟有多大才学？自己是否知道其他更有才学的人？自己究竟做出了什么样的建树（“患所以立”）？自己究竟有什么值得让别人知道的东西（“求为可知”）？如果整日为“人不知”、己“无位”而发愁、埋怨，不仅无益于自己的进步，反而表明自己缺乏修养，不过是个气量狭小、急功近利的人。只有“人不知而不愠”，始终如一地谦逊好学，这才是真正的君子。就为了“患人不知”这一个具体问题，反反复复说了这么多次，这在任何一部书里都很少见。

这种贵有自知之明而“不患人之不己知”的态度，也是老子所提倡的。他的说法是：

圣人自知不自见，自爱不自贵。故去彼取此。(《老子·七十二章》)

自知自明而不自我表现，自尊自爱而不自居高贵。“圣人”如此，一般人当然也应如此。“去彼取此”就是去“自见”“自贵”，取“自知”“自爱”。

只有为人谦逊才能真正好学，这两点是分不开的。孔子说：

三人行，必有我师焉。择其善者而从之，其不善者而改之。(《论语·述而》)

见贤思齐焉，见不贤而内自省也。(《论语·里仁》)

这也是孔子广为流传的名言。一般以为，学都是向高于自己、强于自己的人学，这样才能学好，才能学到有益的东西。其实，这还不是真正好学，尤其不是真正善学。孔子这里的教导是：真正好学、善学的人，随时随地都可以找到自己的老师；无论遇到什么人，都应注意学习他们的优点，改正自己与他们相同的缺点。对于贤者，就向他们看齐；对于不贤者，就反省自己是否也有同样的毛病。这不都是有益的学习吗？此外，孔子还指出，真正好学、善学的人，无论有没有老师，随时随地都能学习：

子曰：“君子食无求饱，居无求安，敏于事而慎于言，就有道而正焉，可谓好学也已。”(《论语·学而》)

甘于过简朴的生活，饮食不追求满足，居住不追求安逸；而用心于勤快认真地做事，谦虚谨慎地说话，注意于接近有道德的人，以匡正自己的过失。这是在自己的日常生活和工作实践中学习、修炼。孔子说这也是“好学”，这或许是更重要的学习。此外，《论语》中还有一段孔子的弟子曾子的话：

以能问于不能，以多问于寡；有若无，实若虚，犯而不校（较），昔者吾友尝从事于斯矣。(《论语·泰伯》)

世无全知全能之人，才能的大小、学识的多寡都是相对的，才能小者未必没有才能大者所不会的东西，学识少者未必没有学识多者所不懂的东西。所以，一个真正谦逊好学的人，应该勇于“以能问于不能，以多问于寡”。无论自己有多大才能、多少学识，都应该做到“有若无，实若虚”，虚怀若谷。即使因此而受到别人的轻视、冒犯，亦不与之计较。这也就是孔子所提倡的“敏而好学，不耻下问”（《论语·公冶长》）。最后一句，“尝从事于斯”就是曾经努力这样做，“吾友”旧注多臆测为颜回。颜回是否“尝从事于斯”并不重要，重要的是这段话为人们树立了谦逊好学的最高境界。这其实也是人的学养的最高境界。

而孔子本人，正是一位谦逊好学的榜样。孔子无疑是个极有学识的人，所以在当时就有人觉得他似乎是个圣人。而他却多次明确地拒绝了这种溢美：

> 太宰问于子贡曰：“夫子圣者与？何其多能也？”子贡曰：“固天纵之将圣，又多能也。”子闻之，曰：“太宰知我乎！吾少也贱，故多能鄙事。君子多乎哉？不多也。”（《论语·子罕》）

鲁国的太宰（诸侯的家臣）问子贡，孔子是不是“圣者”？如果不是，他怎么有这么多的本事？子贡说，自己的老师是老天一心要造就的圣人，而且还多才多艺。孔子听到后，对子贡说：“这位太宰了解我吗？我年轻的时候身份微贱，所以学会了许多技艺。君子需要这么多技艺吗？不需要的。”今本《论语》有的把“太宰知我乎?”的问号标为叹号“!”，意思就变成了“太宰真了解我呀!”这就等于孔子不仅承认自己是个“圣者”，而且早就觉得自己是个“圣者”了，还在为“人之不己知”而苦闷哪。这不仅与后面“吾少也贱，故多能鄙事”的解释相矛盾，而且也不符合孔子在这件事情上的一贯态度。诸如：

> 子曰：“若圣与仁，则吾岂敢？抑（只不过）为（学）之不厌，诲人不倦，则可谓云尔已矣（只能说如此罢了）。”（《论语·述而》）

子曰："我非生而知之者，好古，敏以求之者也。"(《论语·述而》)

子曰："默而识（志，记住）之，学而不厌，诲人不倦，何有于我哉(此外我还有什么呢)?"(《论语·述而》)

子云，"吾不试，故艺"。(《论语·子罕》)

他虽然向往"圣与仁"的最高境界，却从不曾以"圣与仁"自居，而只承认自己是个"学而不厌，诲人不倦"的人。他虽然说过"生而知之者，上也；学而知之者，次也"(《论语·季氏》)，却坚决否认自己是"生而知之者"，而一贯强调自己是"敏以求之者"。除了这里所说的"默而识之"，他还说过自己只不过是"多闻，择其善者而从之，多见而识之"(《论语·述而》)而已。他也从不回避自己早年家庭贫困，很多技能是在社会下层学到的。除了上面所说的"吾少也贱，故多能鄙事"，这里所说的"吾不试，故艺"也是这个意思："吾不试"就是没有被举用、做官，孔子五十一岁之前没有出仕；"故艺"就是所以多技能。有时，他甚至坦率地承认自己的"无知"：

子曰："吾有知乎哉？无知也。有鄙夫（此指乡下人）问于我，空空如也，我叩其两端而竭焉。"(《论语·子罕》)

孔子说：我有知识吗？没有知识啊！一个乡下人有问题来问我，我对他的问题一无所知，所以只能就他的问题的两种可能性与他反复推究，直到找出答案。这段话，本来并非十分难解。但是在孔子被捧为圣人的时代，孔子承认自己"无知"，甚至"空空如也"，这是既不可想象也无法接受的，所以旧注皆曲为其说。如谓："孔子谦言己无知识，但其告人，虽于至愚，不敢不尽耳。""圣人之教人，俯就之若此，犹恐众人以为高远而不亲也。"（见朱熹《四书章句集注》）就是说，孔子并非真的"无知"，自称"无知"只是故为"谦言"，以便"俯就"众人而已；即使是对"空空如也"的"鄙夫"，孔子也从头到尾、详尽完满（"叩其两端而竭焉"）地回答了他的问题。故意"谦言"以"俯就"众人，这不是真正的谦逊，而是伪装的谦逊。为了维护孔子无所不知的圣人形象，而不惜叫他“伪”起来，实在是对孔子的玷污。其实，即使是“学而不厌”的孔子，对于乡下人提出的问题，也可能一无所知、“空空如也”，这并没有什么奇怪；孔子因此而感到自己“无知”，这也很真实。孔子如实地说出这种情况，正表现了他的真正的谦逊和坦诚。孔子对于自己，本有实事求是的评价：

叶公问孔子于子路，子路不对（未答）。子曰：“女奚不曰，其为人也，发愤忘食，乐以忘忧，不知老之将至云尔。”（《论语·述而》）

“发愤忘食”就是发愤忘食地学习求道。学习求道自有无穷的乐趣，因此无暇为其他的事情忧愁，甚至会忘记自己的年龄。这是孔子的自我评价，也是孔子真实的“为人”。

关于谦逊好学，荀子有一段话，似乎也说得很好：

兼伏天下之心：高上尊贵不以骄人，聪明圣知不以穷人，齐给（敏捷）速通不争先人，刚毅勇敢不以伤人；不知则问，不能则学，虽能必让，然后为德。（《荀子·非十二子》）

身份高贵而不以此傲人，聪明颖慧而不以此逼人，做事敏捷而不与人争先，刚毅勇敢而不轻易伤人，再加上“不知则问，不能则学，虽能必让”，这的确是谦逊好学的优秀品质。但是如果这样做就是为了“兼伏天下之心”，即让天下人对自己心悦诚服，那就又未免太功利化了。道德之于人，不是手段，而是目的，不是用来交换的筹码，而是人之为人的准则。一种优秀的道德品质，的确可能带来相应的回报；但若是为了回报才讲道德，那么如果不需要相应的回报或者没有得到预期的回报呢？还讲道德吗？就这里的话题来说，如果并不想“兼伏天下之心”或者一时间未能“兼伏天下之心”，是否就可以以身份高贵傲视他人、以聪明颖慧羞辱他人了呢？

二是严于律己

孔子强调，只有正己，才能正人："苟正其身矣，于从政乎何有？不能正其身，如正人何？"（《论语·子路》）如果端正了自身的行为，对于治国理政还有什么困难呢？不能端正自己，如何能端正他人？这样说或许带有一定的德治主义的片面性，因为治国理政并非端正了自身就万事大吉了。但是，"不能正其身，如正人何"，即不能正身便无以正人，这肯定是一条颠扑不破的真理，而且对于公务人员尤其是领导者，还具有极强的针对性。身为公务人员和领导者，不可不牢记也。孔子还提出：

> 躬自厚（躬自厚责，厚责己）而薄责于人，则远怨矣。（《论语·卫灵公》）

"躬"即自己。"厚"即"厚责"，因与下文"薄责"对举而省略了一个"责"字。"责"即责问、责求。自己严格地要求自己，而宽容地要求他人，即责己严、责人宽，就会远离或曰避免他人对自己的不满。这也是一条人们常说的道理，只是落实起来未必容易罢了。

在严于责己的问题上，孟子说得更多，也更详。有一段话是这样说的：

> 爱人不亲反其仁，治人不治反其智，礼人不答反其敬。行有不得者，皆反求诸己，其身正而天下归之。（《孟子·离娄上》）

自己爱别人，别人却不亲近自己，那就反过来检讨一下自己对别人是否足够仁爱。自己管理别人，别人却不听从自己的管理，那就反过来检讨一下自己对别人的管理是否足够明智。自己对别人以礼相待，别人却不理睬自己，那就反过来检讨一下自己对别人是否足够恭敬。凡是自己的行为没有得到应有的效果的，都首先反过来在自己身上找原因；自己做好了、做到家了，天下民众自然就会归向自己。还有一段话是这样说的：

> 有人于此，其待我以横逆，则君子必自反也：我必不仁也，必无礼

也，此物（事）奚宜至哉？其自反而仁矣，自反而有礼矣，其横逆由（犹；下同）是也，君子必自反也：我必不忠。自反而忠矣，其横逆由是也，君子曰："此亦妄人也已矣。如此则与禽兽奚择（区别）哉？于禽兽又何难（责难）焉？"是故君子有终身之忧，无一朝之患也。乃若所忧则有之：舜人也，我亦人也。舜为法于天下，可传于后世，我由未免为乡人（普通百姓）也，是则可忧也。忧之如何？如舜而已矣。（《孟子·离娄下》）

若有人对自己粗暴无礼，君子一定会自我反省：我肯定还有不够仁爱、不够有礼的地方，否则这种情况怎么会落到我身上呢？自我反省之后，确认自己并非不够仁爱、不够有礼，而那个人还是粗暴无礼，君子会再度自我反省：我肯定还有对人不忠的地方。自我反省之后，确认自己对人已经够忠心耿耿的了，而那个人依旧粗暴无礼，君子便会说：这不过是个狂妄的小人罢了，既然如此，他和禽兽有什么区别呢？对于禽兽还有什么可责难的呢？所以君子只有"终身之忧"，而没有由于自己的行为不当造成的"一朝之患"。所谓"终身之忧"，是指以尧、舜那样的圣贤为榜样，向着永无止境的道德顶峰的攀登。在遇到别人对自己无礼的时候，不是责怪别人，而是首先反省自己，而且是一再反省，直到确认自己并无不当为止。这的确是够严于律己的了。但动辄骂人为禽兽，而以高人一等的君子自居，也不免使人觉得这里的严于责己并不是出于真正的谦虚谨慎，而主要是为了保持乃至炫耀自己的君子身份。

荀子在这方面也有相当充分的论述。下面这段话是提倡严于律己，而反对营私利己：

体恭敬而心忠信，术（法，此指遵守）礼义而情爱人，横行天下，虽困四夷，人莫不贵。劳苦之事则争先，饶乐（享乐）之事则能让，端悫（què，朴实）诚信，拘守而详（谨守法度，明察事理），横行天下，虽困四夷，人莫不任。体倨固而心执诈，术顺（阿谀）墨（mèi，毁谤）

而精（情）杂污，横行天下，虽达四方，人莫不贱。劳苦之事则偷儒（偷懒逃避）转脱（推脱），饶乐之事则佞兑（利口快捷。“兑”通锐，快速）而不曲（直取而不让），辟违（邪僻悖理）而不悫，程役（逞欲）而不录（检点），横行天下，虽达四方，人莫不弃。（《荀子·修身》）

体貌恭敬而内心忠信，遵守礼义而心怀仁爱，走遍天下，乃至困于蛮荒之地，也没有人不予敬重。“劳苦之事则争先，饶乐之事则能让”，而且诚实可信，谨守法度，明察事理，走遍天下，乃至困于蛮荒之地，也没有人不予任用。相反，体貌倨傲固陋而内心势利狡猾，喜好阿谀毁谤而心地杂乱污浊，则走遍天下，达于四方，也没有人不予轻贱。遇劳苦之事即偷懒耍滑，遇享乐之事即争先恐后，邪僻无信，纵欲无节，则走遍天下，达于四方，也没有人不予鄙弃。严于律己与营私利己，其结果恰恰相反。下面这段话是提倡一心严于律己，而不图他人回报：

士君子之所能不能为：君子能为可贵，不能使人必贵己；能为可信，不能使人必信己；能为可用，不能使人必用己。故君子耻不修，不耻见污；耻不信，不耻不见信；耻不能，不耻不见用。是以不诱于誉，不恐于诽，率（遵）道而行，端然正己，不为物倾侧，夫是之谓诚君子。（《荀子·非十二子》）

所谓“能不能为”就是什么能做、什么不能做。君子能使自己品格高尚，但不能使人一定尊重自己；能使自己诚实可信，但不能使人一定相信自己；能使自己贤能可用，但不能使人一定任用自己。所以君子以不修养道德为耻，而不以被人污蔑为耻；以不讲诚信为耻，而不以不被信任为耻；以无才无能为耻，而不以不被任用为耻。这样才能不受名誉的诱惑，不为诽谤所吓倒，“率道而行，端然正己”，不因身外之物而动摇。这才是真正的君子。荀子有时把道德修养当作一种手段，如前引“兼伏天下之心”那段话；但是这段话却说得极好，并无此弊：人只能要求自己，而不能要求别人；严于律己是自己做人的本分，而不是为了得到别人的回报；只有一心严于律己而不在乎是否有所回报，才能一往直前，成就自我。做事，当然不能“只管耕耘，不问收获”；但是说到做人，即在自己的道德修养上，大概只能“只管耕耘，不问收获”。

三是勇于改过

孔子经常教育他的学生说：

过则勿惮改。（《论语·子罕》）

过而不改，是谓过矣。（《论语·卫灵公》）

闻义不能徙，不善不能改，是吾忧也。（《论语·述而》）

人非圣贤，孰能无过！有了过错就要勇于改正。若知过即改，则虽过亦可原谅；若“过而不改”，那就是真正的过，乃至大过了。听到合乎道义的事不能主动去做，有了缺点不能及时改正，这才是我所担忧的。孔子还曾不无失望地说：“已矣乎！吾未见能见其过而内自讼者也。”（《论语·公冶长》）意思是：算了吧！我没有见到过能够发现了自己的错误就在内心自我责备的人。不能正视自己的错误就不会有真正的进步，所以孔子对此感到失望。

孔子自己就是勇于认错、勇于改过的。据《论语》载，有一次，孔子一行到了他的弟子子游（名言偃）做邑宰，也就是地方官的武城，听到演礼奏乐的弦歌之声，孔子不觉微笑着说：“割鸡焉用牛刀?”意思是治理武城这样一个小地方，何必这么一本正经哪。子游回答道：“先前我听先生说过，君子学了礼乐之道就会以仁爱之心待人，民众学了礼乐之道就会服从管理。”孔子听了子游的话，立即改口道：“学生们！偃的话是对的，我刚才说的话不过是开个玩笑罢了。”原文如下：

子之武城，闻弦歌之声。夫子莞尔而笑，曰：“割鸡焉用牛刀?”子游对曰：“昔者偃也闻诸夫子曰：‘君子学道则爱人，小人学道则易使也。’”子曰：“二三子！偃之言是也。前言戏之耳。”（《论语·阳货》）

这是老师向自己的学生公开认错。孔子做到的，今天的老师们是否也应该做到？古代的师生关系也是领导与被领导的关系，那么今天的领导们呢？《论语》又载，有一次陈国的“司败”即司寇问孔子：“鲁昭公懂得礼吗？”孔子回答说：“懂得。”孔子走了以后，陈司败揖请孔子的弟子巫马期（姓巫马，名施，字子期）近前，对他说：“我听说君子是不偏袒任何人的，难道君子也会偏袒某些人吗？鲁昭公从吴国娶了一个同姓的女子做夫人，为了遮掩这件事，诡称夫人为吴孟子。如果昭公也算懂得礼的话，那还有谁不懂得礼呢？”巫马期把这番话告诉了孔子，孔子很诚恳地说：“我孔丘真是幸运啊！只要我有了什么过错，人家一定会知道。”原文是：

> 陈司败问昭公知礼乎？孔子曰：“知礼。”孔子退，揖巫马期而进之，曰：“吾闻君子不党，君子亦党乎？君取于吴为同姓，谓之吴孟子。君而知礼，孰不知礼？”巫马期以告。子曰：“丘也幸，苟有过，人必知之。”（《论语·述而》）

孔子是鲁国人，回答说鲁昭公懂得礼，或许在下意识里有不愿直斥本国君王之非的心理。而在陈国的司寇看来，这就是偏袒。孔子闻言，不仅没有为自己辩解，反而觉得自己一有错就被别人指出，这是自己的幸运。他没有觉得承认自己错了有什么不好意思，也没有考虑承认自己偏袒会有损自己的形象，心地真是够坦荡的。现在，有的人唯恐承认错误、尤其是公开承认错误会有损自己的形象和威信，千方百计地遮掩、辩护；但纸里包不住火，巧辩改变不了事实，到头来反而是形象全毁，威信扫地。一个非常浅显的道理：难道形象和威信是可以靠文过饰非、拒不认错来维护的吗？即使一时之内表面上维护了，那也只是因为手中有权而已，绝不是因为文过饰非、拒不认错。

而如何对待自己的过错，是光明磊落、还是文过饰非，乃是君子与小人的一大区别。《论语》里有孔子的弟子子夏和子贡的两段话：

> 子夏曰：“小人之过也必文。”（《论语·子张》）

> 子贡曰："君子之过也，如日月之食（蚀）焉：过也，人皆见之；更也，人皆仰之。"（《论语·子张》）

小人有了过错，一定会文过饰非。而君子则光明磊落，过，绝不掩饰；改，亦公之于众。正是这种对待自身过错的坦荡胸怀，赢得了人们由衷的敬仰。

孟子有一段话，称赞子路、禹、舜曰：

> 子路，人告之以有过则喜。禹闻善言则拜。大舜有大焉，善与人同。舍己从人，乐取于人以为善。自耕、稼、陶、渔以至为帝，无非取于人者。取诸人以为善，是与人为善者也。故君子莫大乎与人为善。（《孟子·公孙丑上》）

子路是"闻过则喜"，禹是"闻善而拜"，舜则是"善与人同"。所谓"善与人同"，就是"舍己从人，乐取于人以为善"，亦即虚心学习众人之善以合为己善，由此达到与人同善或曰"与人为善"。从种田、制陶、打鱼，直至"为帝"，舜就是这样一路走来的。关于舜的"乐取于人以为善"，孟子还说过，舜"闻一善言，见一善行，若决江河，沛然莫之能御也"（《孟子·尽心上》）。"从善如流"的成语，大概就由此而来。而从"闻过则喜"、"闻善而拜"到"善与人同"，也正是君子成就自我的逻辑进程。孟子把这三种品德联系起来，称"善与人同"为君子的最高境界，那么因而也可以说，"闻过则喜"即勇于改过是君子向善之路的逻辑起点。

四是自尊自重

这一点放在最后，其实也许是最重要的。前引《论语·阳货》篇，孔子有曰："恭则不侮。"在一定意义上说，"恭"就是为了"不辱"，就是出于自尊。前面讲的谦逊好学、严于律己和勇于改过，可以说都是自尊自重的表现。一个自尊自重的人，才会这样要求自己，也应该这样要求自己。

俗话说"君子自重"。儒家就是十分强调"君子自重"的。见于《论语》

者，诸如：

子曰："君子不重则不威，……"（《论语·学而》）

子贡问友。子曰："忠告而善道（导）之，不可则止，无自辱焉。"（《论语·颜渊》）

子游曰："事君数（shuò，频繁），斯辱矣，朋友数，斯疏矣。"（《论语·里仁》）

自己不庄重，言行轻佻而放肆，就没有威信，没有尊严，甚至会自取其辱。子贡"问友"即问交友之道，孔子说：忠心地劝告，好意地开导，如果不听就作罢，不要自讨羞辱。子游认为，无论事君还是交友，都应该保持一定的距离，不可来往过密。事君而跑动得太勤，反会招致侮辱；交友而频繁地拜访，反会遭到疏远。这些话都是提醒人要自尊自重的。

《论语·雍也》载：

子游为武城宰。子曰："女得人焉尔乎？"曰："有澹台灭明者，行不由径。非公事，未尝至于偃之室也。"（《论语·雍也》）

孔子问的是：你发现什么人才了吗？子游便介绍了澹台灭明。而澹台灭明的表现：走路总是走大路，从不抄小道；没有公事，从不去上司子游的处所。这就是自尊自重。而子游所看中的，也就是这种自尊自重。

孔子还有一句话，叫作"行己有耻"，意思是自己立身行事要有羞耻之心。《论语·子路》篇，子贡问："何如斯可谓之士矣？"怎么样才能称得上是"士"呢？这里的"士"是指可以任事做官的人。孔子回答的第一条第一句，就是这四个字。强调有羞耻之心，就是从反面强调自尊自重。如果一个人连羞耻之心都没有，还谈得到什么哪！孟子曰："人不可以无耻。无耻之耻，无耻矣。"（《孟子·尽心上》）后两句的意思是："无耻"的那种耻辱，真够耻辱的了。

而《孟子·离娄上》的下面这段话，可以说是专讲自尊自重的：

有孺子歌曰："沧浪之水清兮，可以濯我缨；沧浪之水浊兮，可以濯我足。"孔子曰："小子听之！清斯濯缨，浊斯濯足矣，自取之也。"夫人必自侮，然后人侮之；家必自毁，而后人毁之；国必自伐，而后人伐之。太甲（《尚书》篇名）曰："天作孽，犹可违（躲避）；自作孽，不可活。"此之谓也。

这首孺子歌的本义究竟是什么，不必追究，也无关紧要。重要的是，孔子从这首歌听出了一个道理。他郑重其事地对弟子们说：你们听着，水清，人们就用它洗帽缨；水浑，人们就用它洗脚。可见别人怎样对待你，是尊重你还是轻贱你，都是由你自己造成的。孟子又即此作了进一步发挥，从每个人讲到每个家，从每个家讲到每个国，总之一切侮辱、失败都有自身的原因，在一定意义上都可以说是咎由自取。"人必自侮，然后人侮之"：这是对那些不知自尊自重的人的忠告，也是每个人都应该认真记取的教诲。

谦逊好学，严于律己，勇于改过，自尊自重：能做到这样几条，大致就可以说是"居处恭"了。

韩非子也谈到如何实事求是地看待自己的问题。他强调，任何人都不可避免地会有自己的短处，因此任何人都需要他人的批评和帮助，这样才能取长补短，成就大事：

古之人目短于自见，故以镜观面；智短于自知，故以道正己。镜无见疵之罪，道无明过之恶。目失镜则无以正须眉，身失道则无以知迷惑。西门豹（战国初魏国名臣）之性急，故佩韦（柔软的皮带）以自缓；董安于（春秋时晋国名臣）之心缓，故佩弦（紧绷的弓弦）以自急。故以有余补不足，以长续短之谓明主。

天下有信数三：一曰智有所不能立，二曰力有所不能举，三曰强有所不能胜。故虽有尧之智而无众人之助，大功不立；有乌获（战国时著名大力士）之劲而不得人助，不能自举；有贲育（孟贲、夏育，战国时著

名勇士）之强而无法术，不得长生。故势有不可得，事有不可成。（《韩非子·观行》）

“镜无见疵之罪，道无明过之怨”，就是说每个人都应该虚心接受他人的批评。西门豹“佩韦而缓己”，董安于“佩弦以自急”，就是说每个人都需要以他人之长补自己之短。智慧再高的人，也有办不成的事情；力气再大的人，也有举不起的东西；能力再强的人，也有打不赢的对手：韩非子说这是天下的三条“信数”，也就是三条必然之理。因此，任何人都没有骄傲自大的理由。

老子也以他惯用的格言、警句的形式，提出人贵有自知之明，强在于战胜自我：“知人者智，自知者明。胜人有力，自胜者强。”（《老子·三十三章》）善于了解他人可以称作智慧，但只有了解自己才是真正的聪明。能够战胜他人可以称作有力，但只有战胜自我才是真正的强大。

第二节 与 人 忠

前面讲过，孔子曰“仁”者“爱人”。如果“仁”的要义就是“爱人”的话，那么如何对待他人，就成了能否行“仁”的一个重要问题。“与人忠”就是同“仁”密切相关的。

仁恕

本书第二章在讲“仁”的时候，就引述过孔子的这句话：“夫仁者，己欲立而立人，己欲达而达人。”（《论语·雍也》）对待他人如同对待自己，自己想做成的事也尽力帮助别人做成，自己想达到的目的也尽力帮助别人达到。这是“仁”的要求。

“己欲立而立人，己欲达而达人”说的是“己欲”，即自己之所欲；那么，自己之所“不欲”呢？当然就应该“勿施于人”了。这样的话，在《论语》中孔子说了两次：

> 仲弓问仁。子曰：“出门如见大宾，使民如承大祭。己所不欲，勿施于人。在邦无怨，在家无怨。”（《论语·颜渊》）
>
> 子贡问曰：“有一言而可以终身行之者乎？”子曰：“其恕乎！己所不欲，勿施于人。”（《论语·卫灵公》）

无可否认，人的基本需要，大体上是相同的。所以，自己之所“欲”，往往也就是他人之所“欲”，故应“己欲立而立人，己欲达而达人”；反过来说，自己之所“不欲”，往往也就是他人之所“不欲”，故应“己所不欲，勿施于人”，即自己不愿意、不喜欢的事情，也不要加于他人。

因此，孔子之所谓“恕”，基本含义就是推己及人，或如俗语所说的“将心比心”。而推己及人、将心比心又可以分为两个方面，即“己欲”和“己之不欲”：凡己之所欲者，亦助人以成；凡己之所不欲者，亦勿施于人。

这种意义上的“恕”显然就是“仁”在对待他人的态度上的体现，甚至可以说是“仁”的基本内涵。所以孔子用“己欲立而立人，己欲达而达人”来说明“仁”。孟子也说：“强恕而行，求仁莫近焉。”（《孟子·尽心上》）意思就是努力按照推己及人的“恕”道而行，是最近的求“仁”之路。

不要以为这是件容易的事情。若要事事在想到自己的同时也想到他人，没有孔子所说的那种“造次必于是，颠沛必于是”（《论语·里仁》）即无论紧急之中还是困顿之时都念念不忘于“仁”的修养工夫，是做不到的。《论语》载：

> 子贡曰：“我不欲人之加诸我也，吾亦欲无加诸人。”子曰：“赐（子贡名端沐赐）也，非尔所及也。”（《论语·公冶长》）

子贡所说的“我不欲人之加诸我也，吾亦欲无加诸人”，就是“己所不欲，勿施于人”。孔子回答说：“这不是你所能做到的。”孔子的大弟子子贡尚且做不到，何况你我。

推己及人，将心比心，说得再一般化一点，就是富于同情心。人是否富于同情心，许多时候是通过一些很容易被忽略的小事和细节体现出来的。比如《论语》中讲到的下面这些有关孔子的事例：

> 子食于有丧者之侧，未尝饱也。（《论语·述而》）
>
> 子见齐衰（zī cuī；丧服）者、冕衣裳者（着礼帽礼服）与瞽（盲）者，见之，虽少必作；过之，必趋。（《论语·子罕》）
>
> 师冕见，及阶，子曰：“阶也。”及席，子曰：“席也。”皆坐，子告之曰：“某在斯，某在斯。”师冕出。子张问曰：“与师言之道与？”子曰：“然。固相师之道也。”（《论语·卫灵公》）

家里有亲人亡故的人，心中悲痛，一定吃不下饭；孔子在这样的人旁边吃饭，从来没有吃饱过。孔子见到穿丧服的人、着礼帽礼服的人和盲人，即使是青少年，也一定要起立；从他们身边经过，一定小步快走。一位盲人乐师名冕者来见孔子，走到台阶前面，孔子说："这里有台阶。"走到座席前面，孔子说："这里是座席。"等屋里的人都坐定了，孔子则一一介绍说："某某坐在这儿，某某坐在这儿。"师冕走后，弟子子张问孔子："这是接待盲乐师的规矩吗?"孔子回答："是的，这本来就是关照盲乐师的规矩。"三件事，都是很小的事。但孔子想得非常细致，做得也非常周到，正可谓于细微处见精神。这当然也可以说是礼，但却未必是有统一规范的、社会公认的礼，例如不大会有"食于有丧者之侧"不准吃饱这样的社会规范，所以这只能说是孔子之礼，仁者之礼。而在这样的礼中，满含着对于他人的发自内心的同情、关切和尊重。

人们常说，中国是礼仪之邦。看了上面的三件事，可以真切地体会到，什么叫作礼仪之邦。但是现在呢？以上面孔子的三件事做比，现在的我们简直可以说是野人。这主要不是少了礼，而是少了仁，少了关爱他人的仁者之心。

在前引《论语·卫灵公》那段话里，孔子把"己所不欲，勿施于人"称之为"恕"，认为这是"一言而可以终身行之者"。此外，在《论语·里仁》篇，还有如下一段话：

> 子曰："参乎！吾道一以贯之。"曾子曰："唯。"子出。门人问曰："何谓也?"曾子曰："夫子之道，忠恕而已矣。"

如果曾子的理解不错的话，则孔子又是把"忠"和"恕"当作自己"一以贯之"即贯彻始终的"道"来看待的。既是"可以终身行之者"，又属于"一以贯之"的"道"，由此可见孔子对于"恕"的重视。

这里附带说一下"宽"。因为有"宽恕"这一常用词，人们往往以为"宽"与"恕"大体同义，"宽"即宽容，"恕"即饶恕。实则，在孔子的语汇中，如上所述，"恕"是将心比心、推己及人，而并无饶恕之义。但孔子在讲"恕"的同时也讲"宽"，而且也的确是提倡宽以待人的。

前面讲"严于律己"时，曾引述过他的话，"躬自厚而薄责于人"（《论语·卫灵公》)。“薄责于人”就是责人要宽。他在回答“子张问仁”时提出的五种美德“恭，宽，信，敏，惠”，第二种就是“宽”，而且解释说“宽则得众”(《论语·阳货》)。《论语》中还有：

子曰：“居上不宽，为礼不敬，临丧不哀，吾何以观之哉?”(《论语·八佾》)

子曰：“好勇疾贫，乱也。人而不仁，疾(恨)之已甚，乱也。”(《论语·泰伯》)

居上位而不能宽待下人，孔子是很不以为然的。“吾何以观之哉?”意思就是：那让我怎么看待他呢?喜好逞强而厌恶贫困，会出乱子；对“不仁”之人恨之太甚，也会出乱子。对不仁的人尚且不应恨之太甚，何况对待一般人，岂能不宽以待之!而据子张复述，孔子还对他说过这样的话：“我之大贤与，于人何所不容?我之不贤与，人将拒我，如之何其拒人也?”(《论语·子张》)这就把必须宽以待人的道理说到家了：如果自己是“大贤”，就应该宽容所有的人；如果自己“不贤”，别人可能会拒绝自己，自己怎么能拒绝别人呢?就是说，任何人都没有不宽待他人的理由。

荀子讲“宽”的话就更多了。他说：

故君子之度己则以绳(绳墨)，接人则用曳(yì，船桨)。度己以绳，故足以为天下法则矣。接人用曳，故能宽容，因求以成天下之大事矣。故君子贤而能容罢(疲，指才拙)，知(智)而能容愚，博而能容浅，粹而能容杂，夫是之谓兼术。(《荀子·非相》)

“度己以绳”是说用绳墨那样严格的标准要求自己。“接人用曳”是说像船夫用桨接引上船之人那样热情引导他人。严于律己，才能成为天下的楷模。热情待人，才能宽厚包容，团结众人以成就大事。所谓君子，就应贤而能容拙，智而能容愚，博而能容陋，精而能容杂。这段话对宽以待人讲得相当具体，而且醒目地使用了“宽容”这个词。但是，把宽容众人称之为“兼术”，即兼容并包之术，则未免带有以此为笼络人心的手段的意味，同前面提到的以谦逊好学为“兼伏天下之心”的手段类似。他的下面这段话也是这样：

> 遇君则修臣下之义，遇乡则修长幼之义，遇长则修子弟之义，遇友则修礼节辞让之义，遇贱而少者则修告导宽容之义。无不爱也，无不敬也，无与人争也，恢然如天地之苞万物，如是则贤者贵之，不肖者亲之。如是而不服者，则可谓訞（妖）怪狡猾之人矣，虽则子弟之中，刑及之而宜。（《荀子·非十二子》）

要求遇到任何人都要谦恭有礼，还特别讲到“遇贱而少者则修告导宽容之义”，还十分动人地提出“无不爱也，无不敬也，无与人争也，恢然如天地之苞万物”：何等仁厚博大的胸怀。但是，所有这一切都是为了使人敬服，“贤者贵之，不肖者亲之”；如果自己这样做了还有“不服者”，那就是“妖怪狡猾之人”，即使是出于自家子弟，也应该严加惩罚。目的没有达到，“宽容”也就不讲了。这段话本与“兼伏天下之心”那段话相连，故思想也是一致的。

此外，荀子还有几句与“宽容”相关的话，曰“故与人善言，煖于布帛；伤人之言，深于矛戟”（《荀子·荣辱》），这是可以当作格言看待的。

道家是主张“善者吾善之，不善者吾亦善之”（《老子·四十九章》）的，所以更强调宽以待人。庄子讲到，管仲将终，问齐桓公想任谁为相，以代替自己，桓公曰鲍叔牙。管仲说，鲍叔牙的确是个廉洁的好人，但他待人太过严峻，对于不如自己的人就不予理睬，听到别人的过错就永远记住，即所谓“其于不己若者不比之；又一闻人之过，终身不忘”。管仲推荐了另一个人，名隰朋，这个人自愧不如黄帝，而同情不如自己的人，即所谓“愧不若黄帝而哀不己若者”。然后说道：

> 以德分人谓之圣，以财分人谓之贤。以贤临人，未有得人者也；以贤下人，未有不得人者也。（《庄子·徐无鬼》）

真正有大德的人，只是施与别人，而不责求别人。以贤而居高临下，不可能得人；只有以贤而谦恭待人，才能得人。应该说，这也是至理名言。庄子讲到他心目中的“圣人”，那就更是如此了：

> 故圣人……其于物也，与之为娱矣；其于人也，乐物之通而保己焉；故或不言而饮人以和，与人并立而使人化。(《庄子·则阳》)

对于万物，能够和美相处；对于众人，乐于与之交流而又不失自我。因而即使不说话也会使人感到亲切，只要与人在一起就能使人受到感化。宽厚待人，善与人处，大约莫过于此了。

忠信

作为“一以贯之”的“夫子之道”的另一项内容，“忠”，《论语》中有如下的例句，都是孔子的话：

> 子贡问友。子曰：“忠告而善道（导）之，不可则止，无自辱焉。”(《论语·颜渊》)
>
> 子曰：“爱之，能勿劳（勉励，劝勉）乎？忠焉，能勿诲乎？”(《论语·宪问》)
>
> 子张问政。子曰：“居之无倦，行之以忠。”(《论语·颜渊》)
>
> 定公问：“君使臣，臣事君，如之何？”孔子对曰：“君使臣以礼，臣事君以忠。”(《论语·八佾》)

例句一的“忠告”一语，至今仍然常用，就是忠诚地劝告，或忠心地劝告；“忠”就是忠诚、真诚的意思。例句二的“忠焉，能勿诲乎”，意思是“忠于他，能够不给以适当的教诲吗？”“忠”也是忠诚、真诚的意思。例句三问的是如何从政，回答两点：“居之无倦”是说在任就不要懒散、懈怠；“行之以忠”是说行事要忠于职守。“忠”就是指对自己的职务的忠诚。例句四更明显，“臣事君以忠”就是强调臣要忠于君。四个例句，其中的“忠”都是忠诚、忠实、真诚的意思。简单地说，“忠”就是真心诚意。

这样，“忠”与“恕”的关系也就容易理解了。“忠”就是真心诚意；如前所述，“恕”就是推己及人：所以“忠”与“恕”讲的都是自己应该如何对待他人，即自己对待他人的态度问题。不过，真心诚意的“忠”，重心是落在自己一方；而推己及人的“恕”，重心是落在他人一方。二者联合起来，就是真心诚意地推己及人。而这正是“仁”的基本涵义，正是“仁道”的主要体现。这也就是为什么曾子会“忠”“恕”并提，而且说“夫子之道，忠、恕而已”了。

“信”这个词前面已经出现过。第四章讲到“子贡问政”，孔子的回答就是“足食，足兵，民信之矣。”（《论语·颜渊》）所谓“民信”就是取信于民。孔子和儒家很重视取信于民。孔子还说过：“上好信，则民莫敢不用情。”（《论语·子路》）意思就是领导者恪守信用，百姓就不敢不真诚相待。

当然，除了取信于民，他们也强调取信于君。孔子弟子子夏说：

> 君子信而后劳其民，未信则以为厉（虐待）己也；信而后谏，未信则以为谤己也。（《论语·子张》）

君子要首先取信于民，然后再役使他们；否则，民众就会认为你在虐待他们。同样，君子也要首先取信于君王，然后再去进谏；否则，君王就会认为你在毁谤自己。

但他们说得较多的，还是取信于友：

> 曾子曰：“吾日三省吾身：为人谋而不忠乎？与朋友交而不信乎？传（指古籍）不习乎？”（《论语·学而》）
>
> 子夏曰：“……事君能致其身，与朋友交言而有信。……”（《论语·学而》）
>
> 子曰：“老者安之，朋友信之，少者怀之。”（《论语·公冶长》）

三例中的最后一例，出自孔子与弟子颜渊、子路之间的一次“各言尔志”的谈话。子路对孔子说：“愿闻子之志。”于是孔子说了这几句话。老人得以安养天年，朋友之间真诚互信，少年心存感激之情：这就是孔子之志。试想，这是一种多么和谐的人际关系、一幅多么美好的社会景象啊！在这样和谐而美好的人际关系和社会景象中，“信”是一个不可或缺的精神纽带。

而无论取信于民、取信于君、还是取信于友，前提都在于自己必须是个讲究诚信、恪守信用的人。所以孔子反复强调，做人不可以无“信”。对于青少年，他提出“谨而信”：

> 子曰：“弟子入则孝，出则弟，谨而信，……”（《论语·学而》）

做事要谨慎认真，说话要恪守信用。对于长大成人的君子，他提出了四点要求，其中就包括“信”：

> 子曰：“君子义以为质，礼以行之，孙（逊）以出之，信以成之。君子哉！”（《论语·卫灵公》）

以“义”为根本，照“礼”来行事，用谦“逊”的态度说话，靠诚“信”取得成功，这才是君子啊！对于出仕从政的人，他要求“敬事而信”：

> 子曰：“道（导）千乘之国：敬事而信，节用而爱人，使民以时。”（《论语·学而》）

有上千辆战车的国家已经算是大国了。治理这样的国家，要慎重从事，恪守信用。弟子子张向他“问仁”，他列举了五种美德，即“恭，宽，信，敏，惠”，其中也有“信”，而且补充说“信则人任焉”（《论语·阳货》）。总而言之，“人而无信，不知其可也”：

> 子曰：“人而无信，不知其可也。大车无輗（ní），小车无軏（yuè），其何以行之哉？”（《论语·为政》）

这里所说的“大车”指牛车，“小车”指马车。“輗”和“軏”都是指衔接和固定车辕与车横的部件，牛车上的称“輗”，马车上的称“軏”。如果没有輗或軏，车动起来就会松松垮垮，歪歪斜斜，根本无法前行。这段话就是说：“做人不守信用，不知他如何能够做人；就像车没有輗或者軏一样，怎么能够前行呢?”在今天的现实生活中，言而无信者似乎并不少见，不知他们怎么回答孔子提出的这个问题。事实上的回答大概只能是：做人而不像人。

另外，《论语》中还有：

子曰：“古者言之不出，耻躬之不逮也。”(《论语·里仁》)

子贡问君子。子曰：“先行其言而后从之。”(《论语·为政》)

古人不轻易出言承诺，因为他们觉得如果说到而做不到，那是一种耻辱。君子应该先把你想说的话做出来，然后再把它说出来。这都是唯恐失信于人。这是从另外一面对必须言而有信的强调。

但是，孔子和儒家也不赞成孤立而绝对地死守“言必信”。《论语·子路》篇有一段孔子与子贡的对话，上文已经提到过，但内容不全。子贡问：“何如斯可谓之士矣?”怎样才能称得上是个任事做官的人？孔子首先回答的是“行己有耻，使于四方，不辱君命”。子贡又问“敢问其次”，孔子回答“宗族称孝焉，乡党称弟焉”，即人所公认的孝、悌之人。子贡再问“敢问其次”，孔子回答：

言必信，行必果（果敢)，硁（kēng）硁然小人哉！抑亦可以为次矣。

“硁硁然”是浅薄固执的样子。“言必信，行必果”本应是公认的美德，但如果仅仅注意这一点而不知其他、也不顾其他，那就不过是个浅薄固执的小气之人了。孔子认为这样的人仍然可以算是再次一等的“士”，可见并没有否定他们，只是不大满意而已。孔子还有两句涉及“信”的话，或许有助于对这句话的理解。一句是：

好信不好学，其蔽也贼；……(《论语·阳货》)

“贼”是伤害的意思。有学者把“其蔽也贼”解释为“容易被人利用，反而伤害了自己”（李零《丧家狗》)，这可能是比较贴切的。“好信不好学”，头脑简单，不善思考，就知道言必守信，难免会产生这样的结果。另一句是：

君子贞而不谅。(《论语·卫灵公》)

“贞”与“谅”都有“信”的意思，但“贞”是坚守原则的“大信”，“谅”则是拘泥细事的“小信”。前面第二章引述过孔子论管仲的话：“岂若匹夫匹妇之为谅也，自经于沟渎而莫之知也。”(《论语·宪问》)意思是说：难道管仲只能像一介匹夫那样，死守与公子纠的小信，自己吊死在山野之中，而不该转向齐桓公，以成就御犬戎之入侵、救黎民于水火的大业吗？这就是“贞”与“谅”即“大信”与“小信”的问题。称“言必信，行必果”为“硁硁然小人哉”，大约就是针对这种既“不好学”而唯知以守信自诩、又拘泥“小信”而不明大义之所在的人而发。《论语》中还有孔子弟子有子的一句话：

信近于义，言可复也；……(《论语·学而》)

履行自己的诺言叫作“复”。许下的诺言合乎道义，就可以履行。就是说在“信”之上，还有更高的原则即“道义”在。后来孟子综合上述诸语，提出：

大人者，言不必信，行不必果，惟义所在。(《孟子·离娄下》)

亦似有理；但于孔子之意，亦似有了点距离。总起来说，孔子还是十分重视“信”的。若谓孔子说过“言必信，行必果，硁硁然小人哉”，那么他还说过：

悾(kōng)悾而不信，吾不知之矣。(《论语·泰伯》)

“悾悾”：诚恳的样子。这句话的意思是：貌似诚恳却不守信用，我不明白有的人为什么会这样。可知他绝无轻视守信之义。要不，他也不会说“人而无信，不知其可”了。

从上面对“忠”与“信”的阐述即可看出，这两个词的含义十分接近。在自己如何对待他人的问题上，“信”与“忠”一样，重心也是落在自己一方。而且，简单地说，“忠”就是忠诚，“信”就是诚信，“忠”与“信”在“诚”的意义上是重合的。区别只是：“忠”侧重于内心，品“忠焉，能勿诲乎”即知；而“信”侧重于言语，故每云“言而有信”。但这两方面其实也是密不可分的。古人云“言为心声”。只有内心忠诚的人，才能言而有信；反过来说，也只有言而有信的人，才表明他内心忠诚。所以，孔子在很多时候是“忠”与“信”相提并论的。诸如：

子曰：“主忠信，毋友不如己者，过则勿惮改。”（《论语·子罕》）

子张问崇德、辨惑。子曰：“主忠信，徙义，崇德也。……”（《论语·颜渊》）

子张问行。子曰：“言忠信，行笃敬，虽蛮貊之邦行矣；言不忠信，行不笃敬，虽州里行乎哉？……”（《论语·卫灵公》）

子曰：“十室之邑，必有忠信如丘者焉，不如丘之好学也。”（《论语·公冶长》）

子以四教：文，行，忠，信。（《论语·述而》）

孔子多次提出“主忠信”，就是强调做人要讲究“忠信”、注重“忠信”。他说，所谓崇尚道德，就是一要讲究忠信，二要唯义是从，即所谓“徙义”。他认为，说话讲究忠信，做事认真实在，可以通行天下；否则，即使在本乡本土，也会寸步难行。他教育弟子，包括四个方面，即文献、践履、忠诚、守信。此外，《论语》中还有一些言论，虽然没有“忠”“信”相提，但实际上也是“忠”“信”并论的。如前面引述过的：曾子曰“为人谋而不忠乎？与朋友交而不信乎？”（《论语·学而》）前一句是论“忠”，后一句是论“信”。子夏曰“事君能致其身，与朋友交言而有信。”（《论语·学而》）“致其身”就是奉献自身，所以这等于说“事君”要尽“忠”，交友要守“信”。这些都表明，孔子和儒家对于“忠信”有多么重视。

以自己的内心之“忠”和言而有“信”，予他人以“己欲立而立人，己欲达而达人”和“己所不欲，勿施于人”的“恕”，这就是孔子“一以贯之”的“忠”“恕”之道，就是儒家在待人方面的基本原则。

说到“信”，法家韩非子在这个问题上的态度似乎比儒家还要严格。他讲到乐正子春坚决维护自己的信誉的一件事：

> 齐伐鲁，索谗鼎，鲁以其雁（赝品）往。齐人曰："雁也。"鲁人曰："真也。"齐曰："使乐正子春来，吾将听子。"鲁君请乐正子春，乐正子春曰："胡不以其真往也?"君曰："我爱之。"答曰："臣亦爱臣之信。"（《韩非子·说林下》）

谗鼎是古传宝鼎，十分珍贵。将其交给齐国，无疑是鲁国的重大损失。而乐正子春又是鲁国掌管礼乐的官员。即使如此，乐正子春也只能说真话，而不肯说假话、作伪证。为什么？就是要言而有信。"臣亦爱臣之信"，就是把自己的信誉看得比传世宝鼎还重。乐正子春是曾子的弟子，韩非子也讲到曾子教育妻子守信的一件事：

> 曾子之妻之市，其子随之而泣，其母曰："女还，顾反为女杀彘。"妻适市来，曾子欲捕彘杀之，妻止之曰："特与婴儿戏耳。"曾子曰："婴儿非与戏也。婴儿非有知也，待父母而学者也，听父母之教。今子欺之，是教子欺也。母欺子，子而不信其母，非以成教也。"遂烹彘也。（《韩非子·外储说左上》）

这件事很有家庭生活气息。小孩儿随母亲逛街不肯回家，母亲只好哄骗他说："回去我给你杀猪吃肉。"把孩子哄回来了，事也就算过去了，还真的要杀猪？但曾子是认真的，她们刚一回来，就要去逮猪准备杀。妻子赶忙拦住说："我不过是与孩子说着玩儿的。"曾子说："跟小孩儿可不能随便说着玩儿。小孩儿幼稚无知，全靠向父母学习，听父母教诲。你今天这样骗他，也就是教他骗人。做母亲的欺骗孩子，孩子就会不相信母亲，这不是教育孩子的方法。"于是还是坚持把猪杀了。上述这两件事，后一件是家事，比较小；前一件是国事，相当大。而曾子与乐正子春，这师徒二人的表现却是完全一致的，那就是诚信高于一切。

曾子是孔子的弟子，所以乐正子春和他都是儒家人物，他们的行为也都可以说是"人而无信，不知其可"的师训的落实。但韩非子特意把这两件严守信用的事提出来予以表彰，也表现了他在守信问题上的严格态度。这或许与他的法家意识有关：在法律的领域内，“言必信”，没有什么“大信”“小信”之分，“大人”更不能例外。

交友

除了“仁恕”和“忠信”，在自己与他人的关系上还有两个具体问题，就是“交友”和“事君”。“仁恕”和“忠信”作为待人的基本原则，当然也包括“交友”和“事君”，故上文已经多有涉及；但这两个问题在中国古代和儒家思想中具有一定的特殊性，故尚需单独一谈。而事君的问题与政事密切相关，可置于下文结合“执事敬”来说，这里只谈交友。

儒家重视交友，因而也很讲究交友之道。《论语》中有一段关于交友的谈话：

> 子夏之门人问交于子张。子张曰：“子夏云何？”对曰：“子夏曰：‘可者与之，其不可者拒之。’”子张曰：“异乎吾所闻：君子尊贤而容众，嘉善而矜（怜悯）不能。我之大贤与，于人何所不容？我之不贤与，人将拒我，如之何其拒人也？”（《论语·子张》）

“问交”就是问交友之道。这里子夏与子张的两种说法，都是从孔子那里听来的，所以子张在听了子夏的说法后，曰“异乎吾所闻”。那么孔子对同一个问题，为什么会有这样两种不同的说法？学界多引东汉蔡邕的《正交论》，以为这是针对子夏、子张两人的不同性格而因材施教。蔡文曰：

> 子夏之门人问交于子张，而二子各有所闻乎夫子。然则其以交诲也，商（子夏名卜商）也宽，故告之以拒人；师（子张名颛孙师）也褊（狭隘），故告之以容众：各从其行而矫之。若夫仲尼之正道，则泛爱众而亲仁。故非善不喜，非仁不亲，交友以方，会友以仁，可无贬（指责）也。

蔡邕的话应该是可信的。孔子曾评论子张、子夏两人曰：“师也过，商也不及。”(《论语·先进》)这大约是就两人对待他人的态度而说的：子张是“过”，就是衡人太严，太严就显得肚量狭隘；子夏是“不及”，就是取人太宽，太宽就未免放松原则。所以子夏问交，孔子叫他要注意选择，“可者与之，其不可者拒之”；子张问交，孔子叫他要开阔胸襟，“尊贤而容众，嘉善而矜不能”，即尊敬贤者而容纳普通人众，欣赏能人而同情平庸之辈。但孔子的话也有超出子夏、子张这两个具体个人的一般意义，那就是：待人要宽，而交友要严。蔡邕上面这段话最后所说的“交友以方，会友以仁”，似即含此意。“交友以方”的“方”，就是方正、刚直，有原则、有壁垒，故“交友以方”就是交友要严。而“会友以仁”的“友”与“交友以方”的“友”不同，不是指严格意义上的“友”，而是指宽泛意义上的“友”，非敌即友的“友”，这其实只是一般人。对于一般的人，亦当以仁者之心善而待之，故云“会友以仁”，也就是待人要宽。

可知，一般的“待人”与“交友”，是两件迥然不同的事情。至少按照孔子和儒家的想法，严格意义上的朋友应该是胜过自己的人、值得自己学习的人、有益于提高自己的学识和品德的人。所以孔子要求“毋友不如己者”(《论语·子罕》)，要求“事其大夫之贤者，友其士之仁者。”(《论语·卫灵公》)。他还具体谈到什么样的朋友是有益的、什么样的朋友是有害的：

> 益者三友，损者三友。友直（正直），友谅（诚信），友多闻，益矣。友便辟（阿谀谄媚），友善柔（曲意逢迎），友便佞（巧言令色），损矣。(《论语·季氏》)

有三种有益的朋友，有三种有害的朋友。与正直的人、讲诚信的人、博学多闻的人交朋友是有益的。与阿谀谄媚的人、曲意逢迎的人、巧言令色的人交朋友是有害的。这也是平实而珍贵的教诲，几乎每个人都能体会得到。但在实际生活中，尤其是在官场中，往往是阿谀谄媚的人、曲意逢迎的人、巧言令色的人最有人缘儿，不少人更愿意或者说更容易同他们交上朋友。这三种人可以合为一类，用俗话说就是会拍马屁的人。同这样的人在一起，大概会有一种得意感，心里觉得比较舒服。但舒服未必有益。且不说天长日久，自己也会沾染这种习气，俗话还说“拍马是为了骑马”，就是为了利用。如果不愿意被这样的人利用的话，交友岂可不慎！

既然交友是为了学习，为了提高自己的道德学问，那么朋友之间的交往，自然也主要在于道德文章。曾子曰：“君子以文会友，以友辅仁。”（《论语·颜渊》）这里的“文”，当是指《诗》《书》《礼》《乐》等经籍文献。君子以经籍学问的切磋与朋友相往来，又以朋友间的相互切磋辅助自己的仁德修养。这就是君子之交。

这样，君子之交就同小人之交划清了界限。这方面，孔子也有不少很精辟的话。如：

> 子曰：“君子周（合，团结）而不比（勾结，结党），小人比而不周。”（《论语·为政》）
>
> 子曰：“君子和而不同，小人同而不和。”（《论语·子路》）
>
> 子曰：“君子矜（持重）而不争，群而不党。”（《论语·卫灵公》）

君子团结而不勾结，小人勾结而不团结。君子和谐相处而各存己见，小人沆瀣一气而排斥异己。君子庄静自持而不与人争，平易合群而不搞帮派。这些可以说是正派的人与不正派的人的区别。人们大约都见过这样的人：他们专门喜欢拉拉扯扯，嘀嘀咕咕，凑帮结派，播弄是非。哪个地方有了这种人，哪个地方就别想安生。此等鬼鬼祟祟之事，君子不为也。职场中人，更当严戒。

孔子和儒家是严申君子、小人之分的，上面的话就是这样，前面许多话都是这样。时代不同了，儒家的君子、小人之分似乎已经过时，君子也不再是人们做人的理想了。但是，如果排除地位高低、等级贵贱方面的含义，只从道德的角度来看，君子、小人之分又似乎并非完全没有。而儒家所提倡的君子，虽未免有些贵族气味，却主要是指那些讲道德的人，至少是正派的人。做一个有道德的人、正派的人难道也过时了吗？

当然，现在也不是完全不讲“君子”。有一句话就非常流行，叫作“君子爱财，取之有道”。这样说固然不错，但如果仅仅是“爱财，取之有道”，那就不过是个守法商人而已，离真正的君子还相差甚远。

谈到交友，中国有两句流传至今的名言，说“君子之交淡若水，小人之交甘若醴”。想来，儒家那么重视交友之道，这应该是儒家的话头。虽然儒家经典《礼记》中也有类似的说法，但这两句话却出自《庄子》。《庄子·山木》篇有云，孔子问子桑雽（hù），近来“亲交益疏，徒友益散，何与?”这是因为什么？子桑雽曰：

“子独不闻假（国名）人之亡与？林回弃千金之璧，负赤子而趋。或曰：‘为其布与？赤子之布寡矣；为其累与？赤子之累多矣；弃千金之璧，负赤子而趋，何也?’林回曰：‘彼以利合，此以天属也。’夫以利合者，迫穷祸患害相弃也；以天属者，迫穷祸患害相收也。夫相收之与相弃亦远矣。且君子之交淡若水，小人之交甘若醴；君子淡以亲，小人甘以绝。彼无故以合者，则无故以离。”

你没有听说过假国人逃亡的故事吗？一个叫林回的人，舍弃了价值千金的玉璧，背起婴儿就跑了。有人跟他说：“要论钱财嘛，婴儿值不了几个钱；要说累赘嘛，婴儿显然比玉璧累赘得多。你为什么舍弃价值千金的玉璧、背着累赘的婴儿逃跑呢?”林回说：“我与玉璧只是利益的关系，而婴儿乃是我的骨肉。”可见，“以利合者”到了窘迫、危机的时候就会相互遗弃；而“以天属者”即以亲情、真情而合者，越是到了窘迫、危机的时候反而越会相依为命。相互遗弃与相依为命，差别多大呀！而君子之交与小人之交的差别也是如此。君子之交以情义而非利益，故看似“淡若水”，实则“淡以亲”。小人之交乃以利合，故有利可图时甜言蜜语，如胶似漆，“甘若醴”；而一遇利益冲突，便立即反目成仇，“甘以绝”。最后“彼无故以合者，则无故以离”两句，意思是说如果没有在生活中自然产生的情缘，则“合”得容易，“离”得也容易。“故”就是缘故，指在生活中自然产生的情缘，因为下文还有借舜之口而说的“形莫若缘，情莫若率；缘则不离，率则不劳”的话。“形”即体，指外在的身体交往。“率”即内心的真实，“劳”乃有意勉强。这里虽然也是严分“君子之交”和“小人之交”，也反对“以利合”，但强调的是“以天属”，即自然而真实的情缘，这就避免了片面强调“毋友不如已者”的功利性。此亦可见儒道两家之同异。

第三节 执事敬与事君

“执事敬”，“执事”就是做事、行事、管事；“敬”则包括诸如严肃、认真、勤谨、慎重、尽职尽责、兢兢业业等，含义相当丰富。简单地说，“执事敬”就是今天人们常说的“敬业”。

除了本章开头提到的《子路》篇的“执事敬”一语之外，《论语》中还有多处讲到这个问题。如：

子曰：“道千乘之国：敬事而信，节用而爱人，使民以时。”（《论语·学而》）

子曰：“事君，敬其事而后其食。”（《论语·卫灵公》）

子曰：“言忠信，行笃敬，虽蛮貊之邦行矣；……”（《论语·卫灵公》）

第一例已见前引。第二例是说，为君主做事，首先要认真负责地做好自己的工作，而把俸禄待遇方面的考虑放在后面。第三例亦见前引，“笃”有忠实、实在的意思，“行笃敬”就是行事要实在、认真。此外，孔子还讲过“君子有九思”，就是君子有九件需要考虑、需要注意的事，其中之一就是“事思敬”（《论语·季氏》），即行事要考虑是否做到了严肃认真。

那么，说得具体一点，怎样才算做到了“执事敬”？

首先一点就是要勤奋，懒散、倦怠绝对不是“敬”：

子张问政。子曰：“居之无倦，行之以忠。”（《论语·颜渊》）

子路问政。子曰：“先之，劳之。”请益。曰：“无倦。”（《论语·子路》）

子曰：“君子食无求饱，居无求安，敏于事而慎于言，就有道而正焉，可谓好学也已。”（《论语·学而》）

如前所述，“居之无倦”是说在任就不要懒散、懈怠；“行之以忠”是说行事要忠于职守，包括认真负责、兢兢业业等。“先之，劳之”是说自己要先于下属和民众去做，然后再劳动他们。这颇有点身先士卒的味道。子路要求再多说一点，孔子说的就是：不要倦怠。“食无求饱，居无求安，敏于事而慎于言”，就是不要追求生活的安逸，而要勤快地做事，谨慎地说话。“就有道而正焉”，还要接近有道的人以匡正自己。所谓“无倦”、所谓“敏”，都是要求对自己的工作要勤勤恳恳，全力以赴。前面已经多次提到的孔子所谓“能行五者于天下，为仁矣”的五种美德，也有一种就是“敏”，并解释说“敏则有功”（《论语·阳货》），意即做事勤快才能获得成功。

其次一条是谨慎。在孔子的弟子中，子路是最勇敢的，但也未免于多勇而少谋，做事不够谨慎。一次与孔子一起谈话，他说：“子行三军，则谁与?”如果你要率领三军去征战的话，你会同谁一起去？颇有点舍我其谁的得意感。孔子不无讥讽地回答说：

> 暴虎冯（píng）河，死而无悔者，吾不与也。必也临事而惧，好谋而成者也。（《论语·述而》）

那种赤手空拳去打虎、徒步冒险而过河，死了都不知道后悔的鲁莽之人，我不会同他一起共事；我要找的，必须是那种遇事谨慎小心，善于谋划而设法把事办成的人。“暴虎冯河”一语，出自《诗经·小雅·小旻》。诗云：“不敢暴虎，不敢冯河。人知其一，不知其它。战战兢兢，如临深渊，如履薄冰。”意即提倡谨慎从事。孔子用此语，当亦取此义。还有，子夏在鲁国做了莒（jǔ）父（地名）的地方官，向孔子“问政”，孔子告诉他：

> 无欲速，无见小利。欲速，则不达；见小利，则大事不成。（《论语·子路》）

不要追求速成，不要贪图小利，想速成反而达不到目的，图小利往往办不成大事。这也是要求谨慎从事，深谋远虑，而不可率尔而为。孔子还说过这样的话：

不曰"如之何如之何"者，吾未如之何也已矣。(《论语·卫灵公》)

"如之何"就是怎么办。遇事把问题想在前头、把困难想在前头的人，会常说"怎么办怎么办"。从来不说怎么办怎么办的人，也就是遇事从来都不进行谨慎、周密的思考，而轻率行动的人。孔子说："对于这样的人，我也就不知道该怎么办了。"

老子有一段话，意思与孔子上面这段话非常相似：

夫轻诺必寡信，多易必多难，是以圣人犹难之，故终无难。(《老子·六十三章》)

轻易地承诺必然难于做到守信，把事情看得太容易必然会遇到很多困难。所以"圣人"遇事总是先想到困难，这样最终反而没有什么困难了。可知道家的"圣人"也是经常会说"如之何如之何"的。

还有很重要的一条，就是勇于献身。子路问"成人"，即怎样才能算是一个"完人"。孔子的回答是：

见利思义，见危授命，久要(约)不忘平生之言，亦可以为成人矣。(《论语·宪问》)

这里提出了成为"完人"的三个条件，第二条便是"见危授命"。所谓"见危授命"，就是遇到危难之际，勇于献出自己的生命。最后一条"久要不忘平生之言"，是说即使长期处于困顿之境，也不改其平生的誓言。"要"应读为"约"，义为穷困、困顿。在《论语》中，子夏也提出过"事君，能致其身"(《论语·述而》)，子张也提出过"士见危致命"(《论语·子张》)。"致"义同于"授"，也是交出、献出的意思。必要时不惜生命，勇于献身，这可以说是敬业精神的最高表现。

事君

在古代那种君主专制的政治体制下，从政实质上就是"事君"，而"事君”就必须“忠君”。因此如何“事君”、如何“忠君”也就成了从政者的一个重大的伦理道德问题。

孔子及其弟子就曾多次谈到这个问题。如前面已经提到的，人问“君使臣，臣事君，如之何?”孔子对曰：“君使臣以礼，臣事君以忠。”（《论语·八佾》）子夏曰：“事君，能致其身。”（《论语·述而》）此外还有：

子曰：“事君尽礼，人以为谄也。”（《论语·八佾》）

子路问事君。子曰：“勿欺也，而犯之。”（《论语·宪问》）

可知，孔子认为，事君是应该尽到礼数的，哪怕被人视为谄媚。他也要求为臣者对于君王要尽“忠”，但值得注意的是，他所要求的“忠君”并不是唯命是从，而是不可欺骗，要敢于讲真话，敢于犯颜直谏。这是因为，儒家之所谓“事君”，乃是“以道事君”，而不是以君事君，“道”才是最高的权威。所以儒家虽然要求忠于君，但更要求忠于道。这就是孔子所说的“所谓大臣者以道事君，不可则止”（《论语·先进》），已见本书第一章所引。“以道事君”，这是儒家在事君问题上的基本原则。

这种思想，后来得到了孟子和荀子的继承和发展。

鉴于当时的社会现实，根据“以道事君”的原则，孟子提出：臣事君的主要使命，就是要“引其君以当道”。

孟子所处的战国时代，是各诸侯国争相富国强兵、力图称霸天下的时代。从孟子的眼光看来，这是纯粹的乱世，各国奉行的都是桀纣之道，各国的国君都是无道之君。他对当时的政治现实是完全否定的：

人不足与适（通“谪”，责难）也，政不足间（读jiàn，非议）也。惟大人为能格（纠正）君心之非。君仁莫不仁，君义莫不义，君正莫不正。一正君而国定矣。（《孟子·离娄上》）

他说，现在各国的臣僚已经不值得去谴责了，各国的政治也已经不值得去非议了。可见他对当时的政治现实何等失望。他唯一的期待，就是有位秉持儒家之道的“大人”出来，“格君心之非”，改造国君的思想，重振仁义之道。“惟大人为能格君心之非”这句话，不禁使人想起孟子自己“如欲平治天下，当今之世，舍我其谁也?”（《孟子·公孙丑下》）的宏愿。而如果人臣的任务就是“格君心之非”，那么“事君”也好、“忠君”也好，就都变成“正君”了。这就是孟子在当时的社会形势下，对君臣关系问题的基本立场。

从这种立场出发，孟子认为，凡是服从国君的旨意，为国君的富国强兵效劳的，都是罪人，既是民众的罪人，也是国君的罪人。他说：

> 今之事君者曰：“我能为君辟土地，充府库。”今之所谓良臣，古之所谓民贼也。君不乡（向）道，不志于仁，而求富之，是富桀也，“我能为君约与国（邀集盟国），战必克。”今之所谓良臣，古之所谓民贼也。君不乡道，不志于仁，而求为之强战，是辅桀也。由今之道，无变今之俗，虽与之天下，不能一朝居也。（《孟子·告子下》）

国君背道而行，“不志于仁”，就是桀、纣那样的无道之君。为这样的无道之君谋“富”，就是“富桀”；为这样的无道之君谋“强”，就是“辅桀”。所以此类所谓“良臣”，就是实际上的“民贼”。最后几句话的意思是说，现在的问题不是如何富国强兵、开疆拓土，而是从根本上改变治国之道；如果各国的国君依然沿着现在的道路走下去，那么即使把整个天下都让给他，他也是一天都坐不稳的。他又说：

> 长君之恶其罪小，逢君之恶其罪大。今之大夫，皆逢君之恶，故曰：今之大夫，今之诸侯之罪人也。（《孟子·告子下》）

国君作恶，臣下不能奋起谏阻，就是罪过。比较起来，被迫服从，在客观上助长了国君的恶行的，其罪尚小；而主动逢迎，积极出谋献策、卖力效劳的，其罪更大。而现在的大夫，对于国君的恶行无不采取逢迎的态度，所以无不是国君的罪人。

而只有违抗君命，劝导国君改弦更张，弃恶从仁，才是“君子之事君”

的义举。鲁国的国君要派慎子为将军，出兵伐齐以拓土。孟子竭力劝阻慎子勿从。他对慎子说：按照周王朝的制度，诸侯之地仅方圆百里。而今天的鲁国，已经方圆五百里。此时如有仁君临朝，只会削减鲁国的土地，而绝不会再求增加。即使是从他国“徒取”即白拿，仁者都不能要，何况还要征战杀人哪！最后，他告诫慎子：

> 君子之事君也，务引其君以当道，志于仁而已。（《孟子·告子下》）

这就是鼓励人臣抗命不从，转而“务引其君以当道”，即促使国君改变思想，走上正道，笃志于“仁”。

那么，如果遇到桀、纣那样的昏君、暴君，执意作恶而死不悔改，一切“格君心之非”以“正君”的努力均告失败，“引其君以当道”已然毫无可能，这时又该怎么办？于此，孟子也从他的立场出发走到了最后一步。《孟子·梁惠王下》载：

> 齐宣王问曰：“汤放桀，武王伐纣，有诸？”孟子对曰：“于传（古籍）有之。”曰：“臣弑其君可乎？”曰：“贼仁者谓之贼，贼义者谓之残，残贼之人谓之一夫（独夫）。闻诛一夫纣矣，未闻弑君也。”

孟子回避了“弑君”这个在古代总被认为大逆不道的字眼，改称为“诛一夫纣”，亦即“诛独夫纣”。桀、纣这样的“君”的确就是“独夫”，但在当时也的确是“君”。换个说法丝毫改变不了事实，“诛一夫纣”就是“弑君”。以纯粹的思想逻辑而言，可以认为，在孟子的头脑中，在已经不可能“引其君以当道”的情况下，是可以为“道”而“弑君”的。

但是孟子上面这段话所讲的，是往古的历史；且“放桀”“伐纣”的商汤、武王，是儒家乃至多家称颂的圣贤；而被“放”、被“伐”的夏桀、商纣，则是人所公认的暴君：故言之无妨。对于现实的各诸侯国国君，他也只是说到“格君心之非”“引其君以当道”、亦即“正君”为止。另如“今之大夫皆逢君之恶”，故皆为“今之诸侯之罪人”的说法，则表示他在根本上还是从维护“今之诸侯”的长远利益出发的。公然反叛现实的国君，这大约是儒家永远跨不过的天堑。

因为把“格君心之非”“引其君以当道”定为臣的主要使命，孟子还相应地提高了臣的地位，要求君与臣必须相互尊重。他在孔子的“君使臣以礼，臣事君以忠”的基础上，进一步提出：

君之视臣如手足，则臣视君如腹心；君之视臣如犬马，则臣视君如国人；君之视臣如土芥，则臣视君如寇仇。(《孟子·离娄下》)

这就在一定程度上赋予了为臣者与君王平等的人格。

荀子则在“以道事君”的原则下，进一步向“道”倾斜，提出了“从道不从君”的口号。

他以是否真正有利于君为标准，把臣对君的态度分为五种：

从命而利君谓之顺，从命而不利君谓之谄；逆命而利君谓之忠，逆命而不利君谓之篡；不恤君之荣辱，不恤国之臧否，偷合苟容，以持禄养交（持禄位以养私交）而已耳，谓之国贼。(《荀子·臣道》)

这种顺、谄、忠、篡、国贼的划分，虽然突出了“利君”，但却贬低了“从命”：“从命”未必是，“从命而不利君”叫作谄媚；“逆君”未必非，“逆君而利君”反谓之忠。而一味“偷合苟容”，不问是非，唯务贪禄营私者，则是“国贼”。

这是一般而言的臣对君的态度。荀子还专门讨论了臣对“过谋过事”之君即作出错误决策、错误行事的国君的态度。简言之，就是对待国君的错误的态度。他分为四种：

君有过谋过事，将危国家、殒社稷之惧也，大臣父兄有能进言于君，用则可，不用则去，谓之谏；有能进言于君，用则可，不用则死，谓之争；有能比知（齐心）同力，率群臣百吏而相与强君（勉强国君）矫君（纠正国君），君虽不安，不能不听，遂以解国之大患，除国之大害，成

> 于尊君安国，谓之辅；有能抗君之命，窃君之重（大权），反君之事（纠正国君的错误作为），以安国之危，除君之辱，功伐（功劳）足以成国之大利，谓之拂。故谏、争、辅、拂之人，社稷之臣也，国君之宝也，明君所尊厚也，而暗主惑君以为己贼也。(《荀子·臣道》)

直率进言，不用则去的，叫作谏。进言于君，拼死力争的，叫作争。有能发动朝野上下，率领“群臣百吏”，强迫国君接受众议，终使国家免遭大祸的，叫作辅。有能抗君之命，窃君之权，反君之事，从而挽救了国家的，叫作拂。荀子认为，这四种人都是“社稷之臣”“国君之宝”。而这四种人的共同特点，就是坚决遵道而行，而绝不谨遵君命。所以，正是在这段话之后，荀子提出：“传曰：‘从道不从君。’此之谓也。”

“从道不从君”的说法，荀子谓之“传曰”。但在今存先秦典籍中，似仅见于《荀子》一书，故不详出自何传。而在《荀子》中，这个说法却出现多次。除本篇《臣道》外，《子道》篇又云：“传曰：‘从道不从君，从义不从父。’此之谓也。”由此可见，无论“从道不从君”的说法出自何处，它都是荀子自己要强调提出的观点。

逼宫迫君，抗君矫命，虽逆君、逆命之甚，但都没有违反“利君”的原则。因为这样做的目的和结果，都是“尊君安国”，“安国之危，除君之辱”。“利君”，这是荀子逆君、逆命的不可逾越的“红线”。所以，当他为“忠臣”评级分等的时候，是以对国君的尊严伤害得最轻、最小为最优的：

> 有大忠者，有次忠者，有下忠者，有国贼者：以德复君而化之，大忠也；以德调君而补之，次忠也；以是谏非而怒之，下忠也；不恤君之荣辱，不恤国之臧否，偷合苟容，以之持禄养交而已耳，国贼也。(《荀子·臣道》)

“以德覆君而化之”，就是以自己的道德风尚如春风化雨般地影响国君，使之不知不觉地潜移默化。这种方式对国君的尊严伤害最小，故为“上忠”。“以德调君而补之”，是以自己的道德掺入、调理国君的思想，以补救国君的不足和过失。这是“次忠”。而以自己之是，直谏国君之非，不惜激怒国君的，只能算是“下忠”，因为这种方式最为生硬，最易伤君。所以说到最后，荀子并没有从根本上违反“忠君”的纲常。

在“事君”的问题上，韩非子的法家思想与儒家迥然有别。在他的言论中，君王是唯一而绝对的效忠对象，而遵命则是唯一而绝对的为臣之责。

他提出，为臣者，不准“非君”：

> 为人臣常誉先王之德厚而愿（向往）之，是诽谤其君者也。非其亲者，知谓之不孝；而非其君者，天下贤之。此所以乱也。故人臣毋称尧、舜之贤，毋誉汤、武之伐，毋言烈士之高，尽力守法，专心于事主者为忠臣。（《韩非子·忠孝》）

曰“非其亲者，知谓之不孝；而非其君者，天下贤之”，就是说“非其君者”即为不忠。而所谓“非其君”，是连对君王流露出一点不满情绪都包括在内的。故称誉先王，向往前代，就是谤君；敬仰隐士，崇尚清高，就是怨君。所谓“烈士”，韩非子自己解释说：“好名义不进仕者，世谓之烈士。”（《韩非子·诡使》）就是指那些不肯称臣事君的隐士高人。

他还提出，为臣者，也不准发表不同意见：

> 贤者之为人臣，北面委质（向北跪拜君王，委身于地，表示效忠），无有二心。朝廷不敢辞贱，军旅不敢辞难，顺上之为，从主之法，虚心以待令而无是非也。故有口不以私言，有目不以私视，而上尽制之。（《韩非子·有度》）

如果说在朝廷之上不敢拒绝低贱的职位，在军旅之中不敢逃避危难的任务，还属于为臣之本分的话，那么“顺上之为，从主之法，虚心以待令，而无是非”云云，就是明确无疑地提倡奴隶主义了。为臣者不准有自己的意见，只能绝对地服从君命，成为君王的没头脑、“无是非”的驯服工具。以往，人们曾经批判过“驯服工具论”，不知是否曾溯源于韩非子这位祖师，或至少是祖师之一。

韩非子还有一个观点：为了“事君”，无不可为。管仲于病危时告诫齐桓公，要“去竖刁，除易牙，远卫公子开方”。为什么？管仲说：

> 易牙为君主味，君惟人肉未尝，易牙烝（蒸）其子首而进之；夫人情莫不爱其子，今弗爱其子，安能爱君？君妒而好内，竖刁自宫以治内；人情莫不爱其身，身且不爱，安能爱君？开方事君十五年，齐、卫之间不容数日行，弃其母，久宦不归；其母不爱，安能爱君？（《韩非子·难一》）

为了替君主解馋，居然“烝其子首而进之”，几令人难以置信。为了帮君王释妒，“自宫”为太监，虽至清末犹盛，却为世人所不耻。而仅隔数日行程，居然十五年弃母不归，如此“事君”殆同“弑母”。这样的非人之人，何可不“去”！但韩非子不以为然。他批评说，“管仲所以见告桓公者，非有度（法）者之言也”，“臣有尽死力以为其主者，管仲将弗用也。”而后讲了如下一篇道理：

> 明主……设民所欲以求其功，故为爵禄以劝之；设民所恶以禁其奸，故为刑罚以威之。庆赏信而刑罚必，故君举功于臣，而奸不用于上，虽有竖刁，其奈君何？且臣尽死力以与君市，君垂爵禄以与臣市，君臣之际，非父子之亲也，计数（得失的计算，君计臣力，臣计君禄）之所出也。君有道，则臣尽力而奸不生；无道，则臣上塞主明而下成私。管仲非明此度数于桓公也，使去竖刁，一竖刁又至，非绝奸之道也。（《韩非子·难一》）

这里有法律万能的观点，有君臣以利相交、犹如老板和打工仔的观点，前已论及，可不再费辞。但不能不说的是，照韩非子的观点，为了“事君”，“蒸子”“弑母”亦无不可，这就不仅是“寡恩”，而且可以说是惨无人道了。

不准“非君”、不准提出不同意见，且又为了“事君”而无不可为：这就把“忠君”推到了极致，几乎推到了无是非、无人性的地步。但必须说明的是：韩非子本人及诸多法家人物并不是这样的人。韩非子说：“法术之士”要“以法术之言矫人主阿辟之心，是与人主相反也。”（《韩非子·孤愤》）本书第一章已经引述过这句话，这不也是“格君心之非”吗？他们只是为了尽快地富国强兵而希望加强君主专制，又为了加强君主专制而要求臣对君绝对服从罢了。

古代那种政治体制下的君臣关系在现代已经不复存在，古代那套如何“事君”的理论在整体上也已经过时了。如果说今天的上下级关系与古代的君臣有某种近似性的话，那么儒家要求君与臣人格平等、相互尊重的思想应该还是适用的。而儒家提出的“以道事君”“从道不从君”的原则更能给人以重要的启示，那就是——公务人员的效忠，应该是效忠于国家和人民，效忠于真理，而不是效忠于领导个人；无论面对哪一级的领导，都应该坚持真理，坚持原则。

至于上述谦恭以行己、忠恕以待人、敬慎以处事的职场伦理，则大多中肯恰当，切实可行。尤其是孔子的有关言论，简洁而精辟、平易而深刻，职场诸公，更应谨记。唯有如《论语·乡党》篇所述“入公门，鞠躬如也，如不容”（进宫门时，恭敬地弯着腰，如无容身之地），“过位，色勃如也，足躩如也，其言似不足者”（经过君主的座位时，脸色骤然庄重起来，脚步急促，说话像中气不足的样子）之类，未免过于做作，“人以为谄”（见前引），良有以也。但此等实属礼之末节，略之可也。

第九章　浩然之气

——走向崇高

从政者如果仅仅满足于一般的合格和胜任，那就还没有真正理解从政的意义。从政就意味着接受人民大众的委托，管理国家和民族的公共事务。因此，从政者是国家命运的主要负责者，是民族使命的主要承担者。为了能够承担这样的责任和使命，他们必须要有更高的道德追求，必须要成为民族中最优秀、最杰出的一批人。也就是说，他们应该在日常的生活和工作中比一般人做得更好，堪称人民大众的道德表率，而且应该具有超越自我的精神和担当天下的胸怀。用今天的话说，可以叫作走向崇高。用当年孟子的提法，就是“养吾浩然之气”。

第一节　道德表率

儒家主张以德治国，因而特别强调从政者的道德表率作用。虽然以德治国的主张未免片面，但强调从政者的道德表率作用却一点没错。《论语》载：

子曰：“苟正其身矣，于从政乎何有？不能正其身，如正人何？”（《论语·子路》）

季康子问政于孔子。孔子对曰：“政者，正也。子帅以正，孰敢不

正?”(《论语·颜渊》)

“从政”并不仅仅是“正身”的问题，因而“苟正其身矣，于从政乎何有”的说法显然并不妥当；但是如果仅就“正身”即端正行为而言，又的确是“不能正其身，如正人何”。不能正己，焉能正人！“子帅以正，孰敢不正”的说法带有居高临下、强人同己的味道，不是发挥表率作用的口气，应该说“子帅以正，人将自正”。培养公民的道德意识，建立良好的社会风气，也是治国理政的一项重要内容，在这方面，以身作则，身教重于言教，是无可否认的真理。

而且，道德不是孤立的，它关系到整个社会的精神状态和执政环境，包括政令能否如实贯彻、法律能否顺利推行、经济能否健康发展等。如《论语》载：

子曰：“……君子笃于亲，则民兴于仁；故旧不遗，则民不偷。”(《论语·泰伯》)

“笃”有深厚、忠义。“偷”有薄情、寡义。孔子说：君子厚爱自己的亲人，百姓就会兴起仁德；君子不遗弃自己的故旧，百姓就不会不讲情义。虽然“笃于亲”也是“仁”的要求，但“仁”的含义要比“笃于亲”深广得多。虽然“故旧不遗”也是一种情义，但“民不偷”所涵盖的情义却显然不限于此。就是说，“笃于亲”与“故旧不遗”这两种具体的道德表现，都会带来远为广泛的社会精神状态的改善。又如：

季康子问：“使民敬、忠以(和)劝(勤勉)，如之何?”子曰：“临之以庄则敬，孝慈则忠，举善而教不能则劝。”(《论语·为政》)

季康子问的是，如何能使民众尊敬自己、忠于自己，并勤勉做事。孔子回答：自己对待民众态度庄重，民众就会尊敬自己；自己在家孝顺父母、慈爱子女，民众就会忠于自己；举用优秀的人教导较差的人，民众就会勤勉。这里自己的“孝慈”与民众的“忠”，以及“举善而教不能”与民众的“劝”，之间并没有直接的对应关系，但是它们却能带动整个社会环境的变化，使民众趋向于“忠”和“劝”，从而为执政者创造良好的执政环境。

更重要、也更根本的是：执政者个人的道德品质，在很大程度上决定着他在民众中的形象和威信。一个被人在背后戳脊梁骨的人，还有谁会尊重他、拥护他？他还执什么政？这岂不正应了孔子的那句“民无信不立”吗？《论语》中还有：

子曰：“其身正，不令而行；其身不正，虽令不从。”（《论语·子路》）

子曰：“为政以德，譬如北辰，居其所而众星共（通“拱”）之。”（《论语·为政》）

政令本身是否“正”与执政者本人是否“正”，本不是一回事。但是在实际生活中，往往有这样的情况：一个品德低下、为人侧目的人，说什么人们都不爱听；一个品德高尚、受人敬重的人，说什么人们都喜欢听。后一段话，如果把“为政以德”改成“为政有德”，就是说政令既“正”、执政者本人的品德也“正”，那么广大民众对于他，的确会像众星捧月那样拥戴，尚何愁政令之不畅！

因此，如果排除了把德与政混为一谈的以德代政、以德代法的思想，孔子几乎所有强调从政者必先“正其身”的言论，以及几乎所有对于从政者的道德要求，都是值得重视的。就连下面这样的话也不可忽略：

或谓孔子曰：“子奚不为政？”子曰：“书云：‘孝乎惟孝，友于兄弟，施于有政。’是亦为政，奚其为为政？”（《论语·为政》）

“孝乎惟孝，友于兄弟”意即孝顺父母，友爱兄弟。孝顺父母、友爱兄弟属于纯粹的家庭伦理，与“为政”无关。而孔子却说“我在推行孝友之道，这也就是为政”。这显然是以德代政的思想。但如果说每个人都应该孝顺父母、友爱兄弟的话，那么作为一个领导民众的执政者岂不应该首先做到吗？执政者首先做到了这一点，岂不更有利于自己的政务工作吗？

总之，一个执政者，无论他的具体政务是什么，他都应该是个品德高尚的人，一个堪称道德表率的人。这应该成为执政者的基本素质。

荀子有一段话，讲到“古之所谓仕士者”与“今之所谓仕士者”的差别：

> 古之所谓仕士者，厚敦者也，合群者也，乐可贵（指注重道德）者也，乐分施者也，远罪过者也，务事理者也，羞独富者也。今之所谓仕士者，污漫（污秽）者也，贼乱者也，恣睢（放纵）者也，贪利者也，触抵（违法）者也，无礼义而唯权势之嗜者也。（《荀子·非十二子》）

“仕士者”就是做官的人。他说古代做官的人，是那些老实忠厚的人，团结群众的人，讲究道德的人，乐于施惠的人，远离罪过的人，注重事理的人，以自己独富为耻辱的人。而今天做官的人，是那些污秽不堪的人，为非作歹的人，放任自己的人，贪图私利的人，违法乱纪的人，不讲礼义而只要权势的人。“古之所谓仕士者”就是他理想中的做官的人。他的话其实说得相当平实。对他理想中的做官的人的要求并不很高，但都实实在在，的确是每个“仕士者”都应该做到的。而作为对比项来列举的“今之所谓仕士者”的种种表现，今天看来也并不陌生。逐条读下来便会感到，各条全占者或许不多，兼占其中两三条者却似乎并不少见。应该说，这是令人遗憾的，也是令人深思的。

第二节　超越自我

如上所述，从政者应该成为道德的表率。但是，如果仅仅是在日常生活领域遵守各项公共道德，对于肩负着国家命运和民族使命的从政者来说，又是远远不够的。在日常生活领域严格要求自己，一般好德之士也做得到。而作为国家命运和民族使命的主要承担者，从政之士必须具有更高的精神境界。这更高的精神境界，从一方面言之，就是超越自我。

何谓超越自我？在先秦诸子中，最向往超越自我的精神境界的，是庄子。下面就以他的论述为主来说明。

庄子曾讲到一种“大成之人”——

> 昔吾闻之大成之人曰：“自伐者无功，功成（而不退，即居功）者堕（败），名成（享盛名）者亏。”孰能去功与名而还与众人！道流而不明，居（不炫耀）得行而不名处（不求名）；纯纯常常（淳朴而平常），乃比于狂（指无心而动）；削迹捐势，不为功名；……(《庄子·山木》)

注家多云“大成之人”即指老子，老子有“自伐者无功”“功成而弗居”之类的话，已见前引。无论是不是老子，都是指有大成功、大成就或集大成的人。“孰能去功与名而还与众人”一句，前人有很好的注释。谓“功自众成，故还之”；“夫能立大功、建鸿名，而功成弗居，推功于物（指众人）者，谁能如是？其唯圣人乎！”（见郭庆藩《庄子集释》）后面数句意思是：像大道流行而不显耀自身，虽德行广披而不追求声誉，一切纯朴平常，如同无心而为。消除外在的形迹，捐弃凌人的权势，“不为功名”。总之，无论有多大功绩，全都还给众人，自己以一颗平常心淡然处之，这才是“大成之人”。这是提倡超越功名之念，不为功名所累。

庄子还讲到一种“全德之人”——

> 若夫（彼）人者，非其志（志愿）不之，非其心（心意）不为。虽以天下誉之，得（疑当为“失”，与下一句的“得”对调）其所谓（自己的心意），謷（通“傲”）然不顾；以天下非之，失（疑当为“得”）其所谓，傥然（洒脱貌，断然）不受。天下之非誉，无益损焉（无影响、无作用），是谓全德之人哉！（《庄子·天地》）

所谓“全德之人”就是指道德最完善的人。这种人，不符合自己志愿的主张，坚决不从。不符合自己心意的事情，坚决不做。即使得到天下人的赞誉，如果不合乎自己的意志，便傲然不顾；即使得到天下人的非议，如果合乎自己的志意，亦断然不受。天下的毁誉，丝毫不能动摇他的意志，这才是“全德之人”！这是提倡超越世人之毁誉，不为毁誉所动。

庄子还讲到“圣人之勇”，这是一个关于孔子的故事：

> 孔子游于匡，宋人围之数帀，而弦歌不惙（辍）。子路入见，曰：“何夫子之娱也？”
>
> 孔子曰：“来！吾语女（汝）。我讳穷（担心道不得通行）久矣，而不免，命也；求通（使道通行）久矣，而不得，时也。当尧舜而天下无穷人，非知得（才智高超）也；当桀纣而天下无通人，非知失也；时势适然。”（《庄子·秋水》）

孔子周游列国，经过卫国的匡这个地方，被匡人团团围困。原因是在此之前，有个叫阳虎的人，曾经施暴于匡；而孔子的长相很像阳虎，故匡人抓住他欲报前仇。虽然事情的发生只是一场误会，但当时的形势的确十分危急。在这种十分危急的形势下，孔子依然安坐其中，“弦歌不辍”。子路不解。孔子告诉他说：“很久以来我就十分担心我的仁道不得通行，而果然不免，这是命啊！我也曾竭尽全力促使我的仁道得以通行，而仍然无果，这是时运啊！当尧舜之时，天下没有不得志的人，并不是因为那时的人才智高超；当桀纣之时，天下没有得志的人，也不是因为那时的人才智低下；这都是由于时势不同而造成的。”那么，面对这种生不逢时的客观现实和自己不可避免的不幸命运，该怎么办？孔子继续说：

> 夫水行不避蛟龙者，渔父之勇也；陆行不避兕虎者，猎夫之勇也；白刃交于前，视死若生者，烈士之勇也；知穷之有命，知通之有时，临大难而不惧者，圣人之勇也。由（子路名）处（安静地等待）矣，吾命有所制（定）矣。（《庄子·秋水》）

人无法选择自己生存的时势，因而也不可能完全掌握自己的命运。古来多少志士仁人，怀抱正义的理想，因生不逢时而赍志以殁。遭不遇之世，处危难之时，他们唯一能够做到的，就是无怨无悔、无忧无惧地承担不幸的命运，而决不改变自己的初衷。亦即这里所说的“知穷之有命，知通之有时，临大难而不惧”。渔父有渔父之勇，猎夫有猎夫之勇，烈士有烈士之勇，而烈士之勇就是“圣人之勇”。这段话中的“穷”“通”是指命运的通塞、否（pǐ）泰，古注云：“穷，否塞也。通，泰达也。”（见郭庆藩《庄子集释》）这是提倡超越命运的穷通乃至生命的存亡，而守志不渝。

上面说的这件事，《论语》中也有记载：

> 子畏于匡。曰：“文王既没，文不在兹乎？天之将丧斯文也，后死者不得与于斯文也；天之未丧斯文也，匡人其如予何？”（《论语·子罕》）

这里孔子所说的是：“周文王虽已去世，周代的文明不是还在我这里吗？如果上天要毁灭这种文明，像我这样的后来者就不应该得到这种文明；如果上天还不想毁灭这种文明，匡人又能把我怎么样呢？”无怨无悔、无忧无惧地承担命运，而决不改变自己的初衷，这种精神与庄子之所说完全一致；所不同的只是，这里突出了传承周代文明的使命意识。

圣人可以“临大难而不惧”的“大难”是指对自己生命的威胁，而有些当官的人是把官位看得比生命还重的。对于他们来说，大概只有自己的官位受到威胁，那才是真的“大难临头”。《庄子》里有一个非常著名的故事：

惠子相梁（梁惠王），庄子往见之。或谓惠子曰："庄子来，欲代子相。"于是惠子恐，搜于国中三日三夜。

庄子往见之，曰："南方有鸟，其名为鹓（yuān）鹐（chú），子知之乎？夫鹓鹐，发于南海而飞于北海，非梧桐不止，非练实（竹实）不食，非醴泉（甜美的泉水；醴是甜酒）不饮。于是鸱（chī）得腐鼠，鹓鹐过之，仰而视之曰'嚇！'今子欲以子之梁国而吓我邪？"（《庄子·秋水》）

惠施做了梁惠王的宰相，庄子要来见他。有人跟惠施说："庄子是要来取代你的相位的。"这真是大难临头了，于是惠施来了个全国大搜捕。但搜捕了三天三夜也没找着，倒是庄子自己找上门来了。来了没说别的，就讲了个寓言故事。"鹓鹐"就是凤凰，"鸱"是猫头鹰。凤凰是何等高贵的鸟！"非梧桐不止，非练实不食，非醴泉不饮"。而在凤凰从南海飞往北海的途中，正好有一只猫头鹰抓住了一只死老鼠。猫头鹰以为凤凰是来抢它的死老鼠的，急忙抬起头来恐吓道："嚇！"说到这里，庄子转问惠施："你现在想用你的梁国来恐吓我吗？"前人于此释曰："凡猥之鸢（即鹰），偶得臭鼠，自美其味，仰嚇凤凰。譬惠施滞溺荣华，心贪国相，岂知庄子清高，无情争夺。"（见郭庆藩《庄子集释》）官位，无论多高，都不过是一种从政的职务。如果不能藉此施仁行道、利国安民，徒有荣华、权势而已，有何宝贵难舍，要像命一样护着？这是提倡超越权势，不为权势所诱。

超越功名，超越毁誉，超越穷通，超越权势，总之都是在必要的时候舍弃名利，牺牲自我。因此，超越自我的最高境界，就是庄子在《逍遥游》篇中提出的"无己"。

在提出"无己"之前，庄子先以寓言的形式，形象而突出地强调了"小大之辨"、即小与大的差别：

穷发（不毛之地）之北有冥（幽深）海者，天池也。有鱼焉，其广

> 数千里，未有知其修（长）者，其名为鲲。有鸟焉，其名为鹏，背若太（泰）山，翼若垂天之云，抟扶摇羊角（驾乘旋风）而上者九万里，绝（超而上之）云气，负青天，然后图南（向南飞翔）且适南冥也。斥鴳（一种小麻雀）笑之曰："彼且奚适（往）也？我腾跃而上，不过数仞（一仞八尺）而下，翱翔蓬蒿之间，此亦飞之至也。而彼且奚适也？"此小大之辩（辨）也。(《庄子·逍遥游》)

大鹏，脊背有如泰山，翅膀像从天上垂下的云。乘风飞上九万里的高空，超越云气，背负青天，而后向南翱翔。一只小麻雀见到了，讥笑地说："它这是要去哪儿呢？我腾跃而上，不过几丈就下来，在蓬蒿中飞来飞去，这就算飞翔的极限了。而它究竟要飞到哪里去呢？"大鹏"绝云气，负青天"，鹏程万里，是飞；小麻雀数仞而下，往来蓬蒿之间，也是飞。虽然都是飞，但二者的"小大之辨"有多大呀！真可谓天壤之别。

而这里所说的"小大之辨"，实际上指的是人的胸怀、志向，亦即精神境界。所以下文紧接着说：

> 故夫知效一官，行比一乡，德合一君，而徵一国者，其自视也亦若此矣。(《庄子·逍遥游》)

有些人，才智刚够任个一官半职，行为仅可在一乡之内比个高低，或者品德适可投合一君而取信一国，便得意洋洋，美得不得了。这不恰似那只腾跃于蓬蒿之间即已心满意足的小麻雀吗？故有前人注释曰："不独鸟有斥鴳也，儒之斥鴳多矣！各怀其是，而沾沾自喜。"（见陈鼓应《庄子今注今译》）那么，作为人，怎样才能从这种斥鴳般的狭隘境界中超越出来，达到那种"绝云气，负青天"，鹏程万里的宏伟境界？庄子说，只有挣脱对于功名、富贵、权势、荣誉等一切身外之物的依恃，与"物物而不物于物"（前引庄子语）的天地大道合而为一，以获得精神的解放：

> 若夫乘天地之正，而御六气之辩（变），以游无穷者，彼且恶乎待

哉！（《庄子·逍遥游》）

“天地之正”就是指天地自然之道；而在道家思想中，自然之道既是宇宙的真理，也是人间的正道。“六气”当指阴、阳、风、雨、晦、明等六种气象，而“六气之变”则是指世界的风云变化。“恶乎待哉”就是“无待”。“待”者，依恃也；依恃什么？依恃功名、富贵、权势、荣誉等身外之物也。而对任何身外之物的依恃，都是对内心精神的束缚。若能乘天地之正道，御世界之风云，畅游于无限的时空，还有什么身外之物不能舍弃而必须依恃的呢？这是“无待”的境界，因而才是自由的境界。

挣脱了对一切身外之物的依恃，也就彻底超越了利欲的自我：“无待”就是“无己”。所以庄子最后提出：

故曰，至人无己，神人无功，圣人无名。（《庄子·逍遥游》）

所谓“至人”“神人”“圣人”并不是三种人，而是从三种不同角度而言的一种人。如《庄子》的最杰出的注疏家、唐代成玄英所云：“‘至’言其体，‘神’言其用，‘圣’言其名。其实一也。”（见郭庆藩《庄子集释》）“至”是说达到了极致的、最高的精神境界，这是这种人的实际本质，故谓“言其体”；“神”是形容这种人的功能，出神入化，无不可为，故谓“言其用”；“圣”是指名位，这种人在人间属于最高的名位，故谓“言其名”。而只有超越了自己，才能超越功名；亦即只有“无己”，才能“无功”“无名”。因此，这三句话可以总为一句，就是“至人无己”。“无己”，则不再顾忌任何个人的利害得失，无论是世人所追求的功名、富贵、权势，还是世人所焦虑的毁誉、穷通、生死。这是对自我的彻底超越。

庄子的超越自我，似乎主要是为了追求个体的人的精神自由，而不是为了担当。但他也没有绝对地拒绝担当。他说过：“古之畜天下者，无欲而天下足，无为而万物化，渊静而百姓定。”（《庄子·天地》）“畜天下”就是治理天下，而“无欲”“无为”也就是“无己”。这岂不也是担当天下？只不过是另一种方式的担当罢了。从道家思想来看，只有“无己”才能真正地担当天下。另外，老子在讲“弱之胜强，柔之胜刚”的时候，也说过这样的话：

受国之垢，是谓社稷主；受国不祥，是谓天下王。(《老子·七十八章》)

意思是，能够承担国家的屈辱，才能称作国家的君主；能够承担国家的灾难，才能成为天下的君王。这是提倡临危受命、忍辱负重的担当精神。“忍辱”似乎是弱，但在某些时候，恰恰是只有能够“忍辱”，才能“负重”；只有能够“忍辱”，才能担当。应该说，这是一种更艰难、更可贵的担当。

但这里要着重说明的是，道家，特别是庄子，为了强调精神自由，向人们展示了一种超然物外的无限高远而又无比洒脱的精神境界。不难想到的是：只有放得下，才能拿得起；只有无一物不可舍，才能无一事不可为；只有两袖清风，才能一身正气；只有能够舍弃世俗人生所追求、所宝贵的一切，才能成为一个顶天立地、勇往直前的大担当者。

超越自我，这是担当天下的前提。

第三节 担当天下

当然，主要从另一方面或者说从正面提倡担当精神的，还是儒家。

儒学是治世之学，而且有明确的宗旨和完备的体系。因此，儒家也有非常自觉的使命意识和担当意识。这突出体现在《论语》的下面这段话里：

> 曾子曰："士不可以不弘毅，任重而道远。仁以为己任，不亦重乎？死而后已，不亦远乎？"（《论语·泰伯》）

曾子（曾参）是孔子的大弟子，他的话完全可以代表儒学正宗。"弘毅"，"弘"即远大，指抱负；"毅"即坚强，指意志。合在一起，就是抱负远大，意志顽强强。要在天下贯彻儒家的仁道，使人为仁人，世行仁政，的确是"任重而道远"；要承担这样的使命，就必须有弘毅的性格，即远大的抱负和顽强的意志。这段话，说得庄重、严肃而真诚，几可视为儒家出仕从政的誓言，令人感动。

"弘"与"毅"虽可分别解释，但联系十分紧密。正因为抱负远大，才必须有顽强的意志；也只有具备顽强的意志，才能坚持远大的抱负。而儒家对于儒者的个人品格的基本要求，就是以顽强的意志坚持自己远大的抱负。在这方面，他们提出了几个非常著名的、近乎人格宣言的口号。

"三军可夺帅也，匹夫不可夺志也"

这是孔子的话：

> 子曰："三军可夺帅也，匹夫不可夺志也。"（《论语·子罕》）

按周代的军制，一万二千五百人为一军，大的诸侯国可以有三军。孔子说，以三军之众、之强，它的主帅可能被斩获；而哪怕只是一个普通人，他的意志却不能被征服。这两句话，以最精辟、最鲜明的语言，肯定并弘扬了人的意志的力量。意志是一种精神。一个人的精神力量究竟有多大？人们都知道、也都相信物质的力量。一些统治者、权势者更是迷信强权、武力等物质的力量。但是不应该忘记：物质力量只能消灭人的肉体，剥夺人的生命，却无法战胜人的意志。在一定意义上说，多么强大的物质力量都可以战胜，而人的坚强意志是不可战胜的。这是古往今来，无数仁人志士，乃至匹夫匹妇，以他们的生命实践证实了的真理。而孔子这两句话，就是这个真理的发布，也可以说是人的意志的不可战胜性的宣言。

孟子则强调，一个志在道义的人，任何时候都不应改变自己的初衷，无论处境之顺逆与命运之穷达。他说：

> 故士穷不失义，达不离道。穷不失义，故士得己焉；达不离道，故民不失望焉。古之人，得志，泽加于民；不得志，修身见于世。穷则独善其身，达则兼善天下。(《孟子·尽心上》)

世事难料，人的一生，处境会有顺逆，命运会有穷达。有人就是经受不住这种考验，“人穷则志短”者有之，“一阔脸就变”者更有之。真正的志士，应该像孟子所说的那样：“穷不失义，达不离道”。“穷不失义”，自己才能够心安；“达不离道”，民众才不会失望。得志之时便施仁政于民；不得志时则修仁德于己。此即所谓“穷则独善其身，达则兼善天下”。最后这两句话，在古代常被称引，几乎成了士人的座右铭，但也未必真能做到。有的人实际上正好相反：自己穷困之时，同病相怜，还会想到其他穷人，故不忘“兼善天下”；一旦得志发达，为了守住自己的既得利益，反而不问世事，转向了“独善其身”。人的思想、立场是会随着自己的社会处境而变的，古今皆然。故孟子这段话，亦当谨记。

《论语》中还有曾子的另一段话，说：“可以托六尺之孤，可以寄百里之命，临大节而不可夺也。君子人与？君子人也。”(《论语·泰伯》)“可以托六尺之孤”是说可以托孤。古代的六尺仅相当于今天的四尺多一点，还是儿童。“可以寄百里之命”是说可以承担治理一个诸侯国的使命。一个诸侯国一般方圆百里。这里要说的是“临大节而不可夺”。“大节”是指关系到国家安危、个人生死的紧要关头；在国家安危、个人生死的紧要关头，意志坚定而毫不动摇的人，当然可以称为君子。

“富贵不能淫，贫贱不能移，威武不能屈”

这是孟子的名言。有人问：“公孙衍、张仪岂不诚大丈夫哉？一怒而诸侯惧，安居而天下息。”公孙衍、张仪都是当时的纵横家。公孙衍主张合纵，即东方各国联合以抗秦，曾佩燕、赵、韩、魏等五国相印。张仪主张连横，即东方各国各自联秦以自保，曾任秦相。他们都是威震列国的风云人物，一旦发怒就会有诸侯害怕，安静下来就会使战火熄灭。即所谓“一怒而诸侯惧，安居而天下息”。那么，这样的人岂不也可以算是真正的大丈夫吗？孟子则断然否决。他说：

> 以顺为正者，妾妇之道也。居天下之广居，立天下之正位，行天下之大道。得志与民由之，不得志独行其道。富贵不能淫，贫贱不能移，威武不能屈。此之谓大丈夫。（《孟子·滕文公下》）

说“以顺为正”是“妾妇之道”，这是当时包括儒家在内的普遍的妇女观。但孟子在这里讲这句话，乃是为了针锋相对地否认公孙衍、张仪是“大丈夫”。他的意思是，他们这样的人只知道顺从国君的旨意，为之出谋划策，助其争霸诸侯；而不论是非，不讲道义。真正的“大丈夫”，应该是像他下面所说的那样。下面的话，“居天下之广居，立天下之正位，行天下之大道”三句，朱熹解释说：“广居，仁也；正位，礼也；大道，义也。”（《四书章句集注》）据此，则这三句话的意思就是居于仁，立于礼，行于义。这样解释或许符合孟子的原意，但也未免过于局限了这三句话的意义。且一个笼统抽象的“义”称不上是“大道”，而区分长幼尊卑的“礼”更算不上什么“正位”。这里不妨且做一般化的理解，就是：居于广阔天地之中，立于正直不阿之地，行于大公无私之道。这可以说是远大的抱负。中间“得志”“不得志”两句无须解释。后面三句，意思是：富贵腐蚀不了他，贫贱动摇不了他，威武也屈服不了他。这就是顽强的意志。既有远大的抱负，又有顽强的意志，恰合“弘毅”之旨：“此之谓大丈夫”。

孟子提倡“威武不能屈”，主要是针对当时的诸侯。如上一章讲“事君”时所说的，在孟子看来，当时各诸侯国的国君都是无道之君。因此，在他们面前，孟子只有满脸的藐视之意，而没有丝毫的敬畏之心。他告诉人们：

> 说大人，则藐之，勿视其巍巍然。堂高数仞（堂阶高数丈），榱（cuī）题数尺（屋檐长数尺），我得志弗为也；食前方丈（食物摆满方丈之地），侍妾数百人，我得志弗为也；般（qán）乐（游乐）饮酒，驱骋田猎，后车千乘，我得志弗为也。在彼者，皆我所不为也；在我者，皆古之制也，吾何畏彼哉？（《孟子·尽心下》）

游说诸侯的时候，要藐视他们，不要被他们那高高在上的派头吓住！他们有什么了不起？不就是淫逸无度的奢华吗？奢华有什么值得傲人的？而我所有的，乃是至尊至贵的道义。我有的，他们都没有；他们有的，皆为我所不屑：我何以要畏惧他们！此前，孔子说过：

> 君子有三畏：畏天命，畏大人，畏圣人之言。小人不知天命而不畏也，狎（轻视不尊）大人，侮圣人之言。（《论语·季氏》）

而孟子这里所说的，却是“说大人，则藐之”。岂止是“狎大人”，从“畏大人”倒过来，径直变成了“邈大人”。这或许是因为，以儒家眼光来看，战国时期的世道比春秋时期更糟，战国时期的诸侯也比春秋时期更坏，故而在很大程度上改变了对待各国诸侯的态度。但如果略去此类具体的历史原因，则不能不说：孟子这里所表现的，是以道义而不以权势、地位衡人的平民思想，是大道在我、正义在胸的士人在“不义而富且贵”（前引孔子语）的权贵面前应有的自尊和自豪。要在儒家思想中寻找民主性的精华，似乎这就是一条。所以在这个对待“大人”的问题上，或许更应该从孟，而不是从孔。

孟子还曾引曾子的话说：

> 晋楚之富，不可及也。彼以其富，我以吾仁；彼以其爵，我以吾义。吾何慊（qiàn）乎哉？（《论语·公孙丑下》）

“晋楚之富”是指晋楚两国的国君之富。“慊”是遗憾、不满足的意思。曾子这段话以“仁”与“富”“义”与“爵”对举，声言自己虽然仅有“仁”与“义”，却并不比掌握着“富”与“爵”的国君缺少什么。这同样表达了以自己的仁义傲视“大人”的地位、财富的思想。

“威武不能屈”，“说大人则藐之”，都是一种伴随正义而来的勇气。实际上“弘毅”的“毅”就包含“勇”。“勇往直前”即“毅”，无“勇”何以言“毅”？故联称“勇毅”“勇毅”者历来多有。所以儒家也很强调“勇”。仅《论语》中，孔子至少就讲到过三次：

> 子曰：“知者不惑，仁者不忧，勇者不惧。”（《论语·子罕》）

> 子曰：“君子道者三，我无能焉：仁者不忧，知者不惑，勇者不惧。”子贡曰：“夫子自道也。”（《论语·宪问》）

> 子曰：“非其鬼而祭之，谄也。见义不为，无勇也。”（《论语·为政》）

“智者”通达事理，故“不惑”；“仁者”公而忘私，故“无忧”。但“智”与“仁”都需要无所畏惧的“勇”的辅助，才能攻坚克难，大有作为。故三者缺一不可，均为君子之道。但是“勇”作为一种无所畏惧的勇气，可以辅助“仁者”“智者”，也未尝不可以辅助相反的愚者、暴者。故孔子对于“勇”也有严格的限制。《论语》载：

> 子路曰：“君子尚勇乎？”子曰：“君子义以为上。君子有勇而无义为乱，小人有勇而无义为盗。”（《论语·阳货》）

以勇著称、也以勇自诩的子路，当然会提出这样的问题。孔子也毫不含糊地告诉他，必须把“勇”置于“义”的统摄之下。这里的“义”当是指道义或者正义。的确，如果不问是否合乎道义或正义，君子好勇就难免会沦于作乱，小人好勇就难免要挺身为盗了。此外，如“好勇不好学，其蔽也乱；好刚不好学，其蔽也狂”（《论语·阳货》），以及“勇而无礼则乱”（《论语·泰伯》）等语，大致也是这个意思。

孟子亦尝论“勇”，并曾引曾子所述“闻大勇于夫子”之语：

> 昔者曾子谓子襄（曾子弟子）曰：“子好勇乎？吾尝闻大勇于夫子矣：自反而不缩，虽褐宽博，吾不惴（使之受到恐吓）焉；自反而缩，虽千万人，吾往矣。”（《孟子·公孙丑上》）

“缩”，注家释为“直”“正直”。“褐宽博”，注家谓“褐”是粗布衣，“宽博”即宽大的衣服，都是卑贱者所服，故以“褐宽博”代指卑贱者。自我反省，若正直不在我这一边，即使对方是卑贱的人，我也不会去威胁、恐吓他；自我反省，正义在我这一边，即使对方有千军万马，我也会勇往直前。总之，须是“见义勇为”，而不是无义勇为，更不是见利勇为。这才是“大勇”，亦即真正的“勇”。

“杀身以成仁，舍生而取义”

这是由孔子和孟子两人提出的。孔子说的是：

> 志士仁人，无求生以害仁，有杀身以成仁。（《论语·卫灵公》）

“无求生以害仁”就是不会因为贪生怕死而损害仁。“有杀身以成仁”就是能够牺牲自己的生命以成全仁。孟子说的是：

> 生，亦我所欲也；义，亦我所欲也，二者不可得兼，舍生而取义者也。生亦我所欲，所欲有甚于生者，故不为苟得也；死亦我所恶，所恶有甚于死者，故患有所不辟也。（《孟子·告子上》）

虽然欲生，但所欲尚有重于生者，故生不可苟活；虽然恶死，但所恶尚有甚于死者，故死有所不避。重于生者，道义也；甚于死者，丧失道义也。简而言之，就是道义重于生命，道义比生命更宝贵。因此，在生命与道义不能两全的时候，就只有舍弃生命而坚守道义。此即所谓“舍生而取义”。

荀子也说过类似的话：

> 义之所在，不倾于权，不顾其利，举国而与之不为改视，重死而持义不桡（挠），是士君子之勇也。（《荀子·荣辱》）

“不倾于权”就是不屈服于权势。“举国而与之不为改视”就是即使把整个国家都给他，他也不会为之转瞬，为之动心。“重死义而持不桡”就是虽然珍重生命，但坚持正义之志不会因此而妥协。这也是“舍生而取义”之意。

从此之后，“杀身以成仁”“舍生而取义”就成了儒家最高的道德要求，也是许多真诚的儒者最后的道德实践。众所周知，文天祥就义之前写有一首《绝命词》，内容就是：“孔曰成仁，孟曰取义；惟其义尽，所以仁至。读圣贤书，所学何事？而今而后，庶几无愧。”史称：“观其从容伏质（椹垫，即砧板），就死如归，是其所欲有甚于生者，可不谓之仁哉!”（《宋史·卷四一八》）这是一个不朽的范例，表明儒家“杀身成仁，舍生取义”的宣言如何指引着这些志士仁人的人生道路，直至迈出生命的最后一步。

说到生死，就说到人的价值观的根本问题了。人的价值观的根本问题，就是人为什么活着，亦即人生的意义何在。儒家的价值观，就是把献身于“道义”视为人生的最高价值，宣示要为“道义”而生，为“道义”而死。尽管他们所主张的“道义”在具体内容上难免有这样或那样的缺憾，但其方向所指，无疑是国家的治乱、百姓的苦乐、天下的兴亡。因此，他们这种为“道义”而献身的精神，自无愧为一种崇高的人格。

“养吾浩然之气”

不仅是“杀身以成仁，舍生而取义”，在“三军可夺帅也，匹夫不可夺志

也”“富贵不能淫，贫贱不能移，威武不能屈”的宣言中，无不贯穿着这种矢志不渝地为道义而生、为道义而死的献身精神。这种为道义而生、为道义而死的崇高的献身精神，就是孟子所说的“浩然之气”。

所以，儒家的道德修养，归结为一点，就是培养这种“浩然之气”。在《孟子·公孙丑》篇，有一段公孙丑与孟子的对话：

> “敢问夫子恶乎长?”曰：“我知言，我善养吾浩然之气。”“敢问何谓浩然之气?”曰：“难言也。其为气也，至大至刚，以直养而无害，则塞于天地之间。其为气也，配义与道；无是，馁也。是集义所生者，非义袭而取之也。行有不慊于心，则馁矣。……”（《孟子·公孙丑上》）

“知言”是指善于辨析他人言词的是非真伪，这是另一个问题，此处不论。这里只说“浩然之气”。孟子对“何谓浩然之气”的回答，指出了“浩然之气”的三大特点：其一，这是一种强大而壮阔的阳刚之气。即所谓“至大至刚”，“塞于天地之间”。其二，它有坚实而深厚的思想根基。它为“道”与“义”所支撑，故云“配义与道，无是，馁也”；且由“义”的日积月累所化成，而不是为表现“义”才临时穿上的外衣，故云“是集义所生者，非义袭而取之也”。其三，它需要持久而认真的道德实践的培养。“直养而无害”就是精心养护而谨防损害；“行有不慊于心，则馁矣”是说行为一有不合于“道”“义”之志，就会使之萎缩。由此可知，所谓“浩然之气”就是“道”“义”之气，它是“道”与“义”的人格化、感情化和感性化，是长期坚持不懈的“道”“义”修养所化成的一种伟大的精神力量。

若谓孟子这段话还只是对“浩然之气”的抽象的理论说明，那么不妨举出一位亲身实践者的真切自述。这里要再次提到文天祥。文天祥被俘后，关在一间破旧、低矮的囚室中。“雨潦四集，浮动床几”的水气，墙上“涂泥”“蒸沤”的土气，雨后“乍晴暴热”的日气，“薪爨”“炎虐”的火气，腐粮馊饭的米气，“骈肩杂遝，腥臊汗垢”的人气，“圊溷”（厕所）“腐鼠”的秽气，七气叠加，“当之者鲜不为厉（通疠，染疫病）”。而他以孱弱之躯，俯仰其间两年有余。何能如此？曰“殆有养致然”。所养者何？曰：

> 孟子曰：“我善养吾浩然之气。”彼气有七，吾气有一，以一敌七，吾何患焉！况浩然者，乃天地之正气也。

以“浩然之气”一，足以战胜污秽之气七。胸有一腔“浩然之气”，尚何惧百种、千重污秽之气！遂作《正气歌》一首。云“天地有正气，杂然赋流形；下则为河岳，上则为日星。于人曰浩然，沛乎塞苍冥。”这种“浩然之气”乃是化育万物、生生不息的“天地正气”在人身上的体现。“皇路当清夷，含和吐明庭。时穷节乃见，一一垂丹青。”这种“浩然之气”在圣明之世，发扬为安民治国的热诚；在危难之际，即发扬为坚贞不屈的气节。接着历数了自古以来一系列忠臣义士的豪情壮举，而后归结道：

> 是气所磅礴，凛冽万古存。当其贯日月，生死安足论。地维赖以立，天柱赖以尊。三纲实系命，道义为之根。（均见《正气歌并序》）

就是说，正是这种源于“天地正气”的“浩然之气”，支撑起人间的天地，维系了人世的长存。这是文天祥以自己的生命体验，对孟子的“浩然之气”所作的诠释，也是这种“浩然之气”的一次实实在在而又辉映日月的发扬。

在国泰民安的时代，重提“杀身成仁，舍生取义”这样的古训，似乎有点不合时宜。但是，即使是在国泰民安的时代，也需要、实际上也不断有人，为了他人、为了公务而牺牲了自己宝贵的生命，这是任何人都不应回避、也不应淡化的社会真实。为道义而献身的担当精神永远不会过时。如果世界上还有什么永恒的道德箴言，那就一定包括“杀身以成仁，舍生而取义”。如果人世间还有什么不可战胜的精神力量，那就必然是这种生于道义而充塞天地的“浩然之气”。

倘若向今天的公务员提出“杀身以成仁，舍生而取义”这样的最高要求，大概会吓走一批人。无妨，这只能说明他们当初选错了职业。人民会寄希望于那些面对这种要求而平静地留下来的人，会团结在他们周围，与他们一道，共同承担起民族的使命和国家的未来。

这就是中华民族传承千古而于今弥壮的“浩然之气”。

后 记

许多书的“后记”，都是一系列的感谢。本书亦如此，实属理所当然而不可或缺。

本书对于征引的古籍原文，虽然不需要作逐字逐句的翻译，但却不能没有一定的解释或复述。这时，近年来中华书局出版的多种古籍注译本就成了手边最方便的参考。对先秦古籍作准确而通畅的今译绝非易事。这些古籍的注译浸润着各位注译者的辛勤劳动。这里谨向他们表示真诚的感谢。

一些当代学者，长年潜心于先秦古籍的研究。有关著作大都校注详审，阐发精当。本书撰写过程中，每每拜阅求教，释疑正误，受益良多。即或有师友之谊，亦当予郑重致谢。他们主要是：台湾大学陈鼓应先生，北京大学李零先生，中国人民大学黄克剑先生。

这里还必须提到已故杰出学者王焕镳先生。集法家思想之大成的《韩非子》一书，今人研究、校注者颇少。幸有王先生的《韩非子选》，虽非全注，于我亦如获至宝。本书所引《韩非子》语，凡王先生书中有者，皆信以为诠释之据。个别原文字句，亦采王先生校勘意见径改。此不得不特表感谢者也。惜先生晚年倾其心血于《墨子集诂》，未暇注完《韩非子》全书，实属一大憾事。

中国方正出版社的刘彦彩先生，是本书的创意与责编。她对出版本书所作的重要贡献自不待言，且在我接触过的编辑中，她是很能体谅作者、很好商量的一位。有此两条，故应倍加感谢。

如果在这一系列感谢之外，还有什么需要申明的话，那就是，本书对儒、墨、道、法诸家，采取了一视同仁的态度。故于各家之观点，亦皆是其所是，非其所非。本人之是非固未必当，敬乞读者热心指正。但若以为当以某家为正宗、其余为别派，或当为尊者讳，则仆不识也。

成复旺

二〇一六年一月十七日　恰逢腊八

于天成家园阅树堂